U0895272

RESEARCH OF THE CONVERGENCE MECHANISM AND PATH OF URBAN-RURAL FINANCIAL STRUCTURE

城乡二元金融结构收敛机理及路径研究

江　源◎著

中国财经出版传媒集团
经济科学出版社
Economic Science Press

图书在版编目（CIP）数据

城乡二元金融结构收敛机理及路径研究／江源著.
—北京：经济科学出版社，2020.12
ISBN 978-7-5218-2124-6

Ⅰ.①城… Ⅱ.①江… Ⅲ.①城乡金融-经济结构-研究-中国 Ⅳ.①F832.35

中国版本图书馆 CIP 数据核字（2020）第 237353 号

责任编辑：杨 洋 程 铭
责任校对：孙 晨
责任印制：李 鹏 范 艳

城乡二元金融结构收敛机理及路径研究
江 源 著
经济科学出版社出版、发行 新华书店经销
社址：北京市海淀区阜成路甲 28 号 邮编：100142
总编部电话：010-88191217 发行部电话：010-88191540
网址：www.esp.com.cn
电子邮箱：esp@esp.com.cn
天猫网店：经济科学出版社旗舰店
网址：http://jjkxcbs.tmall.com
北京季蜂印刷有限公司印装
710×1000 16 开 16 印张 240000 字
2021 年 2 月第 1 版 2021 年 2 月第 1 次印刷
ISBN 978-7-5218-2124-6 定价：64.00 元
（图书出现印装问题，本社负责调换。电话：010-88191510）

前言

与大多数发展中国家一样，中国是一个城乡二元金融结构典型的国家。二元金融结构与二元经济结构相互影响和相互强化，严重制约着城乡经济金融一体化进程。按照索洛（Solow，1956）的观点，经济发展必然存在某一种稳态，经济发展的过程就是沿着某一路径趋向于这一稳态，这种特征即为经济发展的收敛性（胡宗义等，2012）。城乡二元金融结构是否具有内在的收敛机制？中国的城镇化和市场化进程是否有利于城乡二元金融结构的收敛？如何选择城乡二元金融收敛的合理路径和政策？这些问题缺乏系统的理论和实证研究，从而影响宏观金融政策的有效性。受到金融发展主流研究重总量轻结构观念的影响，关于城乡二元金融结构的研究一直被隐含在经济增长与金融发展的相关关系中，多数情况下城乡二元金融格局仅被作为一个特征事实予以描述。由于没有充分考察二元金融结构演化的特征和轨迹，在政府控制金融资源的背景下，二元金融结构问题的调控仍然沿用了政府干预的模式，但在实践中，二元金融结构的变迁尤其是农村金融发展对政府的金融供给政策并不敏感。以上问题引发了本书对经济转型过程中二元金融结构收敛性及其制度安排和路径选择的思考。

本书在发展经济学和金融发展理论的基本框架内建立二元金融结构形成机理和收敛条件的分析框架，引入二元经济条件下城市部门和农村部门之间产出结构差异、生产率差异、收入水平差异、制度供给差异等外生条件，从宏观和微观机制、短期和长期效应、需求和供给视角综合分析二元经济结构及其转型过程如何决定了二元金融结构的分化和收敛。借鉴产业发展理论中的“聚集—扩散”效应分析范式，探索城乡金融发展互动影响的内在机理，并揭示了城乡金融互动影响的关系及条件。为了检验以上理论假说，构建二元金融结构多层次评价指标体系，基于全国和区域维度，分析了我国城乡二元金融结构的收敛性，并利用 σ 绝对收敛、β 绝对收敛、

β条件收敛等方法综合考察了二元金融结构的区域收敛共性。在此基础上，以我国二元金融结构的现实背景为对象，进一步从时间和空间的双重视角实证分析了二元金融结构的影响因素及其区域差异，并利用门槛效应模型检验了城市金融发展与农村金融发展的互动影响关系以及经济转型特征在经济发展的不同阶段对二元金融结构影响的差异性。基于理论和实证研究的结果，本书分析了二元金融结构演变的特征和规律，提出了二元金融结构收敛的路径选择重点与方向。本书的主要结论有以下几点：

（1）在整体趋于收敛的背景下，我国二元金融结构水平总体上仍然较高且区域差异明显。本书利用7个不同指标从宏观、中观、微观层面对二元金融结构水平进行测算的结果显示，2003~2012年间我国二元金融结构存在收敛特征，城乡金融发展水平的差距整体上在不断缩小，但从二元金融结构的绝对水平来看，城乡金融发展水平的差距仍然较大。同时，比较东部地区与中西部地区二元金融结构水平发现，中西部地区二元金融结构水平高于同期东部地区二元金融结构水平，在经济金融发展水平较低的中西部地区，二元金融结构更突出，而在经济金融发展水平相对较高的东部地区，城乡金融发展水平的差距较小。此外，东部和中西部地区二元金融结构的收敛性也不尽相同。其中，东部地区二元金融结构收敛是一种相对稳态的收敛，东部各省区市之间既存在σ绝对收敛又存在β绝对收敛和β条件收敛的特征，东部地区二元金融结构的收敛过程体现了各省区市个体差异趋同的过程和趋势。相反，中西部地区各省区市之间未呈现出明显的σ绝对收敛也未显现β绝对收敛特征，而是仅存在β条件收敛，说明中西部地区各省区市之间的个体差距还在进一步加大。

（2）二元金融结构是二元经济结构、制度供给歧视和机制体制缺陷等因素综合作用的结果。从宏观层面来看，效率是驱动资本流动的核心因素，在二元经济条件下，稀缺的金融资源流向生产率较高的城市工业部门是金融资源有效配置的结果。从微观层面来讲，收入水平既决定了金融资源的可得性，又决定了金融需求的层次和意愿，城乡收入差距体现了城乡金融供求水平的差距。本书的实证研究发现，中西部地区城乡收入差距虽然大于东部地区，但城乡居民收入绝对水平低于东部地区，而二元收入结构对二元金融结构的影响却仅在东部地区显著，说明收入增长对金融需求的刺激更多地集中在高收入群体。法律保护、户籍歧视、收入分配、金融干预等制度供给的不均衡对二元金融结构的形成同样产生了重要影响，城乡制度供给的二元性不仅导致了金融发展要素的非均衡分布，更是直接影响城乡居民投资决策、风险偏好、金融意识等金融发展的环境条件。此外，金融抑制政策强化了城乡金融市场的分割、扭曲了资金的真实供求关系，是二元金融结构形成的制度基础，并且其作用在处于加速城镇化和工业化的中西部地区尤为明显。

(3) 农村金融发展助推城市金融发展的“极化效应”与城市金融带动农村金融发展的“扩散效应”是二元金融结构形成和收敛的内在机制。以区域为中心的资源聚集能够充分实现资源的共享，包括共享基础设施、配套服务、人力资源和技术溢出等，因而产生强烈的正外部性。行业聚集同样能够产生聚集的外部性，表现在扩大市场容量、培育辅助产业、增强行业内部的互补性、促进行业分工和技术创新等方面。金融产业作为资源配置的载体，其自身发展也受到规模效应和聚集效应的影响，也存在资源的优先配置问题。在工业化过程中，城市金融依附于工业发展，城市经济发展与城市金融增长的良性互动推动了金融要素的聚集，同时也加剧了城市金融发展水平和农村金融发展水平的差距。事实上，这种差距既有外在因素驱动的作用，又体现了金融发展的内在要求，表现为在金融发展水平较低的阶段，农村金融发展对城市金融发展具有明显的促进作用，处于劣势地位的农村金融发展反而推动了金融资源向具有比较优势的城市部门集中，放大金融发展的极化效应。但是，金融产业的聚集发展也有最优规模的限制。城市工业扩张的过程难以突破资本边际收益递减的规律，当城市金融部门的竞争加剧、投资收益下降等矛盾显现后，聚集的外部经济自然演进到聚集的不经济阶段，城市金融部门的技术、人力资源、资本等又通过各种渠道向外扩散，从而带动落后部门或地区的发展，并最终形成城乡金融均衡发展的格局。从这个层面来看，城乡金融发展之间并不是一种互斥关系，而是一种相互促进的关系。

(4) 经济转型过程中的城镇化、市场化进程与二元金融结构的关系在门槛效应约束下呈倒“U”型特征。城镇化和市场化是我国经济转型中两个显著的特征，城镇化和市场化与二元金融结构的变迁存在较强的联动性。城镇化对二元金融结构的影响并不是线性的，原因在于剩余劳动力转移是一个持续的进程，生产率的改进和储蓄投资结构的变化并不会在城市化的开始阶段出现。从本书的研究结论来看，中西部地区城镇化进程并没有导致二元金融结构收敛，而是仅对城市金融发展有明显的单向促进作用，与此形成鲜明对比的是，东部地区城镇化进程则仅与农村金融发展存在正相关关系。市场化对二元金融结构收敛性的影响同样存在门槛效应。发展中国家普遍存在的金融抑制现象扭曲了金融资源的真实供求水平，并形成了明显的路径依赖。在二元经济向一元经济转型过程中，政府主导的金融资源配置对供求关系变化的反应是滞后的，而市场主导的金融资源配置能够迅速捕捉供求关系的变化，并通过价格机制和市场竞争作出反应。当然，市场机制对金融资源配置也并不是在任何阶段都是有效的，市场有效配置资源的前提是有一个完善的市场体系。本书的结论证明，中西部地区市场化因素与二元金融结构水平变化之间没有显著的影响关系。但在市场化水平较高的东部地区，市场化进程加速了二元金融结构的收敛过程。

（5）优化二元金融结构的路径选择和政策目标应注重长期效应并综合权衡二元金融结构收敛的阶段特征、条件特征和区域特征。二元金融结构的存在有其客观性和必然性。从资源配置来看，二元金融结构满足工业化阶段资源配置的效率约束；从制度设计来看，二元金融结构符合发展中国家以增长为核心的目标设定；从内在机制来看，二元金融结构体现了金融发展过程中的极化效应。二元金融结构体现了城市金融发展和农村金融发展既相互分割又相互联系的关系，相互分割表现为金融发展模式、水平、状态的分割，相互联系表现为金融资源的流动和互动影响的过程和关系，这种关系是一系列外在因素共同作用的结果，并长期存在于经济发展的过程中。二元金融结构的收敛性是二元经济转型、制度均衡供给、机制体制优化、产业扩散效应共同驱动的结果，因此优化二元金融结构不应该仅仅关注农村金融发展规模不大和速度滞后的表象，而应该聚焦于城乡金融差距形成的经济条件、制度条件、体制条件、阶段条件。过分强调均衡和过度的干预虽然契合短期收敛目标，但却忽略了长期均衡形成的内在规律，往往会导致金融资源配置的效率损失，并且这种收敛过程是不稳定、不可持续的。此外，金融政策选择还需要关注区域之间的差异性，由于战略选择和历史原因，中国经济金融发展存在区域分割的格局，经济金融发展水平呈现由西向东梯度增长的趋势。中西部和东部金融发展的阶段、模式、条件存在明显的差异，这些差异直接导致了东部和中西部二元金融结构收敛状态并不一致，因此金融政策调控的重点和方向应该具有针对性和差异性。

本书可能的创新包括以下四个方面。

第一，从农村金融发展和城市金融发展互动影响关系的创新视角考察二元金融结构“分化—收敛”的内在机制，突破了已有研究仅从外部影响因素考察二元金融结构的局限性，丰富了二元金融问题研究的视角。本书摒弃了从经济金融总量关系的单一视角分析二元金融结构问题的传统研究范式，而是选择从结构视角入手，将经济因素、制度环境、转型背景纳入分析框架，分析经济结构转型条件下二元金融结构变迁的过程及其影响因素。同时，本书认为二元金融结构的形成不仅是外在条件冲击的结果，同样也是金融发展内生过程驱动的结果。基于此，本书以内生金融理论、产业成长理论和增长极理论为支持，分析金融发展由“聚集效应”向“扩散效应”演变的内在机制及其与二元金融结构变迁的关系，拓展了二元金融结构问题的研究视角。

第二，从宏观、中观、微观三个层面构建二元金融结构的评价指标体系，补充了已有研究采用简单宏观指标量化二元金融结构水平的不足，提高了实证研究的准确性和可操作性。已有研究在分析二元金融问题时往往被数据所困，大多停留在理论推演或者对二元金融结构的简单描述统计之上，缺乏科学的、系统的数量验证。仅有的实证研究也或者因选择的变量过于单一，或者因采用了不合理的测算方法而得出了相互矛盾的研究结论。本书对金融发展和二元金融结构的概念进行了重新梳理，综合金融结构观、金融功能观、金融制度观等理论观点，从宏观、中观、微观三个层面，结合数量指标与质量指标、静态指标与动态指标、整体指标与区域指标构建二元金融结构的综合评价指标体系。在此基础上，对二元金融结构的收敛性进行了分析，揭示了我国二元金融结构收敛的轨迹及区域收敛的特征，为二元金融结构的实证研究提供了理论基础和实践依据。

第三，从经济转型与二元金融结构变迁的动态影响关系入手，利用门槛效应模型揭示了经济转型过程对二元金融结构的影响由“分化”到“收敛”的变化过程。已有研究在分析二元金融问题时大都基于静态分析的方法，忽略了二者非线性关系和参数变动的可能，导致实证研究结论的可信度降低。正如卢卡斯（1976）所强调，在动态的经济政策环境中假设计量模型的参数保持不变的宏观计量模型本身是站不住脚的。本书将中国经济转型背景纳入分析框架，分析了工业化进程不同阶段的城镇化、市场化的推进对二元金融结构的影响机理。利用省际面板数据验证了不同阶段城镇化和市场化因素对二元金融结构的影响由“分化”到“收敛”的门槛效应，并且基于我国区域经济发展的差异，检验了中西部地区和东部地区的二元金融结构影响因素的差异性。

第四，从二元金融结构收敛的特征出发，揭示了二元金融结构由相对收敛到绝对收敛、由条件收敛到内生收敛、由区域收敛到整体收敛变迁的一般路径，提出了以机制塑造、制度优化、结构调整为核心目标的政策选择。二元金融结构的变迁受制于复杂的外部条件因素的影响，这些条件既包括资源、技术、制度等经济条件，又包括文化、意识、观念等环境条件。在城乡分割的格局下，金融发展的要素分布处于非均衡的状态，这种状态是在工业化进程中长期积淀并自我强化形成的，没有一种机制或手段能够在短时间内使城乡金融发展的条件趋于一致。二元金融结构的存在有其客观性、阶段性和条件性，因此二元金融结构的调控目标应该着眼于经济结构转型的长期过程，按照区域收敛到整体收敛、相对收敛到绝对收敛的路径特征，分阶段、分地区、分重点地引导二元金融结构向一元金融结构转换。

目录 Contents

第1章

导　论

要对城乡二元金融结构收敛的机理及路径选择进行深入研究，首先必须明晰研究的理论背景和现实背景，在此基础上，才能够更深刻地挖掘出所要研究的核心问题。同时，为了强化研究的针对性和科学性，还必须明确研究的基本思路，确定具体的各章节的研究内容，构建理论和实证分析的基本框架，选择恰当的研究方法和技术路线。在完成上述工作的基础上，可以进一步提炼出研究的特色及可能的创新之处。此外，为了明确研究的范围，还有必要对研究中的相关概念进行准确的界定。

1.1 研究问题与背景

1.1.1 研究问题的提出

金融发展是宏观经济运行中最活跃、最敏感、最引人注目的变量，同时也是牵动宏观经济波动的最直接因素（张杰，1995）。与发达国家相比，发展中国家通常存在以农业为主的传统部门与以工业为代表的现代部门之间的二元经济反差（Bardhan，1999），这种反差同样体现在为农业和非农业部门服务的金融体系中。一方面，随着城市工业的兴起，城市金融规模持续扩张，金融在城市工业发展中的作用和所占的份额迅速增加；另一方面，农村地区的货币化程度维持在较低水平，农村经济对金融的依赖程度低，农村金融发展缓慢。在城乡分割的状态下，形成了多元化发展的城市金融体系和传统金融分散经营的农村金融体系并存的二元格局。我国城乡二元金融结构分化过程是在一个基于不完全市场和区域差异并存的特殊二元经济模式下进行的。与西方国家不同，我国城乡金融发展差异并没有随着工业化进程趋于收敛，而是在经济结构调整和城乡统筹发展的关键时期呈现出自我强化的特征（仇娟东和何风隽，2012）。发展中国家的经验充分证明，忽视结构的总量关系难以揭示金融发展的一般规律，这一点在我国金融发展过程中可以被直接观察到。改革开放以来，我国金融总量一直高速增长，从已有的统计数据来看，1990～2013 年我国金融业增加值从 1017.5 亿元跃升至 33535 亿元，广义货币与国内生产总值的比值（M2/GDP）从 0.82 增加到 1.95，然而金融总量的快速扩张难以掩盖我国城乡二元金融结构失衡的矛盾，截至 2012 年，农村银行业金融机构[①]占比高达 87.46%，而涉农贷款和农村贷款占比却仅为 26.2% 和 16.2%，其中农林牧渔业生产经营性贷款仅占 4.1%，而企业以外的其他组织贷款占比只有 0.8%。以上数据充分说明在经济金融一体化过程中我国的城乡金融二元差异反而呈现出强化趋势（陈成忠等，2006）。

中国经济社会发展正处在转型期，经济发展面临的环境更加复杂，困难挑战增多。从世界银行公布的数据来看，2008 年以来中国已成为世界第二大经济体，但截至 2013 年我国城镇化率仅为 53.73%[②]，低于世界平均水平，城乡非均衡发展的矛盾日益尖锐。完善的金融体系对经济转型发展有着重要的推动作用，金融发展有助于资源的合理配置，通过动员储蓄并转化为投资，提高闲置资源的利用效率。农村金融发展落后是二元经济转型面临的主要障碍之一，如何优化二元金融结构成为发展中国家关注的一个焦点问题。虽然现有研究对二元金融结构的现象作了大量的描述，也对二元金融结构的负面影响进行了充分的诠释，但是二元金融形成的根本原因是什么、二元金融结构的变迁在经济转型过程中有何特点和规律却鲜有学者关心。受到计划经济体制的影响，长期以来，我国城乡金融政策调控一直强调外部干预的重要性，但在实践中，无论是政府引导还是市场供给

① 本书所说的农村金融机构包括中国农业银行、农业发展银行、农村信用社、农村商业银行、农村合作银行、村镇银行和农村资金互助社。

② 资料来源：国家统计局官方网站。

都没能有效改变我国城乡二元金融现有格局。以上事实折射出了现有理论对发展中国家金融发展规律认识的不足，同时也引发了本书对经济转型过程中二元金融结构收敛性及其制度安排和路径选择的思考。

二元金融结构是发展中国家普遍存在的现象，但受到不同国家经济、制度、文化的差异，以及特定的政策条件、区位条件、资源条件等影响，二元金融结构的演化表现出复杂的特征和趋势。本书以我国特殊的经济金融环境为背景，以二元金融结构的特征性事实为对象，将研究聚焦于以下五个具体问题：(1) 二元金融结构的形成和收敛的机理是什么？(2) 如何量化和评价二元金融结构及其收敛性？(3) 二元金融结构的演变有何规律和特点？(4) 二元经济转型与二元金融结构的形成和收敛有何关系？(5) 如何选择促进二元金融结构收敛的路径和政策？

1.1.2 研究问题的背景

随着金融发展理论的不断拓展，二元金融结构问题研究的理论背景不断创新，而在经济发展和变迁的过程中，二元金融问题的研究也面临着新的现实背景。

第一，金融发展理论对金融发展的内生机制提供了新的宏微观解释。早期的金融发展理论虽然界定了金融发展的概念，也提出了如何量化和评价金融发展的水平，但却没有从理论上分析和阐述金融发展的内在原因和推动力量。在金融发展理论的经典文献中，金融发展的过程得到了充分的描述和展示，金融发展的动态变化过程演绎的逻辑基础是经济发展水平的不断提高，因而金融发展大都被简单归因为经济增长所决定的必然趋势。在早期金融发展理论中，金融体系被视作经济系统的一个子系统，其发展高度依赖于经济发展。显然，传统金融发展理论并没有解释金融发展，而是将“经济决定金融”作为分析的前提假设，因而存在重大的理论缺陷。实际上，这一分析框架也未充分揭示金融发展在经济增长中的作用机制。为此，以功能金融理论和内生金融发展理论为代表的理论学说将金融发展研究的重点从经济金融总量关系转移到解释金融发展的内涵及其对经济增长作用机制上来，试图从金融功能、参与成本、金融排斥、制度供给等多个层面建立一个宏微观综合视角的分析框架来解释金融发展的复杂原因，在一定程度上弥补了早期金融发展理论的不足。与传统金融发展理论分析框架强调金融的附属性不同，现代金融发展理论更加突出金融发展的内生原因和微观解释。随着金融发展理论的拓展，二元金融问题的研究也从简单的二元经济金融结构关系延伸到法律、制度、经济转型等层面，这些理论研究的拓展极大地丰富了二元金融结构研究的内容和范围。

第二，工业化、城镇化、市场化的持续推进改变了城乡金融发展的基础条件。发展经济学认为，农村经济发展滞后的一个重要原因是资本投入不足，资本投入不足又源于农村过剩的劳动力供给挤出了资本投入，限制了农村金融发展的空间。工业化和城镇化带动农村剩余劳动力向非农业部门转移，降低非农就业人口对农村的依赖程度，为农村居民收入增加提供基础条件，从而增加农村资本积累和金融资源的可得性。随着工业化、城镇化、市场化进程的加快，大量劳动力离开农村，进城务工或经商，部分农村人口进入城镇落户，农村剩余劳动力逐年减少，使人多资源少的矛盾得到一定程度的缓解。工业化和城镇化为农户农业生产经营提供了改造传统农业的基础条件，使农业生产能够逐步从分散走向组织化和集约化，从封闭走向开放和市场化，从小农经济走向社会化，从手工作业转向机械化和信息化，从粗放式走向精细化和标准化，最终实现农业生产效率的提升。现阶段，我国的工业扩张出现了明显的放缓趋势，产能过剩、重复投资、技术瓶颈等问题困扰着工业化的持续推进，工业部门资本的投入相对过剩，使得工业部门资本、技术开始向农业扩散和转移，在工业化和城镇化的支撑下，城乡之间的要素流动阻力逐渐减小，农村经济金融发展的后发优势得到进一步强化。

第三，转轨经济背景下的金融改革不断冲击城乡金融发展的制度环境。近年来，我国金融市场化改革明显提速，一方面，梯度推进了利率市场化改革，陆续放开了同业拆借利率、贷款利率和存款利率等关键利率水平的上限管制，使利率水平更多地由供求关系决定，从而有助于形成城乡统一的资金价格体系和城乡一体化的资金供求市场；另一方面，监管机构大幅降低了小贷公司、担保公司、保理公司、租赁公司等创新型金融机构的准入标准，拓宽了小微金融机构的经营范围，涉农金融机构得到快速发展，极大地丰富了农村金融市场的供给主体，使金融资源在城乡之间流动的门槛大幅降低。此外，农村金融尤其是农村政策性金融的政府支持和投入不断加强，农村政策性金融和商业性金融的互补性得到进一步巩固。同时，农村土地、社会保障等制度改革也为城乡金融一体化创造了条件。首先，土地资源的流转和交易强化了土地资源的整合，有利于提高土地经营的规模效应，资本投入具有更强的盈利性，从而有利于引导资金向农村回流。其次，户籍制度、收入分配、社会保障等改革推动了城乡均等化，使得城乡居民的风险偏好的差异不断缩小，有利于培育农村金融需求主体。此外，通过构建农村要素交易市场和农村金融工具创新，鼓励和引导农村居民参与金融交易，通过制度创新引导城乡金融的相互融合。

1.2 研究的目的与意义

1.2.1 研究的目的

本书研究目的主要包括以下四个方面：

第一，科学界定和评价城乡二元金融结构。在归纳和借鉴经典文献的基础上，结合金融发展理论的最新研究成果，分析二元金融结构的内涵和特征，给出二元金融结构的定义，使二元金融的概念界定更加明晰，研究内容更加具体。在此基础上运用层次分析方法构建二元金融结构的评价指标体系，对我国二元金融结构进行系统的、全面的分析和评价。

第二，探索城乡二元金融结构的形成机理。基于金融发展理论，分析二元经济结构、二元制度供给以及二元经济转型特征对二元金融结构的影响，重点剖析在经济金融发展不同阶段，各种影响因素对二元金融结构的作用方向、作用强度及作用机理。借鉴内生金融理论、产业周期理论等分析框架，探索金融结构不平衡发展的内在机理，分析城乡金融部门之间互动影响过程的动态变化，从外部因素冲击和内在机制两个层面完善二元金融结构理论的分析框架。

第三，分析城乡二元金融结构的收敛性及其特征。从理论上分析二元金融结构收敛的影响因素和内生条件，区分长期影响和短期影响，从经济发展阶段性差异和区域差异两个视角分析工业化、城镇化、市场化进程中二元金融结构收敛过程、收敛性质、收敛水平的可能差异，并利用省际面板数据实证检验二元金融结构收敛的原因和状态，为二元金融结构问题研究提供新的实证依据。

第四，提出优化城乡二元金融结构的路径选择和政策目标。在理论分析和实证分析的基础上，归纳和总结二元金融结构形成和收敛的变迁规律及特征，并针对二元金融结构的现状和特点，在结合我国国情条件的基础上，探索优化二元金融结构的路径选择，提出政策目标的重点和方向。

1.2.2 研究的理论意义

本书的理论意义主要体现在以下几个方面：首先，本书对城乡二元金融结构及其研究的内容进行了科学界定。综合金融发展理论和二元经济理论的已有观点，从广义和狭义两个层面定义了二元金融结构理论的研究对象和范围，使二元金融结构理论研究的问题更具针对性。其次，本书从金融发展的内生性和二元经济条件的外部冲击两个层面剖析二元金融结构的形成及收敛的机理，拓展了传统金融发展理论从经济金融总量关系来解释二元金融结构成因的局限性，并对二元金融结构的内涵与外延及其研究内容作了一定补充。再次，从宏观、中观、微观相结合的多重视角入手，基于金融发展的数量、质量和结构等多个指标类型，以及时间序列和区域差异等多个维度，建立二元金融结构评价体系，为规范分析和评价二元金融结构提供了相应的理论参考和借鉴。最后，在理论分析和实证结果的基础上提出了二元金融结构由分化到收敛的变迁过程，以及经济转型因素对二元金融结构形成和收敛影响关系的门槛效应，进一步丰富了二元金融结构的理论解释。

1.2.3 研究的现实意义

本书在归纳总结金融发展相关理论的基础上，分析了二元金融结构的内涵、特征、评价方法，系统研究了二元金融结构形成及收敛的机理，并进行了实证检验。本书提出了一个多层次、多指标的二元金融结构评价体系，为科学评价二元金融结构提供理论参考和经验借鉴。在此基础上，本书全面分析和诊断了我国城乡二元金融结构变迁的过程，揭示了我国城乡金融非均衡发展水平的现状和区域差异。此外，本书对二元金融结构形成和收敛影响因素进行了实证分析，揭示了我国东部和中西部二元金融结构收敛的程度和类型，为金融一体化建设的机制设计提供决策参考。同时本书的实证检验结果验证了二元金融结构内在机制和各种外部因素的作用机理和效果，考察了东部和中西部地区二元金融结构影响因素的差异性，提出了二元金融结构收敛的路径选择，为区域金融政策的方向选择和长期金融调控政策的设计提供了经验支撑。

1.3 研究思路与内容

1.3.1 研究的思路

本书以金融发展理论和二元经济理论为基础，以经济结构转型调整为背景，以金融发展的影响因素为逻辑起点，研究二元金融结构的形成及收敛的机理和条件，并在此基础上分析优化二元金融结构的路径选择。研究沿着“二元金融结构的形成机理→二元金融结构收敛条件→二元金融结构的评价体系构建→二元金融结构收敛性的测评→二元金融结构形成及收敛机理的实证检验→二元金融结构收敛过程的路径选择及政策建议”的思路展开。本书对二元金融结构的形成机理的分析主要从理论上构建二元金融结构的分析框架，并从理论上探讨可能影响二元金融结构的内生条件和外生因素及其作用机理；二元金融结构收敛条件旨在分析二元金融结构影响因素的变动与二元金融结构收敛过程的相互联系；在二元金融结构的评价体系构建中对二元金融结构水平进行科学界定，为全面衡量和测度二元金融结构及其收敛性提供方法支撑；二元金融结构收敛性的测评主要评断二元金融结构收敛性的类型和程度；对二元金融结构形成及收敛机理的实证检验则是判断理论分析和假设是否与我国现实经济状况相符合；二元金融结构收敛过程的路径选择及政策建议针对我国经济发展的现状及条件，提出优化二元金融结构收敛的路径设计和政策建议。

1.3.2 研究的内容

根据研究的目的及研究的思路安排，本书的研究内容主要包括以下四个方面：

第一，二元金融结构形成和收敛的机理研究。结合传统金融发展理论、功能金融理论等已有理论分析框架，从宏观视角和微观视角综合分析二元金融结构的影响因素；基于产业成长理论、内生金融发展理论分析二元金融形成的内在机制，从理论上分析二元金融结构形成的影响因素以及收敛的条件和路径。

第二，二元金融结构的测度与评价研究。结合研究的最新进展，对金融发展的概念进行界定和拓展，并以此为基础构建二元金融体系的综合评价指标体系。对现有统计数据进行深度挖掘，综合测评二元金融结构变化轨迹及其区域差异，探索二元金融结构的变化特点和规律。

第三，二元金融结构形成及收敛机理的实证研究。基于发展中国家二元经济转型的特征性事实，以我国二元金融结构变迁的特征性事实为研究对象，构建计量模型，实证检验工业化、城镇化、市场化等转型特征与二元金融结构收敛的关系，分析城乡金融非均衡发展的诱因。

第四，二元金融结构收敛的路径选择研究。基于二元金融结构演变的路径依赖，结合二元金融结构的演变规律及特征，探索促进二元金融结构收敛的路径选择。分析金融调控中的政府职能及政府干预的有效边界问题，在此基础上提出相应的政策建议。

1.4 研究的框架与技术路线

1.4.1 研究的框架

本书的研究遵循了“提出问题—理论研究—实证分析—对策探讨”的

基本研究范式，其基本框架如图1-1所示。

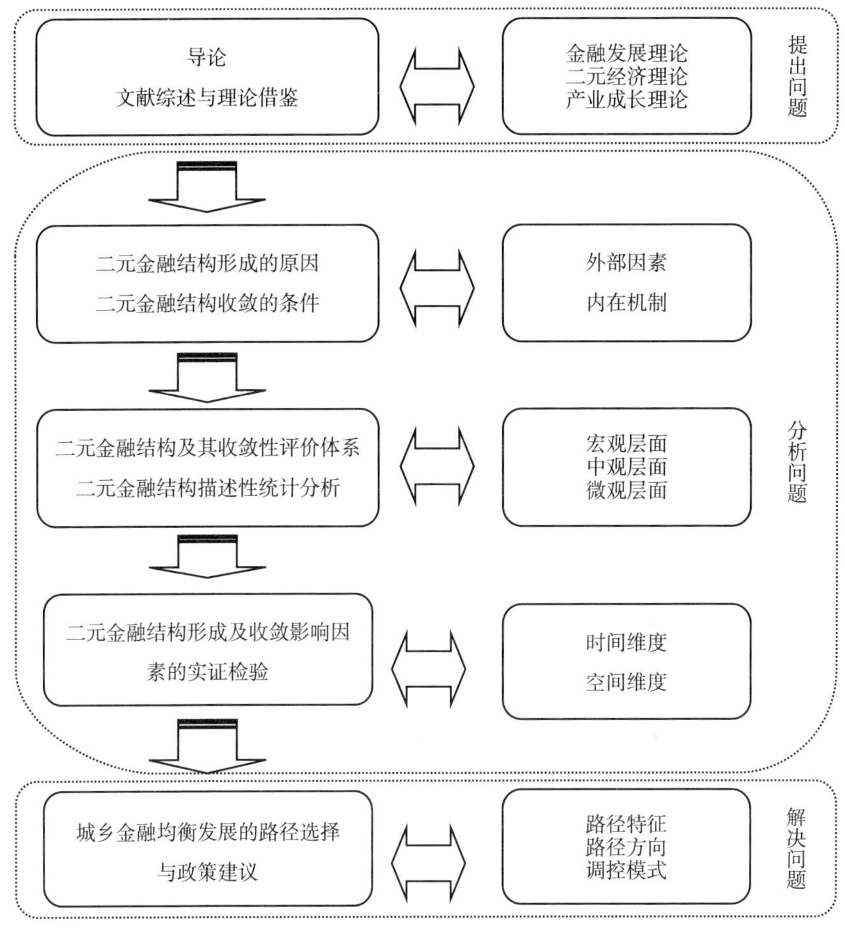

图1-1 研究的基本框架

为了合理安排研究内容，本书共设计了八章来完成设定的研究目标，主体框架可以分为以下八个部分：

第一部分是导论。提出研究的科学问题，明确研究的背景、目的、意义、思路、内容、框架和技术路线等，界定研究的相关概念，介绍研究的特色与可能的创新之处。

第二部分是理论借鉴和文献回顾。一方面，通过对已有研究进行回顾和评述，归纳和总结前人研究的思路、方法和结论，并深入分析现有研究的不足和有待改进的地方，找到本书研究的突破口。另一方面，对已有理论进行综合和梳理，提出本书研究的理论依据，构建分析的理论框架。

第三部分是城乡二元金融结构形成与收敛的机理分析。从金融发展理论入手，将经济结构、收入水平、政府干预、法律制度因素等纳入分析框架，构建宏观和微观理论模型，分析二元金融结构的影响因素。同时，以经济转型背景为主线，分析经济转型过程中各种因素及其变化对二元金融结构的形成和收敛的作用机理。最后，从金融产业发展的角度出发，分析非均衡发展过程，尤其是金融产业的“聚集效应”和“扩散效应”与二元金融结构形成和收敛的关系。

第四部分是城乡二元金融结构及其收敛性评价指标体系构建。首先，分析了已有评价指标体系的不足和缺陷，探讨了二元金融结构评价指标建立的重点和难点。其次，综合考虑金融发展的内涵及特征以及评价指标体系的系统性、数据的可得性等因素，从宏观、中观、微观层面建立多元化指标体系。最后，对二元金融结构的收敛性的概念进行了界定并对其评价方法进行了论证。

第五部分是城乡二元金融结构及其收敛性的描述性统计分析。利用7个不同指标，分析了我国城乡二元金融结构水平的整体变化趋势，捕捉二元金融结构演进的轨迹及其特征。在此基础上分析和讨论了二元金融结构的整体收敛性，并划分东部和中西部地区，讨论二元金融结构在不同区域的俱乐部收敛特征。此外，还对二元金融结构影响因素以及经济转型的特征变量进行了描述。

第六部分是城乡二元金融结构形成及收敛机理的实证研究。为了实现研究的目的，实证检验分成三节。第一节是对二元金融结构的影响因素进行实证考察，利用省际面板数据分别从全国和分区域的层面进行了实证考察。第二节是对城乡金融发展的互动影响进行分析。第三节是对经济转型特征与二元金融结构的关系进行考察，主要是分析城镇化、市场化因素影响二元金融结构收敛过程的门槛效应。

第七部分是促进二元金融结构收敛的路径选择。首先归纳了二元金融结构演变的特征和规律，分析了二元金融结构变迁的路径依赖。根据我国经济转型和金融改革的背景条件，提出了路径选择的方向。在此基础上进一步提出促进城乡金融融合发展的政策建议。

第八部分是研究结论和展望。本部分内容对全书的研究作出总结，并指出研究的局限性以及有待进一步研究的问题和拓展研究的方向。

1.4.2 研究的技术路线

根据研究问题和对象的特点，本书综合运用理论研究与实证研究相结合、定性和定量研究相结合的研究方法。机理分析主要建立在金融发展理论和二元经济理论框架之上，结合归纳抽象分析方法和动态演绎分析方法展开分析；指标体系构建部分基于区域金融理论框架和金融地理学框架，在总结已有研究的基础上，综合运用结构分析方法和层次分析方法构建二元金融结构及其收敛性的评价指标体系；实证分析部分以描述性统计分析揭示二元金融结构的收敛性，并在此基础上构建门槛效应模型，利用面板数据进行实证验证；最后根据理论和实证研究的结果提出路径选择和政策建议。本书的技术路线如图1－2所示。

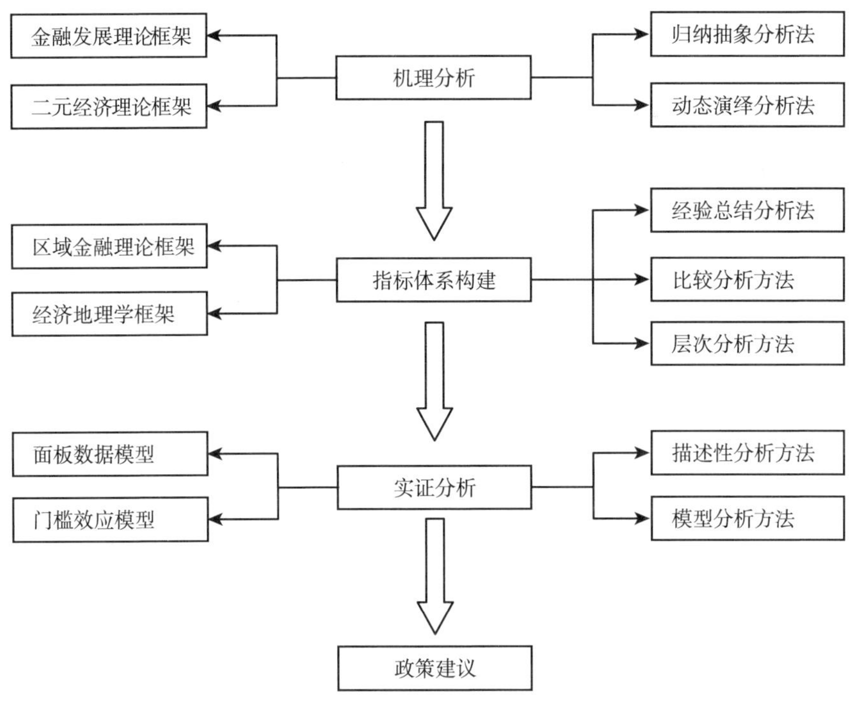

图1－2 研究的技术路线

1.5 研究特色与创新

本书可能的创新包括以下四个方面：

第一，从农村金融发展和城市金融发展互动影响关系的创新视角考察二元金融结构“分化—收敛”的内在机制，突破了已有研究仅从外部影响因素考察二元金融结构的局限性，丰富了二元金融问题研究的视角。本书摒弃了从经济金融总量关系的单一视角分析二元金融结构问题的传统研究范式，而是选择从结构视角入手，将经济因素、制度环境、转型背景纳入分析框架，分析经济结构转型条件下二元金融结构变迁的过程及其影响因素。同时本书认为二元金融结构的形成不仅是外部条件冲击的结果，同样也是金融发展过程内生驱动的结果。基于此，本书以内生金融理论、产业成长理论和增长极理论为支持，揭示了金融发展由“聚集效应”向“扩散效应”演变的内在机制及其与二元金融结构变迁的关系，拓展了二元金融结构问题的研究视角。

第二，从宏观、中观、微观三个层面入手，基于金融发展的数量、质量和结构等多个指标类型，以及时间序列和区域差异等多个维度，构建了二元金融结构的评价指标体系，补充了主流研究采用简单一宏观指标量化二元金融结构水平的不足，提高了实证研究的准确性和可操作性。已有研究在分析二元金融问题时往往被数据所困，现有的研究大都停留在理论推演或者对二元金融结构的简单描述统计之上，缺乏科学的、系统的数量验证。仅有的实证研究或者因为选择的变量过于单一，或者采用了不合理的测算方法，得出了相互矛盾的研究结论。本书对金融发展和二元金融结构的概念进行了重新梳理和拓展，综合金融结构观、金融功能观、金融制度观等理论观点，从宏观、中观、微观三个层面，综合数量指标与质量指标，静态指标与动态指标，整体指标与区域指标构建二元金融结构的评价指标体系。在此基础上，对二元金融结构的收敛性进行了比较分析，揭示了我国二元金融结构收敛的轨迹及区域收敛的特征，为二元金融结构的实证研究提供了理论基础和实践依据。

第三，从经济转型与二元金融结构变迁的动态影响关系入手，利用门槛效应模型揭示了经济转型过程对二元金融结构的影响由“分化”到“收敛”的变化过程。已有研究在分析二元金融问题时大多基于静态分析的方法，忽略了二者非线性关系和参数变动的可能，导致实证研究结论的可信度降低。正如卢卡斯（1976）所强调，在动态的经济政策环境中假设计量模型的参数保持不变的宏观计量模型本身是站不住脚的。本书将中国工业化和城镇化背景纳入分析框架，分析了工业化进程的不同阶段城镇化、市场化的推进对二元金融结构的影响机理。利用省际面板数据验证了不同阶段城镇化和市场化因素对二元金融结构的影响存在“分化—收敛”的门槛效应，并且基于我国区域经济发展的差异，检验了中西部地区和东部地区的二元金融结构影响因素的差异性。

第四，从二元金融结构收敛的特征出发，揭示了二元金融结构由区域收敛到整体收敛，由相对收敛到绝对收敛变迁的一般路径，提出了以机制塑造、制度优化、结构调整为核心目标的政策选择。二元金融结构的变迁受制于复杂的外部条件，这些条件既包括资源、技术、制度等经济条件，又包括文化、意识、观念等环境条件。在城乡分割的格局下，金融发展的要素分布处于非均衡的状态，这种状态是在工业化进程中长期积淀并自我强化形成的，没有一种机制或手段能够在短时间内使城乡金融发展的条件趋于一致。二元金融结构的存在有其客观性、阶段性和条件性，因此二元金融结构的调控目标应该着眼于经济结构转型的长期过程，按照相对收敛到绝对收敛，条件收敛到内生收敛，区域收敛到整体收敛的路径特征分阶段、分地区、分重点地引导二元金融结构向一元金融结构转换。

1.6 相关概念的界定

1.6.1 金融发展的内涵与外延

金融发展这一概念直到20世纪50年代才开始引起学术界的关注。由于第二次世界大战后西方国家在经济发展过程中不同程度地受到储蓄不足和资金短缺的制约，同时政府的干预被认为是经济发展减缓的深层次原因，市场的作用受到重视，金融产业的发展有了合适的空间，一些西方经济学家开始关注金融发展与经济发展的关系。以格利和肖（Gurley & Shaw，1960）、戈德史密斯（Goldsmith，1969）、帕特里克（Patrick，1969）、麦金农（Mckinnon，1973）等为代表的一批经济学家先后发表了以金融发展为研究对象的著作，从而创立了金融发展理论。戈德史密斯（Goldsmith，1969）的贡献是奠定了金融发展理论的基础，他在《金融结构与金融发展》一书中对金融发展作了开创性的定义，搭建了金融发展理论研究的基本框架。戈德史密斯认为金融发展表现为两个方面，一是金融资产总量的增加，二是金融结构的变化。通过采用定性和定量分析相结合以及国际横向比较和历史纵向比较相结合的方法，建立了衡量一国金融结构和金融发展水平的指标体系，包括金融相关比率、金融中介比率等 8 个具体指标。戈德史密斯认为金融发展符合以下规律：

（1）在一国经济发展过程中，金融上层建筑的增长速度要快于实体经济部门的增长，金融相关比率变动的总体趋势是不断上升的。

（2）金融相关比率的增长并非没有止境，当金融发展水平上升到一定阶段后，金融相关比率就会趋向稳定，根据戈德史密斯的测算，金融相关比率的上限介于 1 ~1.5 之间。

（3）经济不发达国家金融相关比率比经济发达国家要低得多。金融相关比率指标可以大致反映一国的金融发展水平和经济发展水平。

（4）决定一国金融上层建筑相对规模的主要因素是各经济单位、经济集团储蓄与投资分离的程度。

（5）随着经济发展水平的提高，即使金融相关比率已趋于稳定，但大多数国家的金融中介比率仍在提高，即金融机构发行和拥有的金融资产的比重仍在加大。

（6）储蓄及金融资产持有的“机构化”倾向，必然使金融机构和金融工具向多样化发展。一般而言，债权的机构化比股权的机构化要迅速，同时长期债权的机构化水平要高于短期债权的机构化水平。

（7）现代金融体系的发展始于银行体系的发展，金融体系的扩张伴随着经济货币化程度的提高，但是银行体系的发展和经济货币化程度的提升在金融增长中都表现为一个迅速上升到逐渐平稳，甚至下降的过程。

(8) 随着经济发展，银行资产占金融机构全部金融资产的比重会下降，非银行金融机构的资产比重相应会大大提高。

(9) 国外融资作为国内资金不足的补充手段，在许多国家的经济发展中起过重要作用，甚至在某些历史时期，其增长速度超过国内融资增长。

(10) 与国际资金的引入同等重要的是发达国家对发展中国家的示范效应，例如，金融工具的引进、金融机构的设立、金融管理技术的传播等，对于推动落后国家金融发展是有益的。

(11) 金融发展水平越高，融资成本就越低。金融制度的完善本身就会降低交易成本，金融机构之间的竞争和金融资源的充分调动都会改善金融市场效率。

(12) 在金融发展与经济发展之间存在大致平行的关系，在总体规模水平和结构复杂程度上，会呈现同步的增长。

戈德史密斯的开创性研究为金融发展理论的研究提供了重要的理论基础和方法参考。在戈德史密斯的影响下，早期的金融发展理论关注的核心问题聚焦于金融与经济增长的关系，相关研究局限于围绕戈德史密斯的理论框架进行延伸和拓展，尤其是在实证研究中对金融发展的定义大都沿用了戈德史密斯的指标体系。随着金融发展理论的拓展，金融发展理论研究的内容从经济金融的总量关系延伸到金融发展促进经济增长的作用路径问题。这一研究思路丰富了金融发展的内涵，在不同的研究视角下，金融发展被赋予了更广的含义。虽然大多数学者并没有对金融发展给出明确的定义，但从其分析的逻辑可以看出，他们关注的问题由金融发展“量”的变化向“质”的变化延伸。如麦金农和肖（Mckinnon & Shaw，1979）认为金融发展的一个重要特征是金融效率的提升，即储蓄如何有效转化为投资。金融发展的过程就是能够更高效地组织闲散资金并将其投入到生产过程中，因此金融发展就是要研究如何提高资金的利用率。另外，以默顿和博迪（Merton & Bodie，1995）等为代表的学者提出了金融功能观，从金融功能的角度来诠释了金融发展的过程，并指出金融发展就是金融功能的不断完善，从而促进金融服务经济的效率。白钦先（2006）按照金融功能演进的递进关系将金融功能划分为四个层次（见图1-3）。一是金融基础功能，即金融的服务和中介功能；二是金融核心功能，即资源配置功能；三是金融扩展功能，即经济调节和风险规避功能；四是金融衍生功能，包括信息传递、公司治理、引导消费等功能，并指出金融发展就是金融功能由低级阶段向高级阶段演化的过程。在金融发展的低级阶段，货币功能就是主要功能，主要发挥交易媒介、贮藏手段和价值尺度等功能，当金融机构产生后，金融部门开始发挥货币兑换、保管和结算功能，并进一步过渡到金融资源配置。在金融发展的高级阶段，金融体系的风险管理和激励功能越来越重要。默顿和博迪认为通过观察上述金融功能在金融体系的分布状况，可以判断金融体系的发展阶段，但随着经济的发展，不同国家和地区之间的金融功能存在不断融合的趋势。

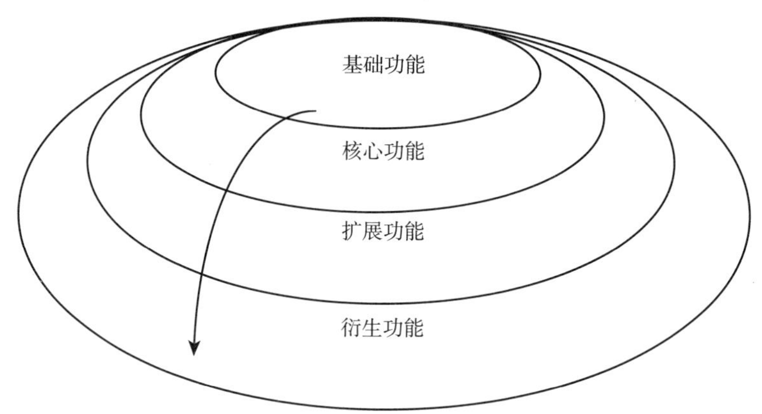

图1－3　金融功能类型和递进关系

随着金融发展理论的深化，学术界对金融发展的表象给出了不同的描述和理解，这些定义揭示了金融发展的两个核心概念，一是金融规模的增长，二是金融功能拓展和效率提升。前者体现了量的发展，后者则体现了质的发展。事实上，金融发展过程中的量的变化和质的变化是相互联系和制约的。从金融发展的历史演进过程来看，在金融发展的原始阶段，尤其是在金融机构出现之前，金融功能局限于货币功能，金融资源的积累处于自然状态，金融资产在国民经济中所占的比重很低。当现代金融机构出现后，金融体系的功能由传统的服务和中介过渡到资源配置，金融系统开始有序地组织和分配资金，金融资产成为资本积累的重要载体，金融在国民经济中的地位不断上升。在金融发展的高级阶段，金融创新活动进一步激发了金融衍生功能，金融功能的拓展使得金融活动延伸到经济运行的各个层面，金融体系在经济活动中的覆盖面不断加大。因此，总量的增长和效率的提升是金融发展的两种状态。本书将金融发展定义为以金融体系和金融规模增长为表征，以金融工具和金融机构形式的多样性为纽带，以金融功能演进为核心的变化过程。

1.6.2 城乡二元金融结构的界定

城乡二元结构既是一个社会学范畴的概念也是一个经济学范畴的概念。广义的城乡二元结构的含义具有多重性，它包括了农村和城市地域二元性、工业和农业经济产出二元性、农村和城市居民人口结构二元性、传统部门和现代部门技术水平二元性以及户籍制度、社会保障等制度安排的二元性。狭义的城乡二元结构一般指刘易斯（Lewis，1954）的二元经济理论，这一概念同样具有丰富的内涵。刘易斯将经济体系分为两个部门，即维持生存的部门和资本家部门，前者主要以农业部门为代表，后者则以工业部门为代表。刘易斯认为两个部门的区别在于农业部门存在大量边际产出为零的剩余劳动力。农村发展长期处于低增长甚至增长停滞的状态，而工业部门发展则保持高速扩张。在这种状态下，经过长期积累，发展中国家出现经济发达地区和经济落后地区并存的二元结构（Myrdal，1957）。

城乡二元金融结构的概念从麦金农（Mckinnon，1973）和肖（Shaw，1973）的二元金融观点演化而来。麦金农和肖认为发展中国家普遍存在有组织的正规金融部门和无组织的非正规金融部门，正规金融部门以大型银行为代表，集中在城市为工业部门服务，而非正规的金融部门包括了钱庄、当铺、合作社等小规模金融机构，这些金融机构大都分散在农村地区，为农户和中小企业提供金融服务。因此，大多数学者在研究中将城乡二元金融体系界定为先进的现代城市金融体系和落后的农村金融体系之间的差异。一些学者还从金融制度的视角定义了城乡金融差异，如鲁钊阳（2012）将城乡二元金融界定为：在特定的地域（农村和城市）内，以面向地区经济社会发展为目的，主要面向地方经济发展，对区域内金融基础设施进行整合，建立的相对独立而又与国家金融发展和整个国民经济发展具有密切联系的金融制度。田霖（2009）对城乡金融系统给出了一个综合的概念，她认为城乡金融地域系统就是指在开放的动态环境下，城乡金融系统在时间上的积累和深化，在地理空间上的落实与融合，以金融资源禀赋差异为特征，以金融产业为物质载体，以金融效率（微观金融效率、宏观金融效率与金融适应效率）为本源驱动力，相互联系、相互依赖、相互作用、相互促进、相互转化，不仅体现为货币、资金的双向流动，也表现在金融工具、金融组织体系、整体功能性金融资源等方面的地域运动。已有研究对城乡二元金融的界定具有一个共同点，即从金融发展的表象出发，明确城乡金融发展之间的差异性。显然，基于这一思路的定义有助于我们直观地认识城乡金融非均衡发展过程，但也忽略了城乡二元金融问题的多重属性。一方面，城乡二元金融问题属于二元经济问题的一部分，因此，城乡二元金融的界定不能脱离了工农两部门结构的基本框架；另一方面，金融发展内生于经济发展中，金融服务的对象是经济主体，在讨论二元结构的过程中也应该区分二元金融体系服务对象的二元性。本书认为，城乡二元金融结构是一个具有多重属性的范畴，它既有经济学的属性，也有社会学的属性，同时也体现了“质”和“量”的二重性。

城乡二元金融结构包含了以下几层含义。首先，城乡二元金融结构体现了城市金融部门和农村金融部门之间相互分割的状态。一方面，城市金融部门主要服务于第二产业和第三产业中的大型企业，对农业和中小企业普遍采取歧视性的政策，开展的业务范围极少涉及农村地区的经济主体；另一方面，由信用社、钱庄、当铺等传统金融机构组成的农村金融部门则主要针对农户和中小企业，其信贷活动分散且不具有连续性，这些机构自身发展受到诸多限制因而难以与城市金融部门形成竞争，由此形成了两个相互分割的金融部门。其次，城乡二元金融结构的直接表现是金融发展水平的差异。自戈德史密斯（1969）以来，金融资产的相对规模一直是衡量金融发展水平的核心指标，一方面，这一指标反映了金融活动发生的频率；另一方面，这一指标也反映了金融在经济活动中的重要程度。此外，在二元结构下，这一指标还反映了金融资源分配的差异。对发展中国家而言，工业处在高速扩张的阶段，金融活动主要集中在城市部门，表现为金融资产在城市经济中所占的比重较高，相反，金融在农村经济发展中的作用十分有限，金融资产的规模十分有限。正因为如此，麦金农和肖（1973）认为可以通过金融资产的相对规模判断金融发展的水平。实际上，大量实证结果证明，金融发展水平提升与金融中介数量、金融工具种类等金融服务成正比，因此金融规模的二元性也包含了城乡金融服务水平的差异信息。最后，城乡二元金融结构也可以理解为金融效率的二元性。类似于城乡产出效率的差异，城市金融部门和农村金融部门也存在效率差异。当然，本书所指金融效率不是金融对产出的贡献，而是对金融自身发展的影响。金融效率是金融体系组织和分配资金的能力，即将储蓄转化为投资的能力。城市金融部门通过创新活跃，运用各种金融工具有效地组织资金。另外，城市金融部门的技术优势、人力资源优势、规模优势，能够以较低的成本执行对项目的评估和监督，从而将资金有效地投入到生产过程中。农村金融组织形式落后，加上特殊的地理、经济、人力资源等因素使农村金融部门在组织和使用资金的过程中面临较高的运营成本，农村金融部门被动地参与动员储蓄和资源配置，这与城市金融部门的主动性形成鲜明对比。

第❷章

理论借鉴与文献回顾

任何研究都是建立在前人研究的基础之上，因此在分析问题之前，有必要对前人的研究进行梳理、归纳和总结。本章将对二元金融的相关研究和理论进行回顾，一方面借鉴和继承前人的研究结果；另一方面找到已有研究的不足，并对其进行改进和拓展。

2.1 文献综述

2.1.1 二元金融结构的表现形式

自麦金农（1973）和肖（1973）对二元金融结构问题进行系统研究以来，二元金融结构这一命题开始受到广泛的关注，麦金农认为二元金融结构是有组织的正规金融体系与落后的非正规金融体系的相互分割、共存的现象。虽然麦金农所指的二元金融结构是对发展中国家整个金融体系的描述，但是他所描述的相对发达的正规金融市场与落后的非正规金融市场之间的差别与发展中国家城乡之间金融发展的差距是相对应的。一些学者以麦金农的观点为逻辑起点，对城乡二元金融结构作了大量的描述，张杰、尚长风（2006）认为城乡二元金融结构的表现形式是以正规金融主导的城市与非正规金融主导的农村金融之间的“分割”状态。陈明、安虎森（2004）认为城乡金融分割是由农村金融系统性缺陷引起的城乡金融市场分割，与城市金融体系相比，农村金融市场存在以下几点系统性缺陷：一是农村人口密度低，平均贷款额小，增加了单位交易的交易成本。二是农村的交通、通信等基础设施落后，存在严重的信息获取障碍，农村金融机构难以准确掌握农户信用状况和经营水平，而农户普遍缺乏商业银行所要求的担保抵押物，这些因素放大了农村金融信贷的违约风险。三是农村金融市场相对封闭，缺乏与其他市场的联系，不利于金融机构的风险分散。四是农业生产具有周期性和季节性，农产品价格波动强，农村居民收入不确定性高，加大了农村信贷的偿还风险。

但也有学者认为，从正式金融和非正式金融的角度来界定城乡二元金融结构，并没有准确地捕捉城市金融和农村金融的差别。因为，从正式金融和非正式金融角度看，城市和农村都存在着正式金融和非正式金融市场。正如穆希丁和赖特（Mohieldin & Wright，2000）所说，城市和农村金融市场中正式金融与非正式金融的“分割”与“共存”是任何发展中国家皆有的经济现象，即使是在完成了农村工业化与城市化进程的发达国家，金融市场中的正式与非正式金融也在特定范围内长期共存。韩正清（2009）认为从城市金融和农村金融发展的角度看，二者之间无论从金融总量还是金融结构以及金融制度方面都存在巨大的差距，且两个市场是相对独立的两个体系，城乡之间的资金流动受到限制。他指出中国金融结构的二元性可以从金融体系的组成中直接观察到，即：一方面，立足于城市的由发达的现代银行（包括国有商业银行、其他商业银行、外资银行）分支网络以及证券、保险组成的一个以城市经济主体为服务对象的金融市场；另一方面，存在于农村的由规模较小的农村商业银行和农村信用社构成的以农村经济主体为服务对象的金融市场，因此城乡二元金融结构的表现是城乡金融市场规模的差异和农村金融工具的单一性（主要是信贷工具）与城市金融多元化发展的差异。他认为城乡差异具有四个显著特征，第一，国有银行在完成为工业化原始资本积累的任务后逐渐从农村撤出，农村金融体系依靠农村信用社支撑，信贷市场严重萎缩。第二，对农户而言，证券投资基本上与农村居民无关，仅有少数农村居民拥有少量的债券，而股票市场对广大农村居民来说参与的门槛太高，至于各种金融衍生品交易市场，对绝大多数农民而言是完全陌生的。对农村大量的中小企业而言，在现行的证券市场参与条件下，农村中小企业还远远达不到进入主板市场的门槛，甚至连二板和三板市场都难以进入。第三，农村保险市场不发达，目前农业保险业务有20多个险种，且由商业保险公司经营，而农业本身的特质和风险特征更多的是需要政策性保险，商业性保险对于目前我国农业的分散经营现状来说处于次要位置。第四，农村民间金融市场开放度不高，长期以来政府对农村金融市场的准入实行严格的管制，由农业银行和集体所有性质的农村信用社垄断农村金融市场，农村民间金融发展长期受到抑制。王东霞（2012）则指出城乡二元金融结构的表现形式是多方面的，农村金融和城市金融在数量、结构、效率、人员素质、管理水平、经营环境、风险程度等方面都存在很大差异。

在实证研究方面，对于城乡二元金融结构的测度大都沿用了戈氏指标体系，以金融总量和金融发展水平两个核心指标测算城乡金融发展的差异。胡宗义、刘亦文（2010）利用2007年我国县级截面数据对城乡金融非均衡发展程度的测算结果显示，我国金融体系呈现出城乡非均衡化特征，金融资源分配明显向城市倾斜。仇娟东、何风隽（2012）的实证结果表明，反映中国城乡二元金融总体发展水平的城乡金融相关比率（FIR）指标比率从1978年的2.33增至2009年的5.12，呈缓慢上升趋势。张兵等（2012）以全国层面时间序列数据为基础的实证结果显示，以FIR指标衡量的农村金融深化程度与中国整体金融深化进程的差距在不断拉大，其中1978年两者相差近66个百分点，1984年拉大到100个百分点，到1997年则进一步扩大到154个百分点。姚耀军、鲁涛（2006）通过金融相关率、存款相关率和贷款相关率三个指标对农村金融发展水平和全国金融发展水平进行测算发现，以上三个指标所表示的农村金融发展水平与全国整体金融发展水平之间都表现出差距扩大的趋势，其中农村金融发展水平指标与全国整体水平的差距从1993年的60个百分点上升至2001年的165个百分点。以存款相关率衡量的农村金融发展水平指标与全国整体水平的差距从1993年的69个百分点扩大到2001年的124个百分点，而以贷款相关率指标衡量的农村金融发展水平与全国整体水平的差距则从1993年的68个百分点上升到2001年的92个百分点。以上实证结果显示，中国城乡二元金融结构还在不断强化。

上述理论和实证研究对城乡二元金融结构的研究内容、基本概念作了开拓性的贡献。从定性分析的角度来讲，已有研究根据研究视角和内容的不同，对城乡二元金融结构作出了不同的界定，虽未达成共识，但就城乡二元金融结构表现形式的复杂性达成了一致。在定量研究方面，已有研究对城乡二元金融结构的分析仍然是基于戈氏指标展开的，但是在数据收集和处理上，大部分研究都利用了宏观数据，缺少基于区域层面的分析，而运用全国时间序列数据对城乡二元金融结构进行描述可能拉平了区域之间的差距，因此数据的信息含量还有待进一步提升。

2.1.2　二元金融结构的形成原因

自戈德史密斯（1969）系统地论证了金融发展与经济增长的关系后，金融发展一直被认为是经济增长的自然结果，一些实证研究如史密斯（Smith，1997），谈儒勇（1999），史永东、武志（2002），张金清等（2010）的实证结果均支持金融发展与经济增长相互促进的观点。然而，莱文（Levine，1997；2003）采用了比戈德史密斯时间更长、维度更广的面板数据和更全面的指标和方法考察金融发展与经济增长的关系，结果发现经济增长对金融发展的促进作用在不同样本、不同计量方法下并不稳定。后期的一些拓展研究也得出了类似的结论，如康继军等（2005）的实证研究表明，中国、日本、韩国三国的金融发展与经济增长之间存在因果关系，但在因果关系方向上存在差异。阿斯蒂克和德米特里亚季斯（Arestic & Demetriades，1997）通过对跨国数据的研究，认为经济增长对金融发展的决定作用不具有普遍性。经济增长是否是决定金融发展的核心因素，学术界远没有达成一致，并且这一争论随着研究的深入不断扩大。

与此同时，一些学者将对金融发展影响因素的探讨拓展到经济增长因素之外。艾伦和桑托梅罗（Allen & Santomero，1997）提出了金融参与成本的概念来解释金融发展的原因和条件。艾伦和桑托梅罗认为金融交易和金融监管都是需要成本的，这些成本需要由金融活动的参与者来支付，在经济发展水平较低的阶段，收入水平达不到支付金融参与成本的最低门槛，金融交易就无法完成，金融机构也不会形成。格林伍德和史密斯（Greenwood & Smith，1997）认为只有当市场上出现了随着经济的发展，人均 GDP 达到某个临界值后，有能力支付参与成本的人数较多，单位交易所负担的成本较低，金融中介才得以形成，因此收入水平与金融发展是相关的。金和利普（King & Leape，1984）也提供了相应的经验证据。

LLSV（1997、1998）研究了法律制度对金融发展的影响，认为法律环境的不同所导致的对投资者保护的差别会影响投资者参与资本市场意愿的强弱，而资本市场的发展又决定了企业通过资本市场获得外部融资的难易程度。良好的法律环境是资本市场与金融发展的重要保障。莱文（2003）的实证研究也得到类似结论，即投资者法律保护水平缺失的国家或地区对应了不发达的金融市场，而拥有良好产权保护和法律信用体系的国家，其金融市场也较为发达。已有文献中关于法律制度对金融发展的影响机制主要有两个方面的解释：第一个方面是法律及其执行效率对金融发展的影响。LLSV（2000）认为，一个国家的合同法、公司法、破产法、证券法规范了金融运行的过程，明确的法律规定降低了金融运行中的不确定因素，而对这些法律的执行情况从根本上决定了证券持有人的权利以及整个金融体系的运行状况，即一个国家对投资者保护的程度是该国金融体系有效运转的重要保障。第二个方面是法律渊源或立法体系对金融发展的影响。贝克和莱文（Beck & Levine，2003）研究发现，法律渊源主要通过政治机制和适应性机制影响金融发展，其中政治机制是指不同的法律传统在保护私人投资者权利方面的侧重不同，表现对私有财产产权的界定、财产的处置等，这些因素被证明与金融投资的决策尤其是风险偏好等存在明显关系；而适应性机制指出不同法律制度适应变化环境的能力不同，如果一个国家的法律制度不能很快适应变化的环境，经济中增长的金融需求与法律体系满足这些需求的能力之间就会出现不匹配的现象。此外，斯图尔兹和威廉森（Stulz & Williamson，2003）的研究还表明，宗教和语言等文化特征同样能够解释不同国家投资者保护权利的差异。

拉詹和津加莱斯（Rajan & Zingales，2003）认为政治制度也是影响金融发展的因素之一，他们从既得利益集团的角度出发，研究发现来自金融业和其他产业的既得利益集团出于维护既得利益的考虑所采取的阻挠金融发展的措施成为各国金融发展呈现显著差异的内在原因。圭索等（Guiso et al.，2001）则认为相比于法律制度和政治制度，社会资本更能解释金融发展的水平。一方面，社会资本的拥有量决定了个人的信用水平，在人均社会资本高的国家和地区，个人因为不讲诚信受到的来自社会网络的惩罚远远超过来自金融机构的经济惩罚，从而增加了个人的违约成本，因此社会资本能够增进个体之间的信任水平（Coleman，1990）；另一方面，社会资本有助于形成道德观念，在社会资本高的国家和地区，教育水平更高，道德观念和意识更强，整体经济社会运行对道德的依赖性更强，这种道德氛围的传播又有助于提高社会的整体信用，而金融正是建立在信用的基础上的。正如阿罗（Arrow，1972）所说，每个商业合同都包含信用，而经济的不发达或多或少可以用缺乏公共信用来解释。纳克和基弗（Knack & Keefer，1997）利用“世界价值观调查”的信用与公民准则的度量指标，以29个市场经济国家为对象，研究社会信任与金融之间的关系发现，社会信用状况越发达的国家，其金融发展水平也越高。圭索等（2004）以意大利为研究样本，用以家庭和企业为单位的微观数据考察了信任程度对融资活动的影响，实证结果发现信任水平对金融发展产生了正向促进作用。

显然，金融发展的影响因素较为复杂，已有研究也并未形成理论体系，但总结起来，金融发展的影响因素包括经济条件和制度条件。已有文献对城乡二元金融结构形成的考察正是基于这两个视角展开的：第一类研究认为城乡二元金融结构源于城乡之间金融发展的经济环境差异。首先，作为农村经济主要产业的农业生产具有低收益、高风险的特征，农业投资不符合商业性金融机构盈利取向和金融资源的逐利本质（谢平、徐忠，2006；鲁钊阳等，2012）。刘芳（2002），姚枝仲、周素芳（2003），杨国中、李木祥（2004）等实证结果均表明，在效率主导金融资源自由流动的市场经济条件下，农村金融不具备自我发展的条件，效率差异是导致城乡金融非均衡发展的重要诱因。鲁钊阳（2013）的实证结果也表明城乡人均国民生产总值、城乡经济市场化水平、城乡固定资产投资额的差距直接导致了城乡金融的非均衡发展，而城乡实际利用外资的差距则不会导致城乡金融的非均衡发展。其次，从金融需求的角度来看，农村金融发展的劣势更为突出。发展中国家金融中介的成本普遍较高，城市高收入群体更倾向于购买金融中介服务（Townsend，1983）。而受收入水平限制，对金融服务的需求几乎难以进入农户传统金融需求的视野（王芳，2005），我国自给自足的小农经济特性更是钳制了农村金融需求的形成。韩正清等（2010）的实证结果表明，城市居民和农村居民之间的收入差距的大小与城乡二元金融结构的强度存在正相关关系。格林伍德和约万诺维奇（Greenwood & Jovanovic，1990）则从金融参与成本的角度进一步指出，农村低收入人群对金融服务的需求存在明显的门槛效应，由于城乡收入差距具有库兹涅茨特征，因此从长期来看，城乡二元金融差异呈倒“U”型结构的变化趋势。此外，田霖（2011）将以上因素进行了综合，其实证结果表明，技术、收入、教育等各要素对城乡金融系统的作用渠道及影响强度不同，城乡二元金融结构的成因是复杂的。

与以上研究关注金融发展的内在条件不同，第二类研究结合我国金融制度的特殊性，认为在工业化过程中，金融资本流动不仅受到市场机制的作用，还受到国家或地方政策的引导和配置（曾康霖，2003、2008；褚保金、莫媛，2011）。其原因在于改革开放以来，为了集中资源推进新型工业化道路，国家在金融制度方面采取的是城市优先的策略（林毅夫，2004），强制性地使农村金融服务于高度集中的计划经济体制（鲁钊阳等，2012）。由于我国的金融格局是国家或者政府掌握金融资源，并且金融中介履行了部分财政资金的功能（张杰，1997；周立，2005），因此，在重城市、轻农村的歧视性金融制度下，金融制度配给的差异导致城乡金融发展分化加剧。蔡（Tsai，2004）就印度和中国这两个国家的农村非正规金融机构的运转机制进行了分析，分析显示分裂的区域市场与信息将很大程度上约束农村信贷，从而使得农村金融发展情况与城市金融发展状况相差甚远，并导致信贷约束严重影响农村发展经济。

此外，二元金融结构的形成也可以从区域金融非均衡发展中得到启示。李兴江、赵峰（2003）认为我国区域金融发展呈现的非均衡特征是金融政策环境影响的结果。金融政策与区域发展的政策相统一，在梯度开发战略的影响下，区域金融发展同样呈现梯度格局。尹希果等（2005），崔光庆、王景武（2006）认为中国区域金融发展差异主要是非均衡发展战略下政府主导的金融垄断、中央政府制度安排和地方政府的政策选择共同造成的，是一种由外而内的形成过程。安烨、刘力臻、周蓉蓉（2010）则指出“一刀切”的金融调控政策没有考虑到区域消化政策的差异性，累积因果效应使区域金融差距不断扩大。丁文丽（2006）从经济条件的视角出发，考察区域经济与区域金融发展的关系，认为区域金融非均衡发展是由区域经济非均衡性引起的，反映了经济资源空间配置对金融资源空间配置的引向作用。杨东亮、陈守东、赵晓力（2008）认为影响我国区域金融非均衡发展的原因是复杂的，既有金融支持优惠政策和地方财政实力等政府因素的影响，又有地方经济发展水平、对外开放程度等经济因素的影响，此外，区域金融发展还存在明显的“马太效应”。对区域金融发展差异的另一种解释是金融产业的聚集效应，通过总结借鉴伦敦、纽约、新加坡三大国际金融中心发展的成功经验，郗文泽（2008）认为金融聚集，尤其是金融中心扩张和发展对周边城市的金融发展具有辐射效应。刘红（2008）从金融产业聚集与经济增长之间的互动影响角度出发解释了区域金融聚集发展的原因。首先，金融产业聚集利用“循环累计因果关系”促进了聚集区域内的经济增长。通过 LS 模型比较分析聚集前后经济增长率的变化发现，金融聚集对聚集区经济增长具有正向促进作用，而聚集区域的经济增长率上升又进一步加速了金融聚集。其次，金融聚集过程引起了“市场拥挤效应”，使金融聚集影响不断向外扩散，并对周边地区的经济金融发展起到推动作用。金融业的聚集具有“既集中，又辐射”的动态演变特征，金融业的区域聚集和区域扩散之间形成动态均衡。最后，金融聚集与产业聚集同步推进。金融聚集带动了资源的聚集和流动，在产业结构调整、升级、转化中发挥关键作用，而区域产业结构的调整升级又对金融聚集产生了更强的依赖，二者相互促进。丁艺（2010）基于金融地理学的分析框架，采用区位熵从银行、证券、保险三个方面分析了中国金融聚集程度，研究发现东部地区的金融聚集程度要明显高于中西部地区，我国的金融产业聚集主要集中在北京、上海、广州等经济金融中心城市。任淑霞（2011）认为区域金融发展不平衡是金融聚集发展的结果，而金融聚集发展又体现了金融行业自身发展的内在要求。其中金融聚集对金融发展的影响体现在两个方面：一是金融聚集降低了市场成本，提高了边际报酬；二是金融聚集产生的“关联效应”与“溢出效应”促进了金融自身的发展。

综观已有研究发现，随着金融发展理论的延伸和拓展，金融发展影响因素从经济金融的总量关系拓展到法律、制度、功能、供求等多方面的因素，但在分析城乡金融非均衡发展的文献中，仍然沿用了经济金融总量关系分析的基本范式。虽然少数研究已经认识到城乡二元金融结构形成过程中影响因素的复杂性，并进行了相应的理论探索，但并未形成理论体系。总体来看，已有研究存在以下四点不足：一是在研究视角上，缺乏对城市金融与农村金融之间的互动关系的分析；二是在研究方法上，对城乡二元金融结构的分析大都停留在静态分析的层面，对二元金融结构的动态变化关注不足；三是从研究内容来看，缺乏对城乡二元金融结构的合理界定和准确衡量；四是从研究框架来看，没有将发展中国家转型的背景纳入城乡二元金融结构分析的框架中。

2.1.3 二元经济金融的互动影响

已有研究认为城乡二元金融结构的存在制约了二元经济结构转型。首先，城乡二元金融结构导致了城乡消费和投资的差异，即城乡二元金融结构造成了投资过剩和消费不足。投资过剩主要是城市投资率偏高，消费不足则是农村消费不足（徐敏，2012）。雅普尔等（Jappell et al.，1989）认为，由于金融欠发达地区的信贷约束更为严重，消费者对即期消费更加敏感，而金融发达地区可以使受流动性约束的消费者较为方便地利用资本市场实现消费的跨期平滑，从而缓冲现期收入对居民消费的抑制作用，促进消费的平稳增长。尹保辉（2013）基于 31 个省、自治区、直辖市 2002～2012 年经验数据，实证研究中国城乡金融非均衡发展对城乡居民消费差距的影响。研究结果表明：城乡金融发展水平的差距对居民消费差距有显著影响，城乡金融发展水平差距扩大 1 个单位，会导致城乡消费差距拉大 0.35 个单位。

其次，城乡二元金融结构也会加大城乡收入差距。王少国、王京（2014）从城乡储蓄投资结构的实体经济机制和城乡居民创造财产性收入的虚拟经济机制两方面分析了城乡二元金融机构对城乡居民收入差距的影响。其实证结果表明，城乡金融发展差异与城乡收入差距之间存在长期协整关系，并对城乡收入差距具有正效应。钱水土、程建生（2011）

认为城乡金融非均衡发展对城乡收入差距的影响通过三个传导机制实现，一是通过经济增长影响收入差距，二是通过固定资产投资影响收入差距，三是通过金融活动直接影响收入差距，基于 2002～2008 年中国 28 个省（区市）的面板数据，采用广义矩估计（GMM）研究金融非均衡发展对城乡收入差距影响，实证结果表明，城乡金融非均衡发展拉大了城乡居民收入差距。廖杉杉（2012）通过构建动态面板数据模型，利用 1992～2009 年 29 个省区市的数据，分析城乡金融差异对城乡收入差距的影响，结果表明：在控制其他变量的情况下，城乡金融规模差异、结构差异和效率差异与城乡收入差距呈正相关关系，城乡金融差异的扩大将导致城乡收入差距的进一步扩大。黄海峰、邱茂宏（2014）通过向量自回归模型对我国城乡金融非均衡性发展如何影响城乡居民收入差距进行了实证研究，模型将金融非均衡性发展分为金融规模非均衡和金融效率非均衡两个指标，并以财政支农支出和城镇化率为控制变量，以泰尔指数作为衡量城乡居民收入差距的因变量。VAR 模型的研究结果表明，城乡金融非均衡性发展与城乡居民收入差距存在一种长期均衡的关系。张鹏、梁辉（2011）利用 1978～2008 年时间序列数据实证考察了我国城乡金融非均衡发展程度与城乡收入差距的关系，城乡金融非均衡发展程度与城乡收入差距正相关。

此外，城乡二元金融结构会加大城乡经济增长差距并强化二元经济结构。杨守鸿等（2013）从城乡交易成本差异、城乡储蓄与投资差异、城乡金融资源配置差异等维度出发，从定性的角度探讨城乡金融发展非均衡化影响城乡经济增长差距的机理，并运用 1992～2010 年中国 28 个省际单位面板数据，进一步实证城乡金融发展非均衡化对城乡经济增长差距的影响。鲁钊阳（2012）从经济增长、收入、消费等方面综合实证考察了城乡二元金融结构对二元经济结构的影响，发现从城乡经济增长差距来看，在控制城乡固定资产投资、城乡市场化水平和城乡外商直接投资等指标的前提下，城乡金融发展非均衡化对城乡经济增长差距的影响极为显著。从城乡收入差距来看，在控制城乡就业结构、城市化水平和政府经济政策等指标前提下，城乡金融发展非均衡化可以看作是导致城乡收入差距的最主要原因。从城乡居民消费差距来看，在控制城乡收入差距、人口负担比、居民人均医疗支出、居民人均教育支出、通货膨胀率、利息率等变量前提下，城乡金融发展非均衡化直接导致了城乡居民消费的差距。王志强、孟丽莎（2014）利用1978～2012年中国时间序列数据考察二元金融与二元经济结构的关系发现，二元金融结构与二元经济结构之间存在长期协整关系，城乡金融差距加大固化了二元经济结构。

然而，另一部分研究则得出了截然相反的结论，如仇娟东、何风隽（2012）的实证研究证明，近年来中国城乡二元经济的转化取得了一定成绩，但中国城乡二元金融具有“自我强化”特征，中国城乡二元经济与二元金融呈反向变动关系，并且二者互为因果关系。何斌、姚如青（2003）认为，计划经济体制转型为市场经济机制是有改革成本的，实行金融二元结构可能是降低改革成本的措施，金融二元结构下的信贷倒逼机制和预备性储蓄是M2与GDP之比上升的主要原因。正是在这种金融二元结构下，国有企业源源不断地获得资金，维持了稳定的投资与消费需求，结果产生了一种正外部性，即非国有企业在稳定的宏观经济环境中得到发展。许月丽、张忠根（2013）的实证结果也说明，农村资金外流在转型期的特殊阶段可能有助于促进二元转型。

综观以上研究不难发现，已有研究分析城乡二元金融结构影响二元经济结构的主要框架仍然是基于经济金融总量关系的简单延伸，之所以在不同的计量方法和数据指标的情况下出现了大量相互矛盾的结论，其根源在于缺乏对二元金融结构形成机制的深层次认识，仅仅把金融发展和二元金融结构作为一个外生变量来分析存在较大的局限性。

2.1.4 二元金融结构的演变规律

新古典经济增长模型证实了收敛性的存在，随着研究范围的扩大，这种收敛性被引入到金融发展的研究上（胡宗义等，2012）。齐默尔曼（Zimmermann，2002）认为金融一体化过程可以归结为“趋同过程”和“赶超过程”。一方面，金融一体化意味着现代金融体系可以从发达地区向欠发达地区渗透，从而延伸到金融服务的边界；另一方面，趋同和赶超的内在基础是资源的倾斜，则高增长的经济起飞地区显然能够得到增长所必需的要素（陈成忠、赵晓春，2006）。但是在实际经济运行过程中，事实并非完全符合理论假设。国内学者对城乡二元金融结构收敛性问题进行了大量的探讨和分析，揭示了城乡二元金融结构的普遍性和复杂性。

李敬等（2008）利用1978～2004年的省际面板数据对中国金融发展的省际差异，东、中、西部地区金融发展差异和城乡金融发展差异进行全面度量，实证结果发现无论是城乡区域层面、东中西部区域层面，还是省际区域层面，我国的金融发展都呈现了明显的区域非均衡的特征，其中我国区域金融差异表现最明显的是城乡金融发展差异，处于第二位的是东部地区内部的金融发展差异，然后是省际间金融发展差异。鲁钊阳（2013）运用基尼系数、对数离差均值和泰尔指数三个指标，对1978～2010年期间我国省际城乡金融非均衡发展水平，东部、中部、西部地区城乡金融非均衡发展水平和八大经济区城乡金融非均衡发展水平进行了全面测度，并运用R/S分析方法对我国城乡金融非均衡发展的长期变动趋势进行了预测，结果发现我国城乡金融非均衡发展问题在省际，东中西部和八大经济区之间都是表现得极为明显的，而且在未来一段时期内，这种非均衡状态还会继续存在。李树、鲁钊阳（2014）运用中国各省份的面板数据，分别以金融结构、金融规模和金融效率的城乡非均衡发展水平为衡量指标，采用σ收敛、β收敛和俱乐部收敛三种分析方法，对城乡金融非均衡发展的收敛性进行了检验，进一步发现中国城乡金融非均衡发展整体上存在σ收敛，在控制了城乡人均生产总值差异、城乡居民收入差异、城乡经济市场化水平差异、城乡人力资本水平差异等因素后，中国城乡金融非均衡发展表现出β条件收敛特征。并且中国城乡金融非均衡发展还存在明显的俱乐部收敛特征，其中中部地区各省份城乡金融非均衡发展表现出β绝对收敛特征，东部和西部地区各省份城乡金融非均衡发展则不具有β绝对收敛特征。田霖（2011）的研究则发现城乡金融地域系统存在空间溢出效应，二者互补而非互斥，互相关联而非互相割裂。

金融非均衡发展的另一种普遍现象是区域金融的非均衡发展，那么区域金融发展是否具有收敛特征呢？国外相关研究也证明，区域一体化也并不必然导致区域金融差异收敛。如穆林德等（Murinde et al.，2004）考察了1972～1996年间欧盟7国金融发展的差异水平，发现欧洲一体化进程中样本国家的金融发展仅存在条件收敛，说明金融差异收敛受到了外在因素的干扰。布鲁诺和博尼斯（Bruno & Bonis，2008）通过对1980～2005年间9个经济合作与发展组织（OECD）成员的金融数据分析发现，运用不同指标测度的金融发展水平所呈现的收敛性并不相同。因此，简单的线性方法可能无法准确捕捉到复杂的金融系统的内在变化（Antzoulatos et al.，2008）。国内研究方面，大部分研究认为中国区域金融发展存在长期收敛特征。张杰（1995）认为我国区域金融发展的差异性随着时间的推移逐渐减小，我国区域金融发展存在着收敛性特征，由于经济结构的区域差异将造成金融业发展的区域差异，区域金融发展的轨迹将呈现出威廉姆森倒“U”型。陆文喜、李国平（2004）的研究表明，自1985年以来，中国区域金融业发展存在着阶段性特征和区域性收敛特征，并且自1995年以来收敛速度明显加快。金雪军、田霖（2004）指出，中国区域金融发展长期存在差异性，1978～2003年间中国区域金融差异化发展的动态趋势呈现出三次曲线变动态势而不是倒“U”型曲线态势。赵伟、马瑞永（2006）实证分析了1978～2002年我国东中西部地区金融发展的收敛性及成因，得出我国区域金融发展存在收敛，且呈现出“俱乐部收敛”特征。上述特征出现的原因在于区域金融发展与区域经济发展不平衡、市场化改革不完善以及各区域自身因素等。李敬等（2007）认为区域金融的发展差异主要经历直接政策干预期、市场化的趋异期、市场化的趋同期和效率差异稳定期四个不同阶段，中国区域金融发展差异理论上呈现“草帽型”的变动路径，即区域金融发展存在着长期收敛性特征。黄砚玲、龙志和和林光平（2010）运用空间计量方法实证考察浙江省67个县、市、区之间金融发展的收敛性，结果显示1997～2008年间，浙江省67个县市区金融发展存在显著的β绝对收敛。黄桂良（2011）以粤港澳地区为对象，考察了资本流动对金融收敛的促进作用，其研究发现粤港澳地区金融发展存在显著的σ收敛特征，且资本流动是收敛的重要实现路径，表现为中国香港地区资本净流入规模越大，粤港澳地区金融的收敛就越强。也有一些学者基于不同的指标和方法分析得出了区域金融收敛性不显著的结论，如龙超、张金昌（2010）基于面板单位根检验方法，得出我国区域金融存在全局性的随机发散，不存在俱乐部式随机收敛的结论。葛志苏（2012）利用通过因子分析综合排名筛选的金融发展水平的单项指标的区位商所反映的金融发展水平和聚集水平，对我国七大经济区域金融发展的水平以及金融聚集的分析发现我国区域金融发展具有发散特征。

虽然已有文献已就金融非均衡结构趋于收敛的理论假设达成一致，但实证研究却证明，现阶段我国城乡金融二元结构并不具有明显的收敛特征，区域金融发展的收敛也存在较多限制条件，样本的分类方法对实证结果的影响较大。已有研究也揭示了一个重要的启示，即对城乡二元金融结构的分析也必须考虑到区域金融发展的差异性。

2.1.5 二元金融结构的优化调控

主流研究认为城乡二元金融问题的核心是有效供给不足，其政策建议是围绕如何增加农村金融供给展开的。第一类观点认为，农村金融供给不足是农村金融机构缺位引起的，而农业的弱质性不符合商业性金融发展的条件，因此应该通过扶持政策性金融来解决城乡二元金融结构问题。其基本思路是强化农村政策性金融的综合服务功能，通过税收、财政等政策扶持、改善农村政策性金融经营条件和环境（曾康霖，2006、2008；人民银行课题组，2006；丁振京，2013），拓展农村政策性金融的服务功能，包括拓展农业政策性金融对商业性金融的引导与补充功能，拓展政策性金融支农方式，如开展农业政策性保险业务、拓展农茶品期货经纪业务、拓展农业政策性担保业务、拓展农业政策性风险投资业务等（陆强，2013）。蔡友才、陆娟（2005）认为我国农村政策性金融改革不能只注重机构的存在形态，而要强调政策性金融的功能形态。第二类观点认为，农村金融的供给问题应该通过金融机构的多样化来实现。发展中国家金融政策是以城市工业发展为目标的，发展中国家金融发展的一个典型事实是普遍采用了金融抑制政策，政府的金融抑制政策加剧了城乡金融市场的分割，大量的农村经济主体游离于正规金融体系之外，无法获得正规金融体系的信贷支持。在这种制度背景下，需要打破政府金融垄断，允许多种金融机构并存和竞争来增加农村金融的供给主体。具体措施包括鼓励大型商业银行等体制内资金进一步介入小额信贷、发展非国有的中小金融机构体系、放宽民间资本进入新型农村金融服务组织的门槛等（何广文，2004；周孟亮、李明贤，2011）。

也有研究认为解决城乡二元金融问题的关键是截住农村资金外流和引导农村资金回流。姚耀军、和丕禅（2004）利用统计数据说明，农村资金主要通过农村信用社和中国邮政储蓄银行这两大渠道外流，1978～2001年通过农信社和邮政储蓄外流的资金分别达到5180.7亿元和2024.9亿元。农村资金外流很大程度上是由农村金融机构的服务功能弱化造成的（巴红静、管伟军，2009），防止资金外流客观上要求改革农村的储蓄体制（姜长云，2003）。但也有学者指出农村资金流出是“资本流动偏好”的体现，要减缓农村资金外流必须依据“资本流动偏好”规律，从改善农村投资环境、完善金融机构职能等方面入手，以促使资金回流（李新生、谢元态，2002；杨文选等，2007）。

此外，一些学者也开始注意到，二元金融结构不仅仅是一个供给问题，城乡之间也同样存在金融需求的二元性。王芳（2005）指出，在传统小农经济状态下，受收入水平限制，对金融服务的需求几乎难以进入农户传统金融需求的视野。曾康霖（2000）也指出，与城市生产性金融需求相比，农村金融需求的主要形式是生活性金融，这种金融需求并不是完全有效的。因此，优化二元金融结构需要培育农村居民的有效需求。

综观以上文献不难发现，国外学者对城乡金融非均衡发展的研究较少，鲜有文献针对城乡二元金融结构展开讨论，部分文献在麦金农和肖（1973）的二元金融结构框架下分析金融发展与经济增长问题中提及了城乡金融非均衡发展问题，但这些研究仅仅把城乡二元金融结构作为一个特征性事实予以描述，并没有解释这种结构的成因。相比之下，国内学者对城乡二元金融结构问题进行了一些针对性研究，对我国城乡金融非均衡发展的现状和趋势进行了测度和分析，同时也对城乡金融非均衡发展的影响因素进行了分析，并提出了促进城乡金融一体化的措施和对策。但是总体来看，专门针对城乡二元金融结构的研究十分有限，且已有研究也存在诸多的不足，一方面，已有研究对于城乡二元金融结构形成和收敛过程的分析侧重于实证检验，缺乏理论分析，更没有形成相应的理论体系。另一方面，这些研究仍然拘泥于经济金融总量关系的传统框架，缺乏对金融体系自身演变规律和特点的探索。此外，从研究内容上看，早期的研究大都拘泥于对城乡二元金融结构的现象描述和理论推演，忽略了区域差异的影响。从研究视角上看，已有研究模型的构建可能过于关注金融发展受到的外部冲击，而忽略了城乡金融之间的互动影响机制。从研究方法上看，已有研究大都采用静态分析的方法，忽略了二元经济转型发展的动态变化。

2.2 理论借鉴

2.2.1　金融发展理论

1. 金融发展阶段和模式

帕特里克（1966）将金融发展划分为供给导向型（supply-leading）和需求跟进型（demand-following）两种模式。帕特里克（1969）认为发展中国家金融发展的模式一般会沿着引导供给向拉动需求的路径转变，从历史的角度来看，不仅发达国家工业化过程充分地验证了这一理论推断，在发展中国家工业化过程中，尤其是我国工业化进程中金融发展的这一特征也得到了充分的体现。

供给导向型的金融发展模式强调金融发展的主导性和超前性。发展中国家在工业化初期面临的一个重要问题是资本稀缺，欠发达国家尤其是处于传统农业经济模式下的落后经济体，生产以家庭为单位，经济主体之间的联系和依赖程度都很低，农业产品也主要用于消费，资本原始积累处于一种自然状态。当工业化开始后，资金的供求矛盾逐渐显现。由于缺乏专门金融机构来组织和安排资金，只能通过政府主导的金融供给来扶持和促进金融业的优先发展。政府的金融供给一般表现在以下三个方面：第一，政府创造相对宽松的融资环境。发展中国家在工业化初期，金融资产总量增长普遍较快，货币政策比较宽松，整个信贷市场的流动性充足。在这种环境下，企业保持高速扩张，能够迅速实现规模效应。第二，政府对金融资源统一调配。特别是在市场机制不健全的情况下，政府倾向性地将资金调配给具有潜力的行业和企业，扶持其发展。工业化的初期，政府的金融制度往往是为政府控制金融资源服务的，例如银行国有化、利率管制等。这些措施实际上降低了企业获得资金的门槛，提高了企业风险投资的意愿。第三，政府诱导资源配置。除了行政干预外，政府也可以通过降低金融机构风险承担的方式引导金融发展。常用的手段包括通过利率补贴、税收返还、项目资金配套等。政府诱导的目的是促进金融长期发展，将金融资源从传统的或不具有增长和发展潜力的经济单位或部门转移到现代新兴行业。

供给导向模式下金融发展的关键是如何有效地创造供给，其核心任务是解决经济发展初期面临的资本稀缺性问题。通过初始供给使资本在经济发展中所占的份额不断加大，成为推动经济扩张的重要力量。在工业化初期，资本是相对稀缺的资源，资本在收益分配中所占的比重高，资本的需求是缺乏弹性的。但是，随着工业化的推进，资本分配中所占的份额不断缩小，资本成为相对过剩的要素，供给的弹性降低，而需求成为决定金融发展的主导因素。

需求跟进型的金融发展模式强调经济发展对金融的决定作用，该模式认为金融发展依赖于真实经济对金融服务的需求。从宏观上来讲，金融发展理论强调经济对金融的决定作用，金融的功能是服务于经济发展，金融发展的速度和规模都是由经济活动的规模决定的。从微观层面来讲，金融发展的速度取决于储蓄增长的速度和将储蓄转化为投资的效率。资本积累来源于消费剩余，一般地，国民经济增长速度越快，居民可实现的消费剩余越多，从而产生更多的储蓄能力和投资需求。从融资的角度来讲，经济增长水平决定企业的盈利能力，国民经济高速增长将刺激企业产生更多的外部融资需求。由此可见，需求跟进型金融发展模式更多体现了经济因素的决定性。

虽然帕特里克将金融发展划分为供给导向和需求导向两种模式，但是在金融发展过程中，两种模式并不是相互排斥的，相反，在金融发展过程中两种模式共同发挥作用，只是在不同阶段两种模式的主导性存在一定差异。

2. 麦金农和肖（Mckinnon & Shaw）二元金融理论

传统的西方货币金融理论都是基于一个完全市场的假设，如金融市场高度发达，生产要素和产品具有无限可分性，货币与资本相互替代，商品交易使用信用货币等。麦金农（1973）认为这些假设在发展中国家并不适用，由于发展中国家存在的自然经济所占的比重较大，经济运行中存在以下特征：

（1）货币化程度低。货币化是指国民生产总值中货币交易总量所占的比例。在发展中国家，由于市场的分割性，商品交易的范围和规模都受到许多限制。在整个经济体系中，货币所占的比重较小，自给自足的自然经济所占的比重较大。发展中国家的金融体系并不发达，货币在经济中的作用相对有限。

（2）金融的二元性。发展中国家的经济结构是一种“二元性”的经济结构，即先进的现代部门与落后的传统部门并存。在这种格局下，为现代部门和传统部门服务的金融体系也存在二元性。以大型银行和金融市场为代表的现代金融部门集中在大城市，为工业和服务业提供金融服务，以落后方式进行经营的钱庄、当铺、合作社等小规模的金融机构则普遍存在于农村地区。

（3）缺乏完善的金融市场。发展中国家的金融市场一般都比较落后，有些国家和地区甚至根本不存在金融市场。发展中国家金融市场不发达的原因在于经济发展水平落后、货币化程度低、金融需求不旺盛，以银行为主的金融机构能够满足融资需求，不足以形成专门的金融市场。

（4）货币与实物资本无法相互替代。发展中国家经济运行中，货币与实际资本只能是互补关系而不是替代关系。在市场完善的前提下，各种资本的收益率的变动趋于同一水平，货币和实际资本都是财富的组成部分，两者可以相互替代。但是在麦金农看来，金融体系不发达使发展中国家经济主体的投融资具有两个不同于发达国家的特点，一是所有的经济主体都受限于自我融资，即不是依靠借入资金，而是仅靠自我积累进行投资。二是投资是不可分割的，即投资者必须积累一定规模的资金后才能进行投资。

基于以上特征和假设，麦金农认为发展中国家的经济发展处于不完全市场的条件下，市场不完全的一个重要表现是经济结构的严重割裂，大量的经济单位相互隔绝。由于经济主体的分散和信息严重不对称，人们所面临的生产要素及产品的价格不同，所处的技术条件也不一样，因而获得的资产报酬不等。在这种条件下，金融体系对资源的有效配置能够实现产出的增长。但是由于发展中国家金融市场不发达，传统金融机构与现代金融机构并存，大量的微观经济主体被排斥在有组织的资金市场之外，它们只能依靠自身的内部积累，其有效的资金需求得不到满足。同时，由于发展中国家对金融活动有着种种限制，尤其是对利率进行严格管制，不能真实准确地反映资金供求关系。一方面，利率扭曲使市场供求水平远低于真实的供求水平，导致经济发展处于投资不足的状态，抑制了潜在的增长。另一方面，在通货膨胀的情况下，货币持有者的实际收益往往很低，甚至为负数，致使大量的微观经济主体不再通过持有现金、活期存款、定期存款及储蓄存款等货币形式进行内部积累，而转向以实物形式进行积累，其结果是储蓄资金进一步下降，可贷资金减少，金融体系的媒介功能降低，经济发展陷入储蓄下降和投资不足的陷阱中。以上现象被麦金农称为“金融抑制”。

麦金农认为，金融抑制的原因在于发展中国家财政收入缺乏弹性，不能随着经济的增长同比例地增长，而财政支出却有较大空间。资本控制再加上利率限制导致了实际利率和市场利率之间的差距，从而给政府的债务融资提供了隐性补贴。乔瓦尼尼和德·梅洛（Giowaninni & De Melo, 1993）使用了 1972 ~ 1987 年 24 个发展中国家的数据，为这些国家通过对资本流动的控制和国内金融体系的抑制所产生收入的问题提供了相应的证据。他们的实证结果表明，金融抑制在不同的发展中国家有显著的差异，从泰国的 4% 和韩国的 6%，到哥斯达黎加的 25% 和墨西哥的 45%，甚至高到土耳其的 55%。平均而言，政府从金融抑制中所获得的收入，在发展中国家占 GDP 的 2% ~ 9%。金融抑制往往会导致金融中介弱化，这又会使得国内非正式信贷市场出现。

肖（1973）认为，金融发展与经济增长之间存在相互促进和相互制约的关系。一方面，健全的金融体系能够将储蓄有效地动员起来并引导到生产性投资上，从而促进经济增长。另一方面，经济增长刺激经济主体对金融服务的需求，从而推动金融发展，由此形成金融与经济的良性循环。麦金农和肖认为金融抑制扭曲了市场供求和储蓄收益，落后的传统部门不能得到正规金融机构的信贷支持，而非正规金融机构提供服务种类单一，资金成本高，限制了传统部门的投资，使传统部门陷入经济低增长和金融发展缓慢的恶性循环。相反，城市正规金融部门能够有效地将储蓄转化为工业投资，工业部门投资旺盛又推动了金融体系扩张，因此，在金融抑制状态下，二元金融分割会进一步加剧。

麦金农和肖（1973）指出，发展中国家想摆脱贫困陷阱，应该消除金融抑制，允许利率随市场资金的供求变化自由浮动。同时，政府应该减少对金融行业的干预和垄断，允许非国有、非银行金融机构的存在和发展，加强金融体系的竞争程度和开放程度，并最终建立一个统一的金融市场体系。肖（1973）将欠发达国家金融发展的路径分为三个层次阶段，第一个阶段是金融增长，即金融资产规模不断扩张，该层次可以使用 M2/GNP 或者 FIR 指标来衡量；第二个阶段是金融工具、金融机构的不断优化，表现为非银行金融结构的发展以及直接融资工具在金融资产总量中所占比重的上升；第三个阶段是金融市场机制的逐步健全，即金融资源在市场机制作用下的优化配置。

2.2.2　二元经济理论

1. 二元经济理论的提出

把经济发展构建为两部门模型的一个开创性尝试是刘易斯（Lewis，1954）提出的劳动剩余经济模型。在劳动剩余模型中，刘易斯把一国的经济分为维持生存的部门和资本家部门两个截然不同的部门，前者主要是指以农业生产为主的传统部门，后者则是指以工业生产为代表的现代部门。

按照刘易斯最初的定义，剩余劳动力是指边际产出低于平均工资甚至为零的劳动力。与马尔萨斯原理不同，刘易斯并不认为边际产出为零的劳动力得不到任何报酬，农业劳动的从业者不是以单个个体而是以农业大家庭的成员而存在，他指出这部分劳动力留在农村是由于习俗原因而不是农村有什么经济优势。而且，因为是大家庭的成员，即使本身生产率低，也可以依靠生产率高的家庭成员来维持生计。因此，一些农业部门存在假性失业，即工人的产出低于其边际价值。刘易斯用制度工资的概念解释了劳动力的供求关系。

图2－1展示了传统部门的劳动平均生产率和边际生产率，以及制度工资 w_a 水平的一条完全弹性的劳动供给曲线。在农业部门，劳动力供给是在维持生存的工资 w_a 水平处的一条完全弹性的劳动供给曲线，表明劳动是过量的。最有效的劳动供给水平是 L_e，但由于家庭经济或出于其他原因，雇用的劳动可能超过 L_e，甚至达到 MP 水平为零的数量。显然，农业劳动力的供求关系并不是按照利润最大化的方式确定的。

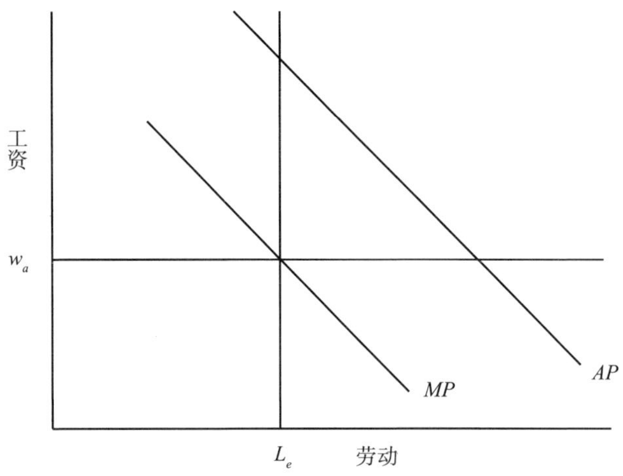

图2－1　农业部门劳动力供给与工资水平

图2－2表示工业部门劳动力供给与工资水平变化的关系。工业部门劳动力供给曲线是一段在 w_i 工资水平上，完全弹性水平线和一段向上倾斜曲线的结合。首先，由于农业劳动力的边际产出低于 w_a，这部分劳动力无法获得高于 w_a 的工资，当工业吸纳的劳动力低于 O_1 水平，工业部门只需要支付略高于 w_a 的工资，农村剩余劳动力就愿意转移到工业部门当中。因此 w_iO_1 段上的劳动力供给是一条完全弹性的水平线。当剩余劳动力都转移到工业部门后，工业部门继续从农业部门转移劳动力，农业总产出会下降，劳动力边际产出会上升，因此，刘易斯把 O_1 点称为短缺点。工业部门劳动力曲线在 O_1 和 O_2 之间仍然是一条水平线，其原因在于这部分劳动的边际产出虽然高于 w_a，但低于 w_i。如果工业部门要吸收 O_2 以外的劳动力，工资就必须上升，因为此时劳动力在农业部门的边际产出大于 w_i，而

工业工资水平至少要达到农业边际产出才可能继续吸纳劳动力，否则劳动力将选择从事农业生产。

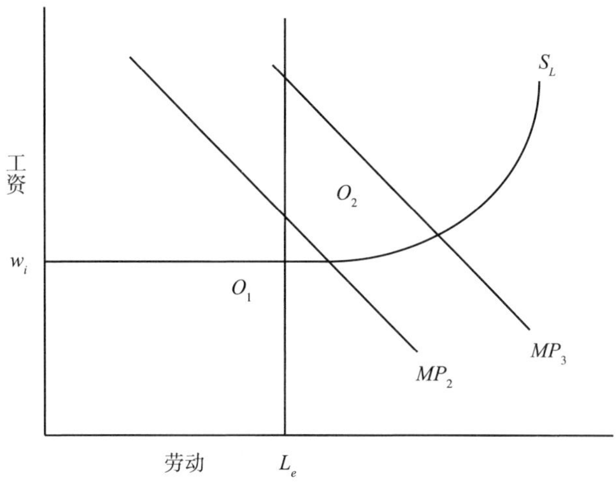

图2-2 工业部门劳动力供给与工资水平

刘易斯将经济发展分为两个阶段，在第一个阶段中，工人工资不取决于边际产出，而是取决于制度工资，在达到转折点之前，农业劳动力减少并不会带来工资的增长。此时，技术进步和资本投入所得的利润归资本家所有，加速资本主义的扩张，利润在国民收入中的份额增加。第二个阶段是一元经济时代，也被刘易斯称为新古典经济增长阶段。在转折点之后，农业的收入不再是制度工资，农业收入和工业收入同步增加，转折点是发展中国家经济起飞的标志。

劳动力过剩和存在生产效率截然不同的生产部门是大部分发展中国家的主要经济特征。刘易斯模型抓住了以上特征，揭示了劳动力从低生产率部门向高生产率部门转移的过程。同时与其他古典和新古典经济学一样，刘易斯模型也认识到资本积累对经济增长的重要性，在两部门框架下分析了发展中国家工资变化和资本积累的特殊性。刘易斯模型得到广泛认同的同时也收到了诸多的质疑，大量以发展中国家为研究对象的实证案例表明，刘易斯模型中的强假设并不完全符合实际。第一，刘易斯关于农业部门制度工资在进入转折点之前不变的假定在现实生活中缺乏合理性。舒尔茨（Schultz，1961）等学者则认为，刘易斯模型对农业劳动力边际产出为零或接近于零的假设也是不现实的。事实上，农民是理性行为的，农业平均劳动率低是因为缺乏人力资本，而不仅仅是由劳动力过剩造成的。第二，刘易斯模型强调加快工业扩张使发展中国家进入转折点，忽略了农业部门对工业部门发展的影响。第三，托达罗（Todaro，1970）等学者认为，在发展中国家不仅农村存在失业，城市也普遍存在失业人口，农村剩余劳动力转移会进一步加大城市失业，这一矛盾被刘易斯模型忽略。

2. 拉尼斯和费（Ranis & Fei）对刘易斯模型的补充

拉尼斯和费（Ranis & Fei，1963）认为，刘易斯没有足够重视农业在促进工业增长中的作用，也忽略了农业生产力提高而出现剩余产品是劳动力持续流入工业部门的先决条件。从这一点出发，拉尼斯和费拓展了刘易斯模型，在继承二元结构的基础上，将经济发展区分为三个阶段。第一个阶段是剩余劳动力阶段，与刘易斯模型中剩余劳动力的假设相同。在这一阶段，经济中存在着隐蔽性失业，一部分劳动的边际产出为零，劳动力是无限供给的。当隐蔽性失业的劳动力向工业部门转移时，农业的总产量不受任何影响，但由于部分劳动力转移到城市，不再参与农业产出分配，农村人均产出增加且农业剩余增加，这部分农业剩余正好可以满足转移到工业部门的劳动力对粮食的需求。当这部分劳动力转移完成后，经济发展就进入了第二个阶段。对应图 2－2 中的 w_iO_1 部分，此时劳动力转移不影响产出。

第二个阶段是粮食短缺阶段，对应图 2－2 中的 O_1O_2 部分，此时劳动力转移会导致农业产出下降。由于绝对剩余劳动力被完全转移，如果工业部门所吸纳的这部分劳动力投入到农业生产中，其边际生产力虽低于农业部门平均生产率，但其边际生产力并不为零。由于这部分劳动力的边际生产力大于零，当其转移出去后，农业总产量就会下降，假定剩下的农业劳动力维持与以前相同的消费水平，那么提供给工业部门的农产品就不足以满足第一阶段的平均消费水平。此时，经济中开始出现粮食短缺，工农业之间的贸易条件开始变得有利于农业部门，工业部门的工资水平开始上涨。

当农业中的相对剩余劳动力被吸收到工业部门后，经济发展就进入第三个阶段。在这一阶段，经济进入商业化过程，农业也开始资本主义化了，农业和工业的工资水平都由其劳动力的边际生产力来决定，当农业部门的边际产出与工业部门相等时，经济就进入了新古典主义的均衡发展阶段。

拉尼斯和费认为前两个阶段都是处于二元结构中。即农业和工业体系相互分割，各自形成独立的经济体系，农业收入不会随工业的扩张而增加，城乡差距会持续扩大。第三个阶段是资本主义阶段，对应刘易斯模型中转折点之后的阶段，农业和工业形成统一的劳动力市场，农业收入增长和工业扩张同步。在这个过程中，关键的问题是如何把隐蔽失业人口全部转移到工业部门中去。主要的困难出现在第二个阶段，随着劳动力转移，农业总产量下降引起粮食短缺，最终推动工业部门工资上涨，阻碍剩余劳动力的转移。工业部门的扩张有可能在全部剩余劳动力被吸收完之前就停滞。要解决这一问题，必须在工业部门扩张的同时，提高农业劳动生产率。由此，他们提出了工业和农业平衡增长的观点，即在工业扩张的同时，农业技术水平得到改进，以资本投入和技术进步来弥补农业劳动力较少造成的农业产出下降，避免工业增长出现可能的停滞状态。拉尼斯 - 费（Ranis - Fei）模型的意义在于强调了农业发展对工业扩张的意义，提出了均衡发展的思想。但是，与刘易斯模型一样，Ranis - Fei 模型也假定在经济发展的初级阶段，农业劳动力的边际生产力为零，这与许多实证研究的结果不一致。

3. 约根森（Jogenson）对二元经济模型的拓展

约根森（Jogenson，1967）对刘易斯模型的部分基本假定做了修改，提出了自己的假定条件。第一，经济由落后的传统部门和先进的现代部门组成。前者以农业部门为代表，后者以工业部门为代表。两部门的产出由要素投入和技术水平共同决定。农业部门的要素投入为土地和劳动力，农业部门没有资本投入且假定土地供给量维持不变。工业部门的要素投入是资本和劳动力。农业和工业都存在中性技术进步，并且技术进步保持着稳定的速度。

第二，农业部门不存在剩余劳动力。这一假设与刘易斯模型具有本质上的区别。约根森认为，人口增长是一个内生变量，取决于农业产出的增长。在传统经济中，农业人均产出保持一个相对稳定的比例，农业产出的增长与人口同比例增长。此时，农业产出的增长用于满足新增人口的粮食需求，不存在农业剩余。粮食的增长来自于劳动力的增长，农业劳动力的边际产出始终大于零，农业中不存在隐蔽性失业。只有当人均粮食产出超出了人均消费时，才会出现粮食剩余，劳动力才会离开农业，进入工业部门。

第三，工人工资与农民收入存在一定的差别。工业部门生产者是“理性经济人”，追求利润最大化，工人工资由边际生产力决定，技术进步既会导致工人工资上涨，又会导致农民收入增加。农业部门的收入低于工人工资，农民对工业部门工资收入与农业部门收入的差异会做出理性的反应。在二元经济增长中，这种工资差距是一直存在的。

约根森认为发展中国家存在剩余劳动力，但农业劳动力的边际生产率大于零。约根森模型假定生产服从边际收益递减规律，技术进步是中性的，农业部门的生产函数可以写成：

$$Y(t)_a = e^{\alpha t} L(t)^{\beta} N(t)^{1-\beta} \tag{2-1}$$

其中，$e^{\alpha t}$是由技术进步带来的产量的变化量，L 为土地，N 为农业劳动力，如果土地供给一定，令：

$$y = \frac{Y}{N} \tag{2-2}$$

方程（2-1）也可以写成：

$$y = \frac{Y}{N} = e^{\alpha t} N^{-\beta} \tag{2-3}$$

方程两端取对数，并对时间 t 求导，可得：

$$\frac{\hat{y}}{y} = \alpha - \beta \frac{\hat{N}}{N} \tag{2-4}$$

$\frac{\hat{N}}{N}$表示人口增长率，令 $\theta = \frac{\hat{N}}{N}$，对式求积分可得：

$$y(t) = e^{(\alpha - \beta\theta)} y \tag{2-5}$$

显然，要使产量的增长率为正，必须有 $\alpha - \beta\theta > 0$。也就是说，农业产出增加取决于两个因素，一是农业技术进步（表现为 α 增大和 β 下降），二是控制人口增长率（表现为 θ 下降）。从欠发达国家的实际情况来看，控制农村人口增长比较困难，因此技术进步的重要性更为突出。

工业部门的生产函数可以表示为：

$$X(t)=e^{\varphi t}K(t)^{\sigma}M(t)^{1-\sigma} \tag{2-6}$$

X 表示产出，M 表示工业劳动力，K 表示资本，σ 是资本贡献率，$1-\sigma$ 是劳动的贡献率，φ 是工业部门的技术进步率，是外生决定的。可以改写为：

$$\frac{\hat{X}}{X}=\varphi+\sigma\frac{\hat{K}}{K}+(1-\sigma)\frac{\hat{M}}{M} \tag{2-7}$$

或者：

$$\dot{X}=\varphi+\sigma\dot{K}+(1-\sigma)\dot{M} \tag{2-8}$$

其中，$\dot{X}$、$\dot{K}$、$\dot{M}$分别表示工业产出增长率、资本增长率和工业劳动力增长率。人均产出函数可以写成：

$$x(t)=e^{\varphi t}k(t)^{\sigma} \tag{2-9}$$

其中 $x=X/M$，表示人均产出；$k=K/M$，表示人均资本。上式取对数后进一步对 t 求导可得：

$$\dot{x}=\varphi+\dot{k} \tag{2-10}$$

可见，工业部门的人均产出增长速度是技术进步率和人均资本增长速度之和。

工业部门的工资等于边际产出率，则：

$$w=\frac{\partial X}{\partial M}=(1-\sigma)\frac{X}{M}=(1-\sigma)x \tag{2-11}$$

经过整理可得：

$$\dot{w}=\frac{\varphi}{1-\sigma} \tag{2-12}$$

由此可见，工人的工资取决于技术进步率和劳动在工业生产中的份额 $(1-\sigma)$。

约根森模型的结论有以下几点：首先，脱离贫困并不需要大量资本投入，促进农业技术进步和控制人口是走出“低水平均衡陷阱”的有效方法。其次，农业部门在二元经济发展的初期是增加农业剩余。最后，约根森认为，农业中不存在剩余劳动力，工业部门吸纳农业劳动力从一开始就牺牲了农业产出，工业增长使工农部门间的贸易条件有利于农业部门，工农部门之间存在一种自发的收敛机制。

4. 二元经济理论的主要贡献

（1）二元经济理论摒弃了新古典经济学在一元结构框架下解释发展中国家经济增长的思路，建立起以二元结构分析方法为基本框架的发展经济学，开辟了现代经济学研究的新领域。

（2）二元经济理论揭示了二元经济增长的本质，即劳动力从生产效率低的部门向生产效率高的部门的转移配置。从经济增长的动态角度来看，要素配置的改进是经济增长的重要力量，大量研究结论表明，资本如何配置比资本积累水平更重要（Stigliz，2005）。二元经济理论抓住了发展中国家的主要经济特征，将劳动力要素的配置问题纳入经济结构转换过程的分析中，揭示了发展中国家经济增长的本质。

（3）二元经济理论证明了工业化是发展中国家向发达国家转变的必然途径。无论是刘易斯、拉尼斯－费还是约根森模型，都强调工业发展的重要性。一个国家要实现收入增长，必须从农业经济过渡到工业经济。工业发展是带动经济增长的主要动力，二元经济结构强调的是农业经济的转型，通过工业发展带动农村发展。与古典经济学一样，二元经济理论也强调资本积累的重要性，认为农业经济是一种自然积累的过程，工业资本积累的速度要远远高于农业经济，这也是二元经济理论强调工业发展战略的主要原因。

（4）工业与农业协调发展的重要性。尽管早期的二元经济思想并未重视农业在经济转型中的作用，但随着对刘易斯模型的修正和补充，工农均衡发展思想已成为发展经济学的重要理论基础。从 Ranis－Fei 模型开始，农业部门不仅为工业提供劳动力，还为工业扩张提供农业剩余，并且农业剩余的多少直接关系着工业部门吸纳农业劳动力的规模。如果农业发展滞后，出现粮食短缺，那么能够被释放的农业劳动力就有限，工业扩张就会在实现商业化之前停滞。二元经济理论不仅是剩余劳动力下的经济发展，还是农业剩余下的经济发展。

2.2.3 增长极理论

增长极理论的代表人物是赫希曼（Hirschman，1958）。他在《经济发展战略》一书中指出发展中国家平衡增长战略的不可行性，并提出了不平衡增长的观点。赫希曼继承了资本积累对经济增长的促进作用，但他研究的重点不是如何全面投资，而是集中投资于某些部门，使投资的效用最大化。他认为发展中国家应该集中有限的资本和资源优先发展一部分产业，用有限发展的产业创造的资本推动其他产业的投资，从而带动整个国民经济的发展。

当一个国家的投资规模既定且有限时，为了使选择的投资项目产生最高的效率并对经济发展作出最大贡献，应该选择引致投资最大化的项目。所谓引致项目是指能通过自身发展带动其他项目发展的投资项目，为了解释这一问题，赫希曼提出了联系效应理论。联系效应包括了前向联系和后向联系。前向联系是指某个产业同吸收该产业产品的部门之间的联系，后向联系是指某个产业和向该产业提供投入的部门之间的联系。一般来说，一个产业的后向联系部门通常是初级产品生产部门，如农业和手工业。有些产业可能既是后向联系部门也是前向联系部门，如工业部门，它既可以吸收农业部门的产品又可以向服务业提供设备和物资。在经济发展的初级阶段，应该把有限的资源分配到联系效应最大的部门，通过这些部门的发展，来克服经济发展的瓶颈问题，并由此带动其他产业发展。当经济发展水平提高后，部门之间的联系也会进一步多元化，前向联系部门也可以转化为后向联系部门，例如当工业技术向农业倾斜时，农业也可以吸收工业部门的产品和设备，从而成为工业部门的前向联系部门。

最早研究城乡相关关系的是马克思和恩格斯，他们是从城乡关系发展的整个历史过程来考察城乡之间的内在联系的。他们认为城乡分离是分工的结果，分工导致工业和手工业从农业中分离出来，工业和手工业聚集发展形成城市，城市部门代表了先进的生产方式、组织方式，其生产过程对土地、气候等自然条件的依赖程度更低，因而具有更高的生产效率和较低的风险性。城市经济发展的优越性决定了经济要素、政治要素向城市集中，逐渐形成了城市的主导地位和农村的附属地位。马克思和恩格斯认为，城乡联系中的各种要素向城市集中是社会进步的表现，但他们同时指出，政治、经济向城市的过度集中使城市和乡村之间的矛盾不断激化，最终必然导致城乡之间的对立。他们认为，这种城乡对立在私有制下是无法解决的，只有在公有制下才能把农业和工业结合起来，促使城乡之间的对立逐渐消失，最终实现城乡一体化。西方经济学继承了马克思政治经济学关于城乡二元结构是经济发展过程中存在的必然性结果，但却提出了不同的政策主张。新古典经济学认为城乡分离是由城市和农村交易效率的差异而导致的，但是尽管在二元结构下农村的专业化水平较低、生产率水平较低、商业化水平和从市场中得到的真实收入较低，但它不会导致资源分配的扭曲和内生的交易费用，只要我们能够实现迁居自由、择业自由、价格自由以及私有财产制度就可以消除这种二元结构。

佩鲁（Perroux）的增长极理论、迈达尔的累积因果关系理论、赫希曼的“中心—外围”理论以及弗里德曼的空间极化理论，都强调了区域经济增长的不平衡规律，同时认为核心与外围之间的联系主要是通过资源要素的“自上而下”的流动来发生的，强调了城乡联系中的城市的主导作用。隆迪内利（Rondinelli，1983）认为城市体系的发展是决定发展能否持续的关键。他认为农村发展具有较大的局限性，农村的发展依附于城市，农村不具备独立发展的条件，任何精心设计的农村发展目标，如果与城市隔开，完全采取自下而上的发展战略是不切实际的。他强调城乡联系的极端重要性，认为农村发展并不是依靠农业剩余积累实现的。农村剩余产品的价值在城市，农村发展需要用农业剩余与城市交换获得相应的农业投入。此外，因为农业生产率的提高而释放出来的农村劳动力需要到城市寻找就业机会，这部分人所享有的公共服务是由城市提供的。因此他认为，发展中国家要获得社会和区域经济两方面的全面发展，投资应在地理上分散，通过优先投资城市工业形成增长极，从而带动农村发展，二元之间的联系通过农业和工业产品的交换实现。城市和农村的联系体现了交换和分工的作用，城市和农村都能从交换和分工中受益。

对以大城市为中心的、“自上而下”的发展政策的批评，首先来自利普顿（Lipton，1977）。他认为不发达国家之所以不发达，穷人之所以穷，并不是因为国内劳动者和资本家的冲突，也不是因为外来利益和本国利益的冲突，而是没有处理好本国的城乡关系，政府采取一种偏袒城市的政策。这种政策有利于城市区域的生产者和消费者而不利于农村居民。根据城市偏向论的观点，政府偏袒城市的政策一般包括三个方面：一是宏观经济政策（主要是贸易政策和价格政策）扭曲了经济信号；二是政府把资源（金融资源、财政支出）主要配置在城市基础设施建设上，根本不考虑在非城市区域也可以获得高回报率的可能性；三是在城市区域（尤其是在主要的城市），公共部门的就业已经达到了任何一种效率标准都无法证明其合理性的程度。利普顿作为城市偏向论的创始人，区分了两种不同的城市偏向政策，一是价格政策，二是支出政策。价格扭曲主要指农产品价格低于市场价格，而城市生产的商品价格高于市场价格的现象，尽管随着经济发展深入，价格结构调整会出现缓和，部分的价格扭曲得到了一些校正，但这些并不意味着城市偏向的消除，政府可能扩大对城市区域生产的商品和服务的消费或者通过税收调整使得城市偏向仍然存在；支出偏向是指因某种经济结构而加剧的支出歧视，在这种结构中，乘数效应在城市地区比农村地区更强。利普顿认为，城乡关系是一种典型的利益分配关系，发展中国家城市优先发展的实质就在于城市利益集团利用自己的政治权力，通过“城市偏向”政策使社会的资源不合理地流入自己的利益所在地区，同时又通过限制农村居民分享资源出让收益的权利锁定这种利益分配的格局。他认为城市偏向并不能实现共同富裕的目标，相反，这不仅会使城乡经济发展不平衡的格局固化，而且还会引起农村地区内部的不平等。农村富裕群体或权利拥有者往往与城市利益集团串通一气，把农业剩余、农村储蓄和人力资本提供给城市并从中获益，使得农村的“穷人更穷，富人更富”。科布里奇（Corbridge，1982）认为，城乡联系不是一种孤立的现象，它很可能是另外一些社会基本结构相互作用的结果，如阶级关系、政治制度等经济社会的基本结构，是依附于其他社会进程如工业化、城市化等的一种关系。因此，他提出“城市偏向”的症结在于低廉的食物价格以及其他不利于农村的价格政策，偏向于城市工业的投资战略及由此引起的乡村地区技术的缺乏，农村地区普遍存在的交通、通信等基础设施的落后和医疗、教育、治安等社会公共服务的供给不足。但他也对利普顿的“城市偏向”进行了批评，认为利普顿把依附于其他关系的现象上升到城乡政治对立。他认为利普顿把一些概念，如“农村集体”“城市集团”等绝对化，赋予了农村社会富裕群体双重身份，从生活层面来讲，他们是“农村集体”的自然领袖，但考虑到农业的生产投入，他们又是“城市集团”的成员。再者，他认为利普顿把政治概念过于简单化，利普顿认为城市和农村集团都有明确的政治利益，但实际生活中并不存在着明确的城乡政治对立。他认为正因为利普顿没有抓住问题的实质，即没有从社会结构的变化中去把握城乡联系，所以尽管作出了对城乡联系的精辟的论述，但却未能对产生这种非均衡的城乡联系的原因作出满意的解释。

斯托尔和泰勒（Stohr & Taylor，1981）认为自下而上的发展是以各地的自然条件、人文特征和制度资源的最大利用为基础，以满足当地居民的基本需求为首要的目标的发展方式。这种发展方式关注的核心问题是农村的贫困问题，试图改变农村经济发展的被动局面，提出农村发展以农村为中心，以适宜技术的采用为基础，改变农村发展对城市发展的依赖性。斯托尔和泰勒指出，为使自下而上的发展成功，需要在四个主要领域里保持平衡关系：一是在政治上应给予农村地区更高程度的自主权，使得政治权利自城市向农村的单向流动得到改变；二是要调整价格形成体系，使之有利于农村的发展和农业产品的生产；三是应激励农村的经济活动，鼓励农业生产超过当地需求，以便形成更多的“出口”；四是要加强对农村基础设施的建设，为农村经济发展创造公平的条件。

科佩尔（Koppel）认为，城乡联系的实质仅仅在于它是一种“独立的现实”。城乡联系并不完全如利普顿所说的那样决定着其他社会结构的变迁，也不像科布里奇所说的那样依附于其他社会进程，而是代表和反映了独立的社会现象和空间事实。城乡联系的产生、演进和变化，既是城市化和农村发展的结果，又是一系列社会、经济、政治进程的产物，它还与当地特殊的文化历史条件有关。因此，城乡联系不能简单地解释为一种经济现象引起的经济关系，而是经济社会发展过程中经济、政治、文化、资源、环境等要素相互制约、相互影响所形成的一种动态均衡状态。同时，城乡联系又在经济社会发展中不断地自我强化，表现出了一定独立性。麦吉（McGee，1991）的观点与主张既不同于传统的以城市为中心的自上而下的联系模式，也不同于自下而上的分散的发展模式。他主要通过对由于城乡两大社会地理系统的相互作用与相互影响而形成的一种新的空间形态的分析，从城乡联系与城乡要素流动的角度把握社会与经济变迁对区域发展的影响。麦吉认为城乡联系主要通过同一地理区域上同时发生的“城市行为”和“农村行为”的城乡边缘区域来反映的。在发展中国家，城市与农村接壤的边缘区域，尤其是交通走廊沿途地带广泛分布着以劳动密集型制造业为代表的工业企业，这些企业的扩张以大量资本投入为基础，以先进的工业技术为支撑，以农村劳动力投入为动力，在发展过程中实现了城市与农村的衔接。这种发展方式体现了城乡之间商品、资金和人力相互流动的特征。它既与传统意义上的农村不一样，也与通常意义上的城市不一样，但却又同时具有这两种社区的特征。第一，区域人口密度很高，居民的经济活动多样化，既经营小规模的耕作农业，也发展各种非农产品；第二，土地利用方式高度混杂，农业耕地、工业用地、房地产经营等在此地同时存在；第三，劳动就业形式灵活，大量的农村居民既要按照产业工人的工作方式到大城市上班，又从事季节性的农业劳作。因而，它与传统的以城市为基础的、高度集中的城市化道路不同，它是以区域为基础的、相对分散的城市化道路，它不注重农村资源与生产要素向大城市的集中，而把重点放在城市要素对邻近农村地区所起的导向作用，是一种新型的城乡联系模式。

第3章

城乡二元金融结构形成与收敛的机理分析

不平衡增长理论认为非均衡状态是经济运行的一种常态，但是当经济运行过程中出现非均衡状态时，经济系统便处于不稳定的状态。长期来看，这种非均衡状态会向新的均衡状态转换，这种由非均衡向均衡演变的过程就是经济发展的过程，这一过程同样可以用来解释金融结构由非均衡向均衡演变的原因。本章将从非均衡发展的角度出发，分析二元金融结构形成和收敛的机理，并在此基础上提出相应的研究假设。

3.1 二元经济与二元金融结构的形成与收敛

3.1.1 经济决定金融的一般机理

1. 经济规模与金融发展

内生金融发展理论认为金融发展内生于经济发展过程，在经济发展的不同阶段，需要对应的金融体系来与之相适应。以戈德史密斯为代表的早期金融发展观认为，发展中国家金融体系随着经济发展水平的提高而不断优化，金融体系最显著的变化是结构的变化，结构变化的原因是适应与经济发展不同阶段对应的新的金融资源供求关系，形成储蓄转化投资的良性循环，即金融结构的演化与经济发展存在良性互动关系。在早期的金融发展理论中，金融发展被认为是依附于经济发展的过程，金融发展滞后于经济发展过程。虽然帕特里克（1969）等学者提出了供给导向的金融发展模式，强调金融在经济中的主导性，但发展中国家的现实情况往往是金融体系落后于经济发展，无法满足经济发展的需要。并且发达国家的经验证明，当金融发展超前于经济发展的需要且处于自由放任的状态，金融体系将变得庞大而脆弱。金融过度自由化会引起经济虚拟化和资产泡沫化，在利益诱使下，金融体系将逐渐与实体经济脱节，形成一个封闭运行和循环的虚拟资产价格体系。当金融发展超前于经济发展的需要，尤其是金融资本成为主导的资本形态，产业资本在价值链中丧失了主导权时，往往造成金融危机而导致金融体系崩溃。回顾 17 世纪的西班牙、18 世纪的荷兰、19 世纪的英国、20 世纪的美国等发达国家兴衰更替的历程，这些国家都在经历了快速工业化的辉煌后，金融体系疯狂投机，最后导致经济衰退和国力衰落。因此，发展经济学更加强调金融发展对经济发展的依赖性。从戈德史密斯建立金融发展理论的基本框架开始，经济决定金融这一命题就一直被隐含在金融发展理论的分析框架中，并且得到了绝大多数实证检验的支持。从戈德史密斯（1969）的跨国面板回归分析到后来以莱文（1993、2003）为代表的拓展分析都证明，经济决定金融这一作用机制在不同国家和地区具有普遍性。金融发展理论并未直接解释经济决定金融的过程，但形成了理论体系，为分析经济发展对二元金融结构的影响建立了逻辑起点。传统观点对于经济决定金融的解释可以概括为以下四点（见图 3－1）：

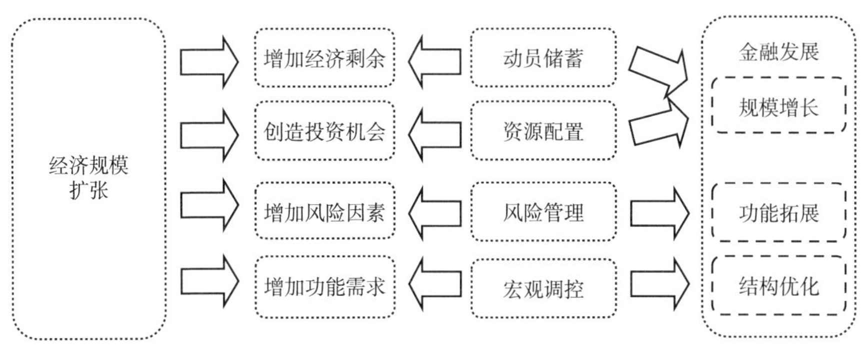

图 3－1　经济规模决定金融发展的机理

第一，经济规模决定了金融资源的可得性。传统金融理论认为，金融系统的基本功能之一是聚集资源，尤其是将以货币形态存在的闲散资金进行有效聚集，形成具有一定规模的储蓄集合，以使投资成为可能。无论是早期的金融发展理论还是现代金融发展理论，都将储蓄积累视为金融发展的基础和前提。无论是货币形式的储蓄还是实物形式的储蓄，其最终来源都是经济剩余，因此在储蓄率既定的条件下，经济产出规模越大，可实现的经济剩余越多，储蓄资源也越丰富。在发展中国家，经济增长对储蓄积累的决定作用尤为明显。受制于收入水平的限制，发展中国家居民一般具有较强的储蓄倾向，在工业化过程中，高储蓄率刺激资本积累的快速增长，保证了金融体系与工业发展同步扩张。因此，经济规模扩张越迅速，储蓄积累的过程就越快，金融发展的速度也越快。

第二，经济规模决定了储蓄转化为投资的效率。金融的另一个基本功能是将储蓄转化为投资，储蓄能否顺利转化为投资，或者说投资规模的大小又取决于投资机会的多少。经济规模的不断扩张可以创造更多的投资机会，而规模庞大的经济体中，投资需求也会更加丰富。一方面，对发展中国家而言，经济规模扩张的过程也是工业化、城镇化推进的过程。工业化和城镇化的持续推进，需要大量新增投资的支撑，例如教育医疗场所和基础设施建设的投资等，而这些投资主要通过金融机构将居民储蓄转化为投资。另一方面，伴随着发展中国家经济增长，收入水平增加刺激了消费需求增长和结构的变化，消费需求增长又会拉动投资，引导投资的多元化发展。从发达国家的工业化历程来看，经济快速增长往往伴随着投资规模和金融体系的迅速扩张，金融体系的发展在投资拉动增长过程中显得尤为重要和关键。

第三，经济规模决定了金融体系的结构。金融结构即金融工具和金融机构的相对规模，是随着经济发展的不同时间段而变化的，并且这一变化在不同国家亦不尽相同。对发展中国家而言，不同种类的金融机构和金融工具出现的次序和相对增长速度依赖于经济发展的程度（Myint，1964）。这可以从两个方面来解释，一方面，金融工具的应用需要投资者花费固定的参与成本（Allen & Santomero，1997），包括学习、监督和管理金融产品的成本。受到教育程度、收入水平、投资意识等因素的影响，发展中国家运用复杂的金融工具需要投资者支付相对高额的参与成本，而金融工具在相对落后的经济体中创造的经济效益又是十分有限的。因此，发展中国家倾向于采用简单的金融体系，如银行主导的金融体系和传统的金融工具，其金融结构相对单一。另一方面，正如帕特里克（1969）等学者所说，金融市场的建立和培育需要经过一个很长的周期，金融工具的创新和应用也需要长期的推广，这些条件都决定了发展中国家不可能在经济起飞的初期迅速拥有相对完善的金融市场。正如戈德史密斯（1969）的实证研究所揭示的，西方国家的经验表明，金融结构与经济发展水平高度相关，西方发达国家的金融结构要明显优于发展中国家的金融结构。

第四，经济规模决定了金融体系的功能。功能金融观点认为，金融促进经济增长的关键在于金融功能的发挥，相比于处于不稳定状态的金融机构和结构的变化，从金融功能的角度来研究金融发展更具稳定性。从金融功能拓展的历史演进来看，早期金融功能实现的载体是商品贸易，商品贸易频率的增加和日趋复杂的贸易往来促进金融服务的功能不断拓展，二者的发展相互交织、相互影响。在商品经济的初级阶段，金融体系的功能局限于提供贸易便利。交换过程促使货币从普通商品中分离出来，构成了商品交换的桥梁，并由此延伸出提供货币保管和兑换的金融机构，实现简单的中介服务功能。分工的持续演进推动产业结构不断丰富和完善，微观主体的差异性开始显现，金融体系通过聚集储蓄和项目选择实现资金的组织和分配，逐渐实现了资源配置的功能。现代金融体系中，金融市场的功能已远远超出了贸易服务和资源配置，金融交易可以促进经济主体的相互渗透，分担和规避风险，并实现宏观调控等目标。显然，金融功能经历了由简单向复杂、由单一功能向功能多元化的变迁，而在变迁过程中，金融功能的演进体现了金融发展对经济活动的高度依附状态，其实质是经济活动复杂化推进金融体系的分工和创新，因此金融发展可以被视为是经济发展的结果和产物。

2. 经济效率与金融发展

现代金融体系的核心功能是资源配置，资源配置的规模和效率决定了金融发展的水平和程度。金融资源配置的原因一方面是由于金融资源的稀缺性，另一方面是由于金融资源的分配没有处于帕累托最优的状态，存在效率改进的空间。金融资源配置过程可以简单地描述为生产率较低的个体将其持有的资金让渡给生产率效率较高的个体从而增加产出，效率较低的个体通过取得利息参与收益的分配，效率较高的个体获得支付利息后的剩余从而也增加了收益，最终实现利益共赢。显然，金融资源配置的目标是要实现经济效益的最大化，而存在效率改进的前提条件是经济系统中存在效率差别的主体。如果经济社会中的个体是同质化的，即不存在效率改进，那么金融资源就不存在配置的必要。例如，在农业社会时期，农业生产存在严重的劳动力过剩，农村存在大量边际产出接近于零的剩余劳动力，经济社会的平均生产率极低。由于农业社会产业结构单一，生产活动的同质性强，在这种状态下不存在资源的配置问题，经济发展处于一种低水平均衡的状态。随着分工的不断演进，陆续出现的畜牧业、手工业、商业从农业中分离出来，社会的生产率提高，金融资源就有了从低效率个体向高效率配置的需求，也就催生了现代金融体系的形成和发展。而随着工业化的兴起，生产率进一步提升，个体之间生产率差异不断加大，金融资源配置的需求不断上升。但是按照新古典经济学的观点，如果经济活动中的生产率改进是静态的或偶发性的，那么随着边际收益递减规律的作用，个体之间的生产率差异将收敛于长期均衡水平。但事实上金融发展与生产率提升存在互动关系。现代金融发展理论证明，金融发展与全要素生产率之间存在紧密联系，金融发展在促进分工、增加研发投入、增加人力资源投入等方面对生产率的增长具有积极的推动作用，由此形成一个生产率提高与金融发展的循环发展过程。

生产率差异与二元金融结构的关系也可以从金融功能演进的角度来解释。资源配置是现代金融体系的核心功能，也是推动金融发展的内在动力。一方面，资源的有效配置是金融机构盈利的主要来源。金融机构是以盈利为目的的，其主要盈利方式是通过向资金提供者支付一定利息将闲散的资金聚集起来，同时以收取利息为条件将资金贷给企业或个人，赚取存款和贷款的利息差额。在盈利性的约束下，金融机构将优先把资金提供给资本边际收益高的客户。因此，资源配置不是资金的简单转移，而是金融机构对经济主体潜在盈利和风险水平进行评估后的资金有序分配，也是实现利润最大化的手段。另一方面，资源的有效配置为金融扩张创造条件。

金融发展理论认为，金融促进经济增长的路径正是通过将资源配置给具有比较效率优势的经济主体，从而促进了全社会的效率提升，经济效率的提升反过来又为金融机构创造了新的投资机会，从而形成储蓄—投资的良性循环。因此，经济效率提升是现代金融发展的重要推动力量。从历史进程来看，金融发展往往伴随着社会生产力的革新，如工业革命和信息技术革命对金融业发展的刺激。相反，当生产率维持在某一水平时，尤其是在市场充分竞争的状态下，新增投资增长缓慢，例如，农业经济时期和工业化后期都出现了金融发展相对停滞的阶段。因此，经济效率的提高是形成储蓄—投资良性循环的重要条件，也是推动金融发展的主要因素之一。

3.1.2　二元经济决定二元金融结构的宏观解释

在已有的研究中，二元金融结构的形成一直被隐含在经济金融总量关系的分析中，由于经典理论对于经济决定金融这一结论已达成广泛共识，因此已有研究在二元金融结构成因的解释中遵循了“经济决定金融→二元经济决定二元金融”的基本逻辑。二元经济结构是一个由工业为主的现代部门和以农业、手工业为主的传统部门并存的经济形态，工业部门主要集中分布在城市地区，农业手工业分布在城市周边及农村地区，因此发展经济学也将二元金融结构描述为城市金融发展水平与农村金融发展水平之间的差异。在二元经济条件下，存在两个效率差异明显的部门，由于信用市场允许资本所有权和资本使用权分离，当存在资本的边际产品递减时，如果可以将资本的使用平均地分摊到更多企业中，则经济增长率将得以提高，而这种均摊可以通过那些拥有较少资本的企业向那些拥有较多资本的个体进行借贷来实现。显然，金融资源的非均衡分配既满足了个体实现利益最大化的目标，又符合发展中国家追求产出最大化的目标，同时也能使资本积累处于最优水平。下面通过一个两部门 AK 模型来分析部门生产率差异、资源配置与二元金融结构形成的关系。

假定整个经济部门由农村部门和城市部门两个经济部门构成，为了简化分析，进一步假定每个部门内的生产者拥有相同的技术，其生产函数是无差别的。首先考虑城市部门和农村部门产出效率无差别的情况。假定经济中存在 N 个生产者。在 $t=0$ 初期，个体 j 拥有 e_j 单位的资本，从而总资本存量是：

$$K_t = \sum_1^N e_j \tag{3-1}$$

每一个生产者都按照如下生产函数来生产最终产出：

$$y_i = \bar{A} k_j^{\alpha},\ 0<\alpha<1 \tag{3-2}$$

其中，k_j 表示个体 j 使用的资本数量。通过借入和借出差额 $k_j - e_j$，每一个体所使用的资本数量可以多于或少于其拥有的资本数量。假定存在严格的知识外溢效应，则每一个生产者的生产率参数 $\bar{A}$ 依赖于总资本存量：

$$\bar{A} = A_0 K_t^{1-\alpha} \tag{3-3}$$

资本存量的增长遵循如下的资本积累方程：

$$K_{t+1} - K_t = sY_t - \delta K_t \tag{3-4}$$

其中 s 是储蓄率，δ 是折旧率，Y_t 表示总产出。假定资本的分配是不平等的，即 e_j 对于不同的生产者是有差异的。因此，考虑到资本的边际产品递减过程，那些资本所有量超过平均值的个体将向那些资本数量少于平均值的个体借出自己的部分资本。也就是说，借出人由于借出了一部分资本，而不是投入自己到生产中，会牺牲一定数量的产品，但是由于借入人的初始资本存量要小于借出人的初始资本存量，即 $e_j < e_i$（其中 e_j 表示借出人的资本存量，e_i 表示借入人的资本存量），那么借入人的资本边际产出高于借出人的资本边际产出，因此借出人减少的产品数量将小于借入人利用同样数量的资本所生产出来的产品数量。由于借贷关系的作用，全社会的总产出增加了。事实上，当每一个生产都使用相同数量的资本时，总产出是最大的。此最大化问题的拉格朗日函数为：

$$L = A\sum_1^N k_j^{\alpha} + \lambda(K_t - \sum_1^N k_j) \tag{3-5}$$

一阶条件为：

$$\partial L/\partial k_j = \alpha \bar{A} k_j^{\alpha-1} - \lambda = 0 \tag{3-6}$$

在满足总约束条件：

$$\sum_1^N k_j = K_t \tag{3-7}$$

由于所有 k_j 都是相等的，即：

$$k_j = K_t/N \tag{3-8}$$

此时，最大化总产出为：

$$Y_t = \bar{A}\sum_{1}^{N} k_j^{\alpha} \tag{3-9}$$

在这里引入信用约束条件，一种简单的方法是假定拥有资本量为 e_j 的个体使用的资本数量不能够超过：

$$\bar{k}_j = \nu e_j \tag{3-10}$$

其中，ν 是信用乘数，当 $\nu = +\infty$ 时，资本市场是完美的，个体无须面对借入约束；而对于相反的情形，即当 $\nu = 1$ 时，则为完全信用约束，借贷是无法获取的。接下来将讨论这两种极端情形。

首先，考虑完美资本市场的情形。在此情形中，存在一共同利率 r，在此利率下，人们可以借入或借出任何意愿的资本数量。个体收入等于产出减去借入成本：

$$\bar{A}k_j^{\alpha} - r(k_j - e_j) \tag{3-11}$$

个体选择资本使用数量来实现最大化收入，一阶条件为：

$$\alpha\bar{A}k_j^{\alpha-1} - r = 0 \tag{3-12}$$

于是，所有的生产者都将选择相同的资本数量：

$$k_j = (\alpha\bar{A}/r)^{\frac{1}{1-\alpha}} = K_t/N \tag{3-13}$$

由此可以得到最终产出：

$$Y_t = \bar{A}N(K_t/N)^{\alpha} = AK_t \tag{3-14}$$

此时，资本和产出的增长率都为：

$$g = sA - \delta \tag{3-15}$$

接下来考虑另一种极端情况，即市场完全不存在借贷，生产者只能依靠自我积累进行生产。此时，每一个生产者使用的资本数量都等于自己所拥有的数量：

$$k_j = e_j \tag{3-16}$$

正如前文所分析的，这种情形下的总产出要小于所有生产者都使用相同数量资本时的总产出，有：

$$Y_t < AK_t \tag{3-17}$$

此时资本的增长率也下降为：

$$g = \frac{sY_t - \delta K_t}{K_t} < sA - \delta \tag{3-18}$$

由此可知，如果金融市场是完美的，各部门的资本使用总是均等化的，此时资本积累的速度也达到最优，城乡金融发展处于均等状态。

在上述模型中，假定两部门生产者具有相同的生产能力，也正是由于这一原因，当所有生产者使用相同数量的资本时，增长和积累同时实现最大化。发展中国家的现实情况是城市部门和农村部门之间生产率差异很大，生产能力更强的个体获得更多的资本，可以提高增长和资本积累的速度。假定每个生产者 j 的生产函数为：

$$y_j = \tau_j k_j \tag{3-19}$$

其中，个体生产率参数满足：

$$\tau_1 > \tau_2 > \cdots > \tau_N \tag{3-20}$$

即城市部门生产者的生产率参数普遍高于农村部门生产者，这与发展中国家的现实是相符的。在 $t=0$ 初期，个体 j 拥有 e_j 单位的资本，从而总资本存量是：

$$K_t = \sum_1^N e_j \tag{3-21}$$

资本存量的增长遵循如下的积累方程：

$$K_{t+1} - K_t = sY_t - \delta K_t \tag{3-22}$$

其中，s 是储蓄率，δ 是折旧率，Y_t 表示总产出。生产者选择资本使用量 k_j 来实现利润最大化：

$$\tau_j k_j - r(k_j - e_j) \tag{3-23}$$

在实际经济中借贷行为并不是无限制的，为了使分析更加符合现实，假定借贷行为满足信用约束，有：

$$k_j \leqslant \nu e_j \tag{3-24}$$

上述最大化问题的解依赖于个体的生产能力，即：

（1）如果 $\tau_j > r$，则利润关于资本使用量是严格递增的，从而个体将使用信用约束允许的最大数量 νe_j。

（2）如果 $\tau_j < r$，则个体借出资本将会比利用资本来生产获得更高的回报，从而个体将不使用任何资本，而是借出总量为 e_j 的资本量。

（3）如果 $\tau_j = r$，则利润独立于 k_j，从而个体将愿意投入（0，νe_j）之间的任意数量的资本。

资本市场的均衡要求资本的总投入数量等于总的资本存量 K_t。这一条件可通过均衡利率与某边际生产者 m 的生产率参数 τ_m 的相等来满足。所有 $j<m$ 的生产者适用于情形（1），而所有 $j>m$ 的生产者适用于情形（2）。总的资本使用量等于边际生产者的使用量再加上情形（1）中的所有生产者能够使用的最大数量，于是均衡条件为：

$$k_m + \nu \sum_0^{m-1} e_j = K_t \tag{3-25}$$

因为边际生产者对应情形（3），故有：

$$0 \leqslant k_m \leqslant \nu e_m \tag{3-26}$$

整理以上两式，得到资本市场的均衡条件为：

$$0 \leqslant K_t - \nu \sum_0^{m-1} e_j \leqslant \nu e_m \tag{3-27}$$

进一步整理得到：

$$\sum_0^{m-1} e_j \leqslant K_t/\nu \leqslant \sum_0^{m} e_j \tag{3-28}$$

上述条件表明，那些生产能力比 m 更强的生产者使用的资本数量不可能超过 K_t，如果 m 就是信用约束允许使用的最大投入数量的话，则投入量至少是 K_t。这一条件可以识别边际生产者 m 的身份。现在我们来讨论当信用约束变得更紧时，即信用乘数 ν 被降低时的情况。首先，假定生产力最高的个体没有多余的借入能力，这在 $K_t/\nu \geqslant e_1$ 且 $m>1$ 的条件下会发生。在此情形中，当 ν 下降时，所有比边际生产者更具生产力的 j 大于 m 的生产者不得不降低资本的投入量，而边际生产者将弥补空余的部分，除非边际生产者没有足够的财富来借入足够多的额外资本，此时某个生产率甚至更低的生产者将会变成新的边际生产者。通过这种从更有生产力的个体到缺乏生产力的个体的资本再配置，信用的紧缩将会降低总产出。更具体地说，上述情形中的总产出等于：

$$Y_t = \tau_m k_m + \sum_0^{m-1} \tau_j k_j = \tau_m k_m + \nu \sum_0^{m-1} \tau_m e_m \tag{3-29}$$

将市场出清的均衡条件代入上式得到：

$$Y_t = \tau_m K_t + \nu \sum_0^{m-1} (\tau_j - \tau_m) e_j \tag{3-30}$$

对于 $j<m$，有 $\tau_j > \tau_n$，从而我们得到：

$$\partial Y_t \partial \nu = \sum_0^{m-1} (\tau_j - \tau_m) e_j > 0 \tag{3-31}$$

接下来，考虑 $K_t/\nu < e_1$ 的情形。在此情形中，信用约束是较宽松的，

以至于所有的资本都被有效率的个体使用，从而产出等于最大可能的数量：

$$Y_{max} = \tau_1 K_t \quad (3-32)$$

此时对应的资本积累和产出的增长率为：

$$g = s(Y_t/K_t) - \delta \quad (3-33)$$

当信用约束非常紧时，如果所有资本都由个体1所拥有，则经济增长和资本积累速度要比每一个个体都拥有 K_t/N 时要快。

以上模型证明，在二元经济结构下，金融资源非均衡分配是资本积累率最大化的最优解。在完全市场条件下，资本的配置总是倾向于生产效率高的个体。显然，在二元经济条件下，资本向城市生产者倾斜既符合生产者的利益，也符合发展中国家经济增长的目标，同时还满足最优资本积累的条件。此外，二元经济结构与二元金融结构的关系也可以从以下几个方面认识：

首先，从储蓄资源积累的角度来看，城市金融部门快于农村金融部门。发展中国家经济增长主要通过工业化实现，工业部门扩张迅速，工业产值不断增加，经济剩余的规模快速增长。同时，随着资本要素投入的增加，工业利润更多地被资本占有，从而又形成新的资本投入。因此伴随着工业规模的扩张，城市金融的资本积累也高速增长。相反，农村经济规模的扩张受到土地资源的限制，经济剩余的增长缓慢，并且农村经济利润更多地被劳动要素占有并用于消费，农村金融体系储蓄积累的速度相对较慢。

其次，从投资形成的角度来看，城市投资机会要多于农村投资机会。发展中国家的工业扩张高度依赖于投资，同时工业化又为金融投资创造了有利条件。城市经济活动相对集中，能够共享交通、通信、供电等基础设施服务，能够有效降低经营成本。同时，城市的市场容量大，经济活动的参与主体多，有助于降低经营风险。相比之下，农村经济形式单一，市场容量较小，农业经营的风险大，投资收益得不到保障，且农村经济主体分布分散，经营成本较高，投资利润率低，对金融投资的吸引力不足。

再次，从金融活动的复杂性来看，城市金融的需求更加多样化。城市经济规模较大，经济贸易往来频繁，交易的方式、种类、期限、对象等呈现多样化，简单的借贷形式显然不能满足经济活动复杂化的需要。同时由于经济活动参与主体众多，经济主体之间的相互联系和相互渗透加强，通过持有债券、股票等金融工具便利投资和扩张，投融资方式的变化会引起金融工具和金融机构比例结构的变化。与之相对应的是农村经济简单的贸易形式和有限的市场容量，不需要复杂的金融工具来辅助农村经济活动。农村经济主体之间的独立性强，联合经营和规模经营的条件不成熟，不需要借助复杂的金融工具相互渗透和控制，因此其金融工具主要是贷款这一单一形式，金融结构的变化缓慢。

最后，从金融功能的衍生来看，城市金融功能更加完善。金融是现代经济发展的核心动力，也是经济活动中最活跃的要素。随着金融功能和作用的重要性的提升，金融发展逐渐从辅助经济发展演进到对经济活动的管理和调控。在城市经济发展过程中，金融系统不仅为经济发展提供了储蓄动员和投资便利，更重要的是通过资源的有效配置提升了经济发展的效率，同时通过运用债权、股票、保险、期货、期权等金融工具，起到了很好的风险分摊作用。此外金融市场的建立完善使金融当局能够有效地利用金融政策进行宏观调控。显然，在农村的经济体系中，金融的功能和作用并没有得到充分的发展和显现，农村金融功能还停留在中介服务的阶段，这与城市功能的多样化存在较大的差异。

此外，从生产率的角度来讲，城乡之间生产率差异推动金融资源向城市聚集。二元金融结构是资源配置的结果，在二元经济结构下，拥有技术优势和专业分工的工业部门生产率高于农业部门，整个经济体系存在帕累托改进的空间。农村经济产出效率增长缓慢，受制于剩余劳动力、技术条件、人力资源、制度歧视等多方面的原因，农村经济的产出效率难以在短时间内出现根本转变，农村经济的同质性决定了资金在农村区域内部配置的平均化，即资金使用是闲置甚至无效率的。相反，如果农村部门资金从农村转移到生产率更高的城市工业部门，社会的总产出会增加，农民通过利息收益分享城市经济发展的成果，而工业部门通过生产经营活动获得收益，从而实现帕累托改进。

但需要强调的是，“二元经济决定二元金融”的推断并不是在所有情况下都适用。正如帕特里克（1969）所说，经济决定金融体现的是金融对经济发展的依赖性，但是在金融发展落后的国家或地区，经济增长和金融发展往往处于一种低水平均衡的陷阱中，而打破增长束缚的方式是主动创造金融供给从而刺激金融需求，这就是说金融发展也可能超前于经济增长，而这一政策主张被大多数发展中国家所采用。此外，二元经济结构与二元金融结构的关系是否稳定也存在不确定性，直接判断经济金融总量结构关系忽略了制度、文化等因素的影响，而这些变量被证明与金融发展存在显著的关系。实际上，经济金融总量关系是可以被视为一种“间接”关系，因为二者的相关性并未充分揭示相互作用的微观机理，正是基于这一不足，现代金融发展理论更多地从经济金融相互作用的内在机理来解释金融发展问题，并且在分析过程中更加强调对金融发展微观影响机制的探讨。

3.1.3 二元经济决定二元金融结构的微观解释

1. 收入水平与金融需求产生的层次性

内生金融理论认为，金融发展内生于经济发展过程。金融是商品经济发展到一定阶段的产物，金融资产是一类特殊的商品，因此金融发展取决于经济发展对金融商品的需求。商品经济发展对金融服务提出新的需求，从而推动金融功能的拓展和金融产品的创新。在经济发展的过程中，产生了不同层次的金融需求，各层次的金融需求相互促进，推动金融发展。第一个层次的金融需求是生存性金融需求。在进入工业化之前，人均收入普遍很低，人的行为目标以维持生存为导向，在这个阶段，农业产品主要用于消费，消费剩余的积累是十分有限的。由于缺乏相应的保障措施和条件，当遇到自然灾害、疾病等风险时，个人的能力无法应对这些风险，从而产生了借贷的需求，这种借贷可以是货币也可以是实物资产。需要强调的是，这种金融需求的出现并不直接推动金融发展，这种借贷形式是资源在小范围内的一种临时调剂，它有别于现代社会的商业性金融。随着经济社会发展和生存条件的改善，这一层次的金融需求会降低，在二元经济条件下，生存性的金融需求仍然普遍存在于农村地区。第二个层次的金融需求是投资性的金融需求。随着生产力的不断进步，社会产出除了能够满足基本生存的需要，还出现了一定数量的剩余产品。当经济发展还处于较低水平时，剩余财富往往不会立即用于消费，而是作为一种对风险的预防措施而转化为居民储蓄，由此产生了对剩余财富保值增值的需求。这里所谓的投资并不是一种有意识的投资行为，并不需要对项目进行评估、跟踪和监督，也不是追求资金收益的最大化，而是要采取未来风险的预防措施。因此，在资本积累的初级阶段，低收入人群是风险厌恶的。第三个层次的金融需求是发展性金融需求。发展性金融需求与投资性金融需求的产生是两个紧密联系的过程，其产生都源于生产力的提高。一方面，生产力的提高促进了剩余财富的积累，金融资本在这一阶段完成了原始积累。另一方面，生产力的提高使资本和技术在生产中所占的比重增加，从而产生了对资本的投入需求。从人的角度来讲，生产力发展解决了生存问题，人的行为目标开始向追求更多财富和实现社会价值的层次转变。对单个企业而言，自身积累过程是缓慢的，产生了借用外部资源的需求，从而形成了一个完整的借贷链条。金融机构将闲散的资金组织起来，投入到生产过程中，使资金转化为了资本，才形成了真正的金融资源。第四个层次的金融需求是消费性金融需求。这是金融发展过程中较高水平的金融需求。与生存性金融需求相比，虽然二者都是以消费为目的的融资，但是消费的对象不同，对金融发展的影响也不同。首先，生存性金融需求的借贷目的是购买生活基本品，是一种临时性的资源周转；消费性金融的融资目的是用于享受性的消费，如购买奢侈品等，是对未来收入的提前支取。其次，从融资的形式来讲，生存性金融需求的融资一般建立在关系型信用基础上，以实物借贷为主；消费性金融需求建立在商业信用基础上，融资形式主要以货币为主。最后，从金融发展的角度来讲，生存性金融需求并不是一种有效需求，金融资源无法转化为生产要素；消费性金融需求以借贷资金购买商品，通过商品买卖将资金转移到生产过程中，形成资本投入。

金融需求随着经济发展水平的提高不断演进，在不同收入水平下，微观经济主体的需求层次是不同的。转型国家收入二元结构决定了金融需求的二元性。小农经济追求的不是产出最大化而是温饱无忧，是典型的生存与安全目标（王芳，2005）。小农经济的主体既是产出单位又是消费单位，一般情况下农户不会在生产和消费环节中出现资金赤字，当农户出现资金赤字时，当事人面临生存风险，这种情况下，农户借贷的目的是解决生存问题而不是生产和消费性的需求。生存性融资面临很大的偿还风险，因此这类金融需求对以盈利为目的的商业性金融并不具有吸引力。大多数情况下，生存性的借贷需求是通过亲戚朋友之间进行的，有的甚至以实物借贷的形式进行。曾康霖（2006）认为金融需求主体必须同时具备金融意识和经济基础，金融需求的测度不仅要看农民要不要借钱，还要看会不会花钱。现阶段，农村常住人口以留守人群为主，这部分群体决定了农村金融需求是一种以交易和预防动机为主的非生产性的金融需求（朱守银等，2003；张杰，2004），显然，这种非连续性的、小额分散的“借钱”行为严格说来不属于金融行为（曾康霖，2005），也不能构成有效需求。

需要强调的是，农户收入的提高并不一定会使农户跨入商业信贷的门槛。从参与成本的角度来讲，农村金融的参与成本较高。农户的金融需求无论在空间还是时间上都相对分散，这加大了金融机构对贷款进行风险评估和运行监督的成本。虽然个别农户的生产经营水平可能高于农业生产的平均水平，但农业高风险、低收益的天然属性和高额的信息收集成本使金融机构需要按照平均标准来为客户提供服务。对金融机构而言，最终要将这些成本转嫁给农户，潜在的优质客户也需要面临提高利率或者被要求充分的抵押担保。斯科特（Scott，1976）认为农户对于借贷成本的容忍度是较低的，农户在由生存性向经营性转变过程中，他们宁愿选择回报较低但较为稳妥的策略，也不原意为较高回报去承担风险。从长期来看，金融机构对农村的歧视性政策会加剧农户对于外部融资的负面判断，从而进一步抑制金融需求的产生。

相比于农村地区，城市高收入群体的金融需求更为旺盛。一方面，收入水平提高使得生存风险降低，城市居民的行为目标就不再是维持生存而是追求发展和享受。与低收入人群相比，高收入人群的负债意识更强，更愿意通过负债进行投资。城市经济主体投资工业和服务业是为了追求更多的经济利益，与农业相比，工业和服务业受到自然因素的限制较少，投资风险也较低，因此金融活动是有利可图的。稳定的收入预期使高收入人群能够通过预支未来收入来满足消费需求，由于偿还风险较小，这类金融需求建立在信用基础上。显然，这些金融服务不是为刚刚摆脱贫困和还在为生存挣扎的广大农户设计的。另一方面，金融业集中在少数城市地区也会降低金融参与成本，从而进一步刺激金融需求的产生。与农村金融分散的状态不同，在经济增长和工业扩张的过程中，金融活动频繁而稳定，在空间上高度聚集在城市，在时间上具有连续性，从而降低了金融机构的运营成本。金融机构运营成本降低反映在融资成本，也就是说，城市居民的高收入水平为支付金融参与成本提供了保障。

2. 金融参与成本与金融发展的关系

金融参与成本的概念是由艾伦和桑托梅罗（1997）最早提出来的，用来解释金融机构产生的原因和条件。参与成本包括对资本市场的金融产品的定价规律、契约特征、交易规则和监管制度等基础知识的学习成本和直接参与金融产品交易（包括对各种金融产品价格变化的监控和对资产组合的调整）所花费的时间、财力、物力等的总和。金融参与成本包括两个部分：一是了解一种特定的金融工具的固定成本。为了在市场中占据主动，投资者必须投入时间和精力去了解市场是如何工作的、资产收益是如何分配的，以及如何应付随时间流失而产生的变化。试图减少这类支出，就使得个人投资在有限数目的资产上是最优的（Brennan，1975）。二是除了参与市场的固定成本之外，还有连续不断的监控市场和作出买卖决策的边际成本。如果投资者运用动态交易策略来创造资产组合，则需要其持续不断地对市场进行追踪并随时调整其投资策略。而且由于人们的时间价值随着收入和生活状况的改善而大幅上升，个人花费时间参与市场的机会成本更是迅速提高。在这种情况下，一个有效的办法就是由中介机构来替代个人进行投资。由于金融机构能够将众多的投资者集中管理，并且由专业的人员制定交易策略，因此能够显著降低参与成本。戴蒙德（Diamond，1991）认为金融市场具有有限参与的性质，这意味着有些客户因不愿支付或无力支付参与成本而不能参与市场交易，而银行的出现将内生出解决有限参与所造成的流动性问题的方法。由于在金融中介机构与客户之间的长期关系中，中介机构为客户提供的隐性保险可以避免事前制定完全显性的合约成本，一般投资者不需要在事前对复杂的状态进行评估，可以节约大量的对复杂状态评估的成本，从而增加一般投资者对金融市场的（间接）参与。

更加广义的金融参与成本是指金融机构运行产生的成本，一是金融机构的运行成本，如员工工资、办公费用等支出；二是吸收存款的利息支出。金融活动中的成本支出最终要转嫁给金融服务的购买者——借款人，因此金融机构产生的基本条件是借款人有能力支付金融参与成本来维持金融机构的正常运转。在经济发展的早期阶段，人均 GDP 很低，当事人无力支付金融中介的固定参与成本，或者有能力支付的人数很少。在前一种情况下，金融中介根本不会形成；在后一种情况下，由于参与者人数少，交易规模有限，所以单位交易量所负担的成本较高，借入资金产生的收益不足以抵偿这种成本，当事人不愿意通过金融中介融资，金融中介也不会形成。随着经济的发展，人均 GDP 达到某个临界值后，有能力支付参与成本的人数较多，单位交易所负担的成本较低，金融中介的运行达到成本效率，金融中介才得以形成。也就是说，收入水平的提高使更多的人有能力支付金融参与成本，金融机构通过金融交易获利，金融机构随着经济发展不断扩张，在金融中介的形成上存在“门槛效应”。因此，金融中介的形成不是一蹴而就的，它需要一个过程，这是因为：第一，金融中介的形成和运行是有成本的；第二，管制或法律环境阻止了金融中介形成。

3. 收入差距决定城乡二元金融结构的理论模型

借鉴朱信凯、刘刚（2009）的博弈分析框架，假定金融体系以银行为主，并以贷款的形成规模来判断金融发展的程度。设某区域 N 个个体向金融机构申请贷款，金融机构根据收入水平来判断违约风险。因收入 y 具有不确定性，贷款人只能在当期所获得的信息集 $I_0=\{$本期收入，工作状况，…$\}$ 下形成对下一时期收入的预期 $E(y|I_0)$。这 N 个个体分为两类：预期收入高的个体 N_h，其预期收入表示为 $E(y_h|I_{0h})$；预期收入低的个体 N_1，预期收入为 $E(y_1|I_{01})$，其中 $N=N_h+N_1$。设两类个体的收入 y_i 为服从 $[y_{0i}, y_{1i}]$ 上，分布函数为 $F_i(y)$ 的独立随机变量，$i=(h, 1)$，

其中 $N=N_h+N_1$ 分别为两类个体收入的上下限。由于信息不对称，金融机构并不知道申请贷款个体的收入类型。只能根据以往经验判断在申请贷款的人群中这两类个体的概率，设 P 为预期收益高的个体的概率，那么 $1-P$ 即为预期收入低的个体的概率。金融机构需要对申请人进行甄别，以决定是否贷款给他们，引入信息成本函数 G：$1^n \to R$，其中 $G(0)=0$，$G(\{x_j\})=\sum G(x_j)$；$G(x)$ 的经济学含义是：对某一区域人群集合 $\{x_j\}$ 的收入状况、信用高低、抵押品价值等信息进行审查所需的花费（叶敏，2001）。其中 $\{x_j\}$ 分布越集中，$G(\{xj\})$的值就越小；$\{x_j\}$ 越分散，$G(\{x_j\})$的值就越大。农村地域广泛、居住分散，所以对农户的贷款资格进行甄别的信息成本要大于在同样条件下对城市居民进行甄别的信息花费成本。

设贷款者的贷款额为 A，所需抵押品价值为 M，贷款利率为 r，贷款者用获得的贷款 A 进行消费性支出，贷款持续一期，V_i 为该消费性支出为贷款者带来的效用，$i=(h,1)$。显然，同样的消费性支出为低收入个体带来的效用大于为高收入个体带来的效用，即 $V_1>V_h$。

设高收入个体违约概率为 p_h，由收入 y 的分布得：

$$p_h = \int_{y_{0h}}^{A(1+r)} dF_h(y) = F_h[A(1+r)] \tag{3-34}$$

低收入个体违约的概率为：

$$p_l = \int_{y_{0l}}^{A(1+r)} dF_l(y) = F_l[A(1+r)] \tag{3-35}$$

贷款者的违约成本为 C，可以理解为一旦违约后很难再次从金融机构得到贷款给贷款者带来的效用损失。

博弈过程大致如下：金融机构根据以往经验概率判断申请人的类型，然后选择是否提供贷款，若拒绝贷款，则该博弈终止，双方得益都为零；若提供贷款，博弈继续进行；贷款到期时，贷款人若选择违约，得益为 $Vi+A-M-C$，$i=(h,1)$，即用贷款消费或投资得到的效用加贷款额减去抵押品价值和违约成本。金融机构此时的得益为 $M-A(1+r)-G(x)$，即抵押品价值减去贷款额的本息和信息成本；若贷款人选择到期偿还贷款，高收入和低收入的个体得益分别为 V_h 和 V_1，即用贷款消费或投资获得的效用，金融机构此时的得益为 $Ar-G(x)$，即利息收入减去信息成本。

（1）金融机构。金融机构选择是否贷款给某一个体的条件是贷款所得的预期收益 E（R）要大于0，即满足：

$$E(R)=P\{p_h[M-A(1+r)-G(x)]+(1-p_h)[Ar-G(x)]\}+(1-P)\{p_l[M-A(1+r)-G(x)]+(1-p_l)[Ar-G(x)]\}>0 \quad (3-36)$$

解得：

$$\frac{A(1+r)-M+G(x)}{A(1+2r)-M}<P^*\leqslant 1 \quad (3-37)$$

$$G(x)\leqslant Ar \quad (3-38)$$

其中 $P^*=P(1-p_h)+(1-P)(1-p_l)$ 为预期还贷概率；同时满足式（3-37）和式（3-38）这两个条件时，金融机构选择贷款。

（2）贷款者。个体的违约行为可以分为主动违约和被动违约两种情况。被动违约是指贷款者由于客观原因（如投资失败等）导致收入不足以偿还贷款；主动违约是指贷款者有偿还能力，但是故意或策略性违约，以便从违约中获取好处。贷款者发生被动违约的条件是：$y<A$（$1+r$），即还款期的实际收入低于贷款的本息额。贷款者发生主动违约的条件是发生违约时得到的收益大于按期偿还贷款得到的收益，也就是无论对高收入还是低收入的个体，当 $Vi+A-M-C>Vi$，$i=(h,l)$，即 $A-M-C>0$ 时，贷款者选择主动违约；而当 $A-M-C\leqslant 0$ 时，理性的贷款者不会选择主动违约。

通过上述分析可知，只有在金融机构满足式（3-37）和式（3-38）所示的条件约束，同时贷款者满足 $A-M-C\leqslant 0$ 和 $y<A$（$1+r$）时，才能得到我们希望的最优博弈解，即申请贷款、获得批准、偿还贷款。但在现实生活中，城市高收入群体更容易实现上述条件，而农村金融机构与农户之间往往无法同时实现上述均衡解的条件。这既与城市和农村信息获取的成本有关，又与城市和农村的信用环境有关。

首先，由于农业生产的个体差异明显且存在高度信息不对称，农村金融机构不能形成对农户收入类型概率的较为准确的判断，又由于农户收入受诸如气候、季节、病虫害等随机因素的影响，即便农信社根据以往的经验数据对申请农户的类型概率做出推断，但是根据这些随机信息推断农户收入的做法缺乏稳定性，经验概率 P 的值可信度较小。同时，由于农户居住分散、收入不确定、担保抵押物缺失，农信社缺乏完整的信用体系，使得其在甄别审查农户贷款资格的时候信息收集和筛选成本很大，很难满足 $G(x) \leqslant Ar$ 的条件约束。农户的信贷一般又属于小额贷款，因此提供单位服务的交易成本较高。农信社为了使自己的收益大于贷款成本，只有提高贷款利率。这样一来，只有急需用钱且难以找到其他借款渠道的低收入农户才会申请贷款，一般存在其他替代渠道（如向亲戚朋友借款等）的高收入农户则可能因利率过高而放弃向金融机构借贷，由此产生了逆向选择行为，即高利率导致申请贷款的农户都是低收入农户，而农村金融机构又不愿意向低收入群体贷款。

其次，对于农户来说，一方面，由于收入不确定性强，即便是预期收入高的农户，到期获得的真实收入也不一定能够偿还贷款本息，低收入预期的农户的还款风险就更强，整体上来看农户发生被动违约的可能性较大。另一方面，由于农户往往缺乏规范、标准、足值的抵押品，担保品 M 的价值往往是很小的，有的小额信贷甚至没有担保品抵押物，即 $M=0$。同时由于农户信用意识淡薄且农户信贷行为发生的频率很低，农户和农信社之间不存在严格的重复博弈关系，农户在与信用社的博弈过程中不需要担心信用记录和声誉问题，因此农户违约一次给他带来的效用损失 C 也很小。由于缺乏其他的约束机制，$A-M-C>0$ 的条件一旦成立，农户就会发生主动违约。通过上面的分析可以看出，由于信息不对称、收入不确定性较大、贷款交易成本高、担保抵押品缺乏、信用意识淡薄、事前的逆向选择和事后的道德风险，农村金融机构面临着被动违约风险和主动违约风险并存的双重困扰。受此影响，农村金融机构尤其是商业性金融机构往往不愿意向农户提供贷款，农村金融机构存在普遍的“惜贷”现象。

以上模型解释了收入差距对二元金融结构的影响。在传统的以银行信贷为主体的金融体系中，预期收入是判断信贷风险的重要标识。在无法准确获取个人风险状况的情况下，平均思维替代个体差异成为金融机构风险衡量的标准。农村居民平均收入较低的事实不断强化金融机构对农村居民违约风险的整体判断，加上农村居民普遍缺乏抵押担保等客观条件，进一步降低了农村居民获得信贷资源的能力。正是基于这种对收入水平的整体判断，在实际经营中，金融机构往往放宽城市居民和企业获得信贷资金的条件，反而对农村居民和企业设置更高的门槛和条件。从贷款形成的角度来讲，低收入水平限制了农村金融发展的空间。

3.1.4 二元经济转型对二元金融结构的影响

1. 工业化与二元金融结构的关系

罗斯托（Rostow，1960）认为经济发展要经历不同的阶段，其中从农业社会过渡到工业社会需要花费相当长的时间，一个重要的原因在于从农业社会过渡到工业生产之前，农业社会的生产率低下，资本积累缓慢，工业化的初级阶段所需的要素投入不足，尤其是相比于劳动力、土地和技术，资本的稀缺性成为钳制工业扩张的重要因素。农业部门为工业化提供原始资本积累或者农业剩余时工业化发动的基本条件（李溦、冯海发，1993）。从理论上讲，农业为工业化提供剩余积累的基本方式有三种：第一种是税赋方式，即通过向农民征收高额税赋，由国家统一收取和支配农业剩余，这是计划经济国家转移农业剩余的普遍做法；第二种是价格方式，即国家通过贸易垄断，以低于市场水平的价格强制或半强制地从农民手中购买农产品，并以较高的价格向农民销售工业品，农业剩余通过这种扭曲的价格关系转化为工业资本，这种做法被称为“剪刀差”模式。在资本主义国家同样存在用价格方式转移农业剩余，但政府并不是产品交换的中介，而是通过价格管制等办法压低和控制农产品价格；第三种是金融手段，即通过吸收农民在金融机构的存款或向农民出售债券，将农业剩余转移到工业部门，由于通过金融机构转移农业剩余是一种有偿性转移，因此政府往往通过压低市场利率来降低农业剩余转移的成本。在工业化的初级阶段，以上三种方式往往是共同采用的，前两种方式是无偿的转移，而金融手段是一种有偿性质的转移，且覆盖了农业剩余的增量和存量。由于政府通过金融手段转移农业剩余必然对金融体系进行干预，强制性地使金融部门服务于政府目标就扭曲了金融的基本功能。在国家控制的金融体系中，农村金融部门往往成为农业剩余转移的渠道和媒介，既没有充分发挥对农村经济贸易的中介服务功能，也没有实现对农村经济发展的资源配置和资本注入的功能，因而从这个意义上讲，在工业化的初级阶段，城乡金融发展的差异不仅表现在金融资产规模的差异，还表现在农村金融功能演进的停滞，更体现了农村金融服务的短缺。

金融功能主义认为，金融发展与技术进步是相互促进的关系，一方面，技术进步提高投资收益，金融资源倾向于技术更高的产业和部门；另一方面，金融系统的发展又有利于分工和技术进步，特别是发达的金融体系刺激了技术研发投入等风险投资，为技术进步提供了资金支持，二者之间没有严格的先后顺序，而是相辅相成的关系。同时金融发展与技术进步之间的相互影响也必然基于一定的客观条件之上。工业生产和农业生产对土地、劳动力、生产工艺、自然条件等因素的要求差别明显，农业生产受劳动力过剩、土地分散、自然灾害风险等因素的制约，无法产生工业生产尤其是制造业生产中的分工协作和规模效应，因而工业化过程中的技术偏好倾向于工业部门，导致金融资源向工业部门倾斜。金融资源向城市工业部门集中又带动其他生产要素向工业部门聚集，实现工业的快速增长。因此，在工业化过程中，二元经济结构加剧与二元金融结构的分化是相辅相成的。

从狭义上来讲，工业发展是工业化的显著特征之一，但工业化并不能仅仅理解为工业发展。工业化的深层含义是传统农业社会向现代工业社会转变的过程，意味着全社会生产方式的转变，而不仅仅是一个部门的发展和其相对比重的上升。工业发展只是工业化的表征，工业化的目标是以工业化生产方式取代传统的以劳动力投入为主的生产方式，从这个层面来讲，农业现代化也是工业化的重要组成部分。大多数发展经济学家认为工业化的完成并不是城市工业体系的建立，而是以农业现代化改造完成为标志的。同时，工业的发展也是有瓶颈的，受到土地、资源、市场等限制，工业的发展存在一定的最优规模，当工业发展接近或达到这一规模后，工业的发展放缓甚至出现产能过剩、利润下降等问题。此时，相比于工业发展，农村经济发展处于停滞状态，农村市场拥有后发优势和市场潜力，并且在工业部门完成吸纳并积累剩余劳动力和资本、技术之后，农村经济的潜力逐渐释放和显现，农业部门开始进入工业化阶段。在一个工业相对成熟的国家，农业部门往往通过学习和引入工业技术，实现农业的工业化。

从西方国家的经验来看，农业现代化实现的过程比工业部门发展的周期要短。发达国家能够实现快速工业化的另一个重要原因是农村金融体系的快速发展，这又得益于相对过剩的工业资本向农业部门转移，由此形成了农业技术进步和农村金融发展的良性循环。

2. 城镇化与二元金融结构的关系

城乡金融非均衡发展的过程与城市部门和农村部门对金融资源的供求关系紧密相关。在工业化初级阶段，城市部门对金融资源的供求失衡，金融需求大于金融供给，同时农村部门金融资源供求也存在金融供给大于金融需求的矛盾，部门之间的资源配置改变了部门内部的储蓄—投资结构，而这种储蓄—投资结构的变化与生产率和收入变动紧密相关。加尔比斯（Galbis，1979）认为工业化带来的效率提升在短期内并没有促进农业发展，相反，剩余劳动力的存在和以工业为导向的技术倾向使农业效率长期维持在低水平上，发展中国家为了追求高增长必须加速工业部门扩张。工业化初期，工业扩张面临的主要障碍是资本稀缺（Nurkse，1953），工业部门在萌芽阶段无法通过自我积累弥补大量的资金“赤字”，因而产生了强烈的外部融资需求。与此形成鲜明对比，农业经济自给自足的生产方式决定了农业部门对外部融资的排斥（Galbis，1979），尤其是在发展中国家特有的文化传统、社会保障等因素的共同驱动下，农村居民出于强烈的预防性动机而普遍维持较高的储蓄率，农村部门成为典型的资金盈余部门。这一过程在城市工业部门存在比较效率优势的情况下一直持续，而改变这一状况的路径是将剩余劳动力从农业部门转移到工业部门，即城镇化过程。但是，城镇化在短期内并不会引起城市和农村之间的资金供求关系，甚至可能加剧城乡资金供求的差距。在存在剩余劳动力的情况下，农村劳动力转移虽然并不能引起边际产出提高，也不会增加农业总产出，但是由于部门农村劳动力转移出农村后不再从农业部门获取工资，因此劳动力转移引起农业部门人均收入增长，增长的这部分收入成为农业部门的储蓄，因此城镇化过程加速了农业资本积累的速度。资本积累是实现最小临界努力水平中的核心要素之一，但正如莱宾斯坦（Leeibenstein，1978）所说，最小临界努力水平不仅需要自身努力，同样也需要外部条件的刺激，如技术进步、人力资源培训等。如果不能同时满足内部努力和外部刺激，劣势部门仍然无法走出低水平均衡的陷阱，其资本积累的增长又会转化为非均衡增长中的优势部门提供资本投入。工业化初级阶段，农业劳动力转移并不会立即引起农业劳动边际产出的提高，相反，大量低成本劳动力供给放大了劳动密集型产业的规模效应，进一步刺激了工业效率提高和规模效应递增（俞立平、周曙东，2006；戴永安、张曙霄，2010），进而巩固了工业部门的相对优势，推动资源禀赋加速向城市聚集。

长期来看，城镇化的最终目标是打破劳动力无限供给约束，形成一个统一的劳动力市场。当农村剩余劳动力全部转移后，劳动力成为相对稀缺的资源，劳动力的价格将随着城镇化推进持续上涨，劳动价格的变化又会引起资本相对价格的下降。由于在工业化过程中，城市工业部门完成了大量的资本积累，当工业化进入后期，受竞争加剧、产量过剩、规模效应递减、劳动力成本上升等因素的影响，工业利润出现下降，工业投资放缓，导致城市部门资本相对过剩。劳动力和资本相对价格的变动会进一步影响农业生产中劳动和资本要素投入的结构。正如马克思所说，工业化将最终推动农业资本有机构成趋近于社会平均资本有机构成，农业资本有机构成提高吸引金融资源向农村回流。因此，城镇化对二元金融结构形成和收敛的作用在短期和长期是不同的。

3.2 制度供给与二元金融结构的形成与收敛

3.2.1　法律制度与二元金融结构

1. 法律制度与金融发展

金融交易是资源在不同个体之间储蓄、交换和分配的过程，因此财产权利是金融形成和发展的基础，不同的法律制度体系所确定的财产权利的范围对金融活动的限制和影响是不同的，这又取决于一个国家或地区的法律、政治、文化等制度因素。法律制度对金融发展的影响主要集中体现在以下三个方面：

第一，政治机制。政治制度的不同主要体现在对个人权利与政府权力优先性的界定上，政府和私人拥有财产的权利与形式又决定了金融活动的方式。在一个政府权力相对集中的法律体系中，政府是金融活动的主体，政府掌握着核心金融资源并且制定金融政策，使个人的金融活动依附或服从政府的意志，往往表现为政府对个人金融活动的约束。例如在大陆法系中，法院、中央银行等机构与政府的关联度很强，商业银行往往由中央银行发起和设立，金融工具的发行主要由政府主导，政府通过控制金融机构实现了对整个金融体系的控制。在大陆法系中，金融交易主要是以私人和政府交易的形式完成的，那么私人与金融机构之间的金融交易都必须以服从政府的金融制度安排为前提，个人在金融活动中的主导权较弱，这些因素限制了金融体系的自由扩张。相反在普通法系中，由于议会的力量比较强大，司法系统的独立性更强，并且法律对个人财产的界定明晰，私人投资者的权利能够得到有效的保护。同时投资者享有更加宽松的经济自由与政治自由，这些因素都有利于金融创新。在这种环境下，金融机构之间的竞争加剧，有助于降低金融活动的交易成本和信息成本。同时由于私人部门的参与，金融交易既有私人与政府交易的形式也有私人与私人交易的形式，金融活动的目标不仅局限于政府目标，这也有助于激励私人投资行为。例如 LLSV（1998）发现普通法系权力的集中度相对较低，普通法系国家对投资者的法律保护最有效，法国法系国家最差，而德国和斯堪的纳维亚法系国家居中。法律执行方面的差别也很大，法国法系国家在法律实施和会计标准方面最差，斯堪的纳维亚法系最好，德国法系和普通法国家也较好。但同时 LLSV 也指出在法律对投资者保护不力时，各国发展了相应的替代机制，如强制分红和法定准备金制度，这些替代机制在大陆法系，尤其法国法系国家的分值较高。

第二，适应或调节机制。无论是商品市场还是金融市场都处在一个持续波动和变化的环境中，市场不断变化的过程就是不断打破原有市场格局的过程，对金融发展而言就意味着金融制度的创新和变迁。法律调节机制关注的是法律制定的过程，即法律体系是否适应市场的变化，或者说能否与市场的变化同步调整。法律制度的变化往往是其他制度变革的起点和根源，因此法律制度的变化速度又会影响到其规章制度的变化。从金融发展的角度来讲，金融制度也同样依赖于法律制度所规定的范围。一般来讲，在一个相对灵活的法律体系中，司法解释拓展和延伸的范围更广，司法解释的应用可以更快地适应变化中的经济金融环境，这将更有利于保护投资者的利益，鼓励金融交易和投资。而在相对僵硬的法律体系中，法律条款往往是由立法机关制定，法律判定的依据必须根据法律条文的规定，很难根据具体情况作出变化，这被认为是增加了投资的不确定性，特别是一些投机行为不能得到有效的约束，因而不利于金融发展。此外，利益集团的存在也会影响法律制度的调整和变迁，如果法律执行和监督的权力集中在少数利益集团的手中，利益集团为了维持现有的利益分配格局，往往会阻挠制度的变革。并且利益集团一般拥有丰富的权力资源，甚至可以在立法设计上使法律制度变革的决策过程变得复杂和烦琐，显然这对金融制度的变迁是不利的。

第三，诱导机制。总体来看，法律制度对金融发展的影响过程是复杂的，既有金融相关法律法规的直接约束，也有政治制度、经济制度、文化制度等因素的间接诱导，制度的诱导在一定条件下可能比法律监督更加有效，如威廉姆森（Willamson et al.，2003）的研究发现，在部分国际贸易发达的西方国家，宗教因素对债权的执行效率甚至高于法律的执行效率。一个国家或地区的经济制度，尤其是公共部门的经济制度对于金融发展有十分重要的影响，经济制度安排既会影响个人的当期决策，又会影响个人对未来的预期，如社会保障制度所决定的养老、医疗等问题直接关系到个人的投资偏好和风险承受能力，又如分配制度所决定的收入、税收等问题也与个人投资行为和投资能力紧密相关。金融发展需要法律制度环境的支持，发达的法律制度环境鼓励个人参与金融活动。德米尔古和马克西莫维奇（Demirguc & Maksimovic，2000）的实证研究证明，良好的法律制度保障水平与企业外部融资的期限结构有明显的正相关关系，法律制度建设越完善的国家和地区，金融体系越发达，金融体系越发达的企业对外部融资的依存度越高，并且获得长期信贷的比例也越高。贝克和莱文（2002）的研究则进一步发现，金融发展的总体水平与银行主导或者金融市场主导的金融结构不存在直接关系，但是金融发展水平与法律制度的保障水平高度相关。金融结构决定了信贷的方式和组织行为，法律制度保障影响了个体的金融需求和行为，前者更多地体现了对金融效率的影响，而后者则更多地影响金融发展的水平。

2. 法律制度倾斜与二元金融结构

不管是哪种法律体系和制度形式，法律制度都必须服务于经济发展的需要。对发展中国家而言，首要任务是经济增长，法律制度的核心作用是服务于经济增长目标的实现，即城市扩张和工业发展，在这种情况下制度供给向着城市和工业部门倾斜，而作为弱势部门的农村地区，其法律制度供给表现出严重缺失和不足，形成了制度供给的二元特征。制度倾斜的特征又会影响到金融发展的环境塑造。城市金融体系的法律保障措施完善，运行效率高；农村法律制度建设相对落后，金融发展得不到法律制度的有效支撑，陷入低增长的恶性循环。

（1）法律执行效率的影响。信用是金融活动的基础，在一个缺乏法律制度保障的体系内，信用的风险就会增加，从而抑制金融活动。法律制度的健全程度一方面取决于制度设计的本身，另一方面取决于制度执行的效力。即使法律和制度的制定是完备的，但是没有足够的制度保障，法律制度也得不到有效的执行。在发展中国家，城乡二元结构条件下，农村法律制度建设滞后于城市地区，农村的法律制度的执行效率低下钳制了农村金融的发展。在人口相对分散的农村地区，法律服务的覆盖面十分有限，2010 年发布的《农村法律服务调研报告》显示，我国大部分县级地区拥有执业资格的律师数量仅占各省市律师数量的 30% 左右，部分县级地区甚至只有 2～3 名专业律师，而乡村地区的法律从业人员数量更为有限，西部地区部分农村甚至还没有相应的法律服务体系。并且基层法院对乡村地区案件办理的周期长，法律服务成本费用高，部分乡村地区甚至成为法律服务的真空地带，凸显了乡村法律服务供给的严重不足。农村地区法律执行效率不高的另一个重要原因是农村地区的普法教育严重缺失，民众缺乏对法律制度的了解和认识，很多西部地区农村居民对司法体系运行缺乏基本常识，更不用说利用法律手段来保障其经济权利。在经济相对发达的东部地区，乡村地区的基层服务机构相对完善，但乡村地区法律服务的成本远远超出了农村居民的承受范围，基层法律服务对象主要为私人企业、乡镇企业、政府机关，普通民众很难从中受益。在法律保障缺失的农村地区，信用合约得不到有效的执行或者执行合约的成本较高，因而增加了违约的可能性，而这种影响又会因为农村低收入人群对风险的厌恶而被进一步放大。更为重要的是，由于农村法律意识淡薄，大部分农村居民不具有契约精神，甚至部分农村居民对信用交易的形式存在抵触心理。法律服务的不足使得农村居民对于金融投资缺乏“安全感”，因而选择保守地持有货币，这与活跃的城市金融投资形成了鲜明的对比。城市法律体系相对完备，这在客观上加强了信用合约的约束力。由于有足够的法律约束来监督和保障合约的及时履行，金融交易的违约风险相对较低，有利于金融活动的开展。

（2）权力保障的影响。金融发展与政治权力的形成机制、运行机制、监督机制紧密相关，在一个政治权力过度集中且监管不足的政治体系中，利益集团往往阻碍金融变革来达到维系利益分配格局的目的。在发展中国家，城市和农村基层政治组织的运行监督存在较大的差异，直接影响到城市和农村金融体系运行的稳定性和规范性。第一，农村居民政治参与度低于城市居民，表现为农村地区缺少参与议事的平台和机制，政策制定体现了强烈的个人意志而不是建立在充分民主决策的基础上，因此为少数权力拥有者创造了大量寻租的机会。例如在计划经济时期，农村信用社存在明显的金融排斥，合作性质的信用社对社员并没有按照互助的原则运行，而是把资源集中分配给部分社员，使农信社成为了为权力拥有者提供金融服务的工具。显然，这种权力分配严重地抑制了农村居民参与金融交易的积极性。这种权力的集中体现了政府对农村金融的控制和影响，长期以来农村金融机构的设立、运行和监督都由中央政府控制，作为农村金融主要载体的农信社在农业银行的管理和指导下开展业务，其人事任命与地方政府存在千丝万缕的关系。民营资本参与农村金融受到严格的准入限制，政府垄断了农村金融市场，农村金融市场中政府权力过于集中，这与城市金融体系多种所有制并存的格局形成鲜明的对比。第二，农村居民对权力的监督落后于城市地区。大量的农村居民对基层政治权力的运行机制缺乏了解，对权力的监督缺乏认识。与城市相比，农村地区存在严重的信息不对称问题，农村居民自身缺乏民主监督的意识和观念，同时政府主导的农村金融体系存在激励机制和约束机制缺位的束缚，因而权力监督受到强烈的排斥。最典型的就是农信社的监管问题，在合作社的运行过程中，社员很难落实对资金运用的共同监管，社员民主决策常常流于形式。在20世纪90年代中期，社员参与与合作社的运行基本脱钩，决策者的权力滥用集中体现，为了追求高回报，合作社非法集资、发放高利贷、资金挪用等情况盛行，严重冲击了金融秩序，最终受到政府的清理整顿，而广大社员的利益受到了严重的侵害。相反，城市居民不仅在信息获取上要强于农村金融体系，并且城市居民有更多的选择机会，用“用脚投票”的方式倒逼金融机构的信息公开。此外，城市金融机构的运行更加规范化和程序化，由于信息披露更加透明，任何超越了规章制度的个人决策都受到严格的法律制裁，使得金融监管的约束更加有效。

3. 法制公平对二元金融结构收敛性的影响

在制度经济学框架中，制度因素被认为是经济发展的一个投入要素，同样地，在金融学中，法律制度也被视为金融发展的核心投入要素。按照LSVD的观点，金融发展是一系列建立在信用基础上的交易活动，因此无论是从金融交易的契约形成过程来看，还是从对私人财产的保护程度来看，金融发展都离不开法律制度供给的保障。在二元经济条件下，城乡法律制度供给也存在典型的二元特征，并且从制度设计到执行效率都体现了明显的差异。从这个层面来讲，二元金融结构的形成与法律制度要素初始投入的不均衡有关，进而又通过“法律服务供给不足→增加法律服务成本→缺失财产保护→抑制信用交易”的递进关系影响金融发展。在发展中国家，农村法律制度供给不足与农村经济自然增长的状态有关，也与城市和工业导向的发展战略相关。但随着经济转型的深入，农村法律制度供给不足的矛盾不断加剧，倒逼以法律制度均衡供给为导向的司法体制改革。从发达国家的经验来看，法律制度的改革和调整是二元经济转型的一个重要组成部分，尤其是在工业化的后期，法律体系更加注重对农村居民财产的保护，并从立法上加强对农村金融机构的扶持，鼓励和引导农村金融创新。当然，法律制度供给对金融发展，尤其是农村金融发展的长期影响大于短期作用的效果，尤其是法律制度建设对农民信用观念、契约精神、守法意识等影响需要通过长期的法律环境建设来实现。

3.2.2 户籍制度与二元金融结构

1. 二元户籍制度对二元金融结构的影响

中国户籍制度的特点是根据地域和家庭成员关系将户籍属性划分为城镇户口和农村户口。在城乡分割的户籍制度下，城乡两部分居民有不同的社会身份，这两种社会身份在利益分配中所处的地位截然不同，配置的社会资源也差异明显。拥有城镇户籍的城镇居民在资源分配中处于优势地位，在教育、医疗、就业、社会保障以及公共服务等各方面拥有优先权利和待遇，而农村户籍的农民无法平等地获取这些资源。城乡二元户籍制度将城市和农村人为地分割为两个相对独立运转的经济体系，这种户籍制度是对公民身份的一种不公平的等级界定，带有一定的歧视性。并且我国的户籍制度超越了其管理工具的职能，成为社会资源分配的标准和依据。政府资源的配置对社会资源的配置起到了引导和示范作用，从而又影响到市场对资源的配置。金融资源的配置同样受到户籍制度的影响，一方面，在金融资源的配置中，户籍制度成为衡量个体金融风险的直接标准；另一方面，户籍制度的存在又影响城乡居民储蓄和投资的结构。

金融发展中的农村信贷歧视是一个普遍存在的现象，农村居民融资面临着高门槛、高成本等不公平待遇，而这与城乡分割的户籍制度存在紧密联系。受到户籍制度的影响，无论是在生产过程还是分配过程中，农村居民都属于相对弱势的群体。城市居民拥有稳定工作及收入来源，建立了广泛的社会关系和社会资源网络，享有更多的社会福利和公共服务，掌握了更多的专业知识和经营技术，违约的风险相对较低。相反，农村居民社会资源不足、技术条件有限、经营管理手段落后，因而属于高风险群体。在城乡分割的户籍制度影响下，城市居民可以获得更多社会保障资源来降低个人的经济压力，也可以利用社会关系网络减少投资风险，因而城市居民户籍身份被视为金融活动的隐性担保条件；相反，农村居民的户籍身份意味着个体的资源相对匮乏，外部条件不利于缓释个体的经济压力，不具备城市居民的社会资源担保条件。长期以来，这种建立在户籍制度基础上的风险判断标准给农村居民印上了风险高的“烙印”，使得金融机构对农村居民的信贷产生了严重的“惜贷”现象，农村居民融资决策并不是完全基于其经营能力、信用记录、项目风险来判断，而是根据城乡分割的原则进行配置资源。由于户籍制度的长期存在，这种观念对农村金融发展产生了持续的冲击，阻碍了资源的公平配置，以家庭和个体为单位的农村个体难以获得金融资源，在农村形成了“有款不愿贷”的情况，进一步削弱了农村金融发展的环境基础。

另外，户籍制度引起的城乡分割状态使储蓄和投资结构向着有利于城市金融的方向发展。工业化过程中，农村劳动力持续向城市工业部门转移，由于农村劳动力并没有城市居民的身份，因此农村人口转移到城市，形成了介于城市居民和农村居民之间的农民工群体。这部分农村人口虽然生活在城市并且参与工业部门的生产和分配，但他们并不能够享受与城市居民同等的社会保障和福利，因而面临比城市居民更高的生存风险。同时农村劳动力的工作性质又有别于城市居民按编制分配的固定岗位，而是大量受雇于私人企业或以临时工作身份参与国有企业工作，工作的稳定性差、流动性强，收入来源也具有不确定性。农民工群体生活在城市又未能享受城市居民同等待遇，其生活方式和消费行为并未城市化，而是出于强烈的预防性动机维持较高的储蓄倾向。与农村居民相比，转移到城市工业部门的劳动力获得了更高的收入，收入增长又赋予了农民工群体更强的储蓄能力，农民工群体的大量涌现推动了国民储蓄水平上升（张勋等，2014）。但是，农村居民储蓄的增长并未转换为农业资本，相反，农村居民通过在城市部门的消费和投资来摆脱户籍制度的约束，通过购买房产、从事经营活动等方式融入城市群体中，获得城市居民的身份。也就是说，由于户籍制度的存在，农村劳动力转移到城市不仅没有抽离城市储蓄，反而为城市金融体系扩张提供了丰富的储蓄资源。

从长期来看，城乡分割的户籍制度阻碍了劳动力的自由流动，不利于农村劳动力的持续转移，拉长了传统农业向现代农业过渡的时间周期，不利于资本边际报酬的提升，从而抑制了农村金融发展。按照托达罗的观点，农村劳动力转移不仅取决于现实工资的差距，更取决于对未来的预期。城乡分割的户籍制度加大了农村居民对城市生活预期的不确定性，这既与农民工临时工作性质直接相关，又与社会保障和社会资源匮乏等原因相关。例如劳动力从农村迁移到城市不仅需要解决住房、交通等生活性问题，也要解决就医、子女入学等保障性问题。对企业而言，要吸引农村劳动力就必须付出更高的工资，从而使得企业的用工成本增加，导致企业的利润下降和企业的投资减缓，从而削弱了工业部门吸纳农村劳动力的能力，经济转型可能在剩余劳动力消失之前就陷入停滞。此外，由于户籍制度的存在，农村劳动力的转移是一种典型的临时性转移，即农村居民在城市务工期间居住在城市，但失业后或养老阶段仍然生活在农村。在现行的户籍制度条件下，农民的养老是以土地为基础的养老模式，农村土地仍然是农村居民养老和生活最可靠、最稳定的保障，土地养老实际上是建立在家庭关系、社会关系、社会资源基础上的一种互助养老的形式。在城乡分割的户籍制度下，农村居民既不能享受城市居民的社会保障条件，又很难通过在城市建立社会网络关系来构筑互助形式的社会保障关系，其生活的基本保障仍然寄托在农村地区，难以摆脱对农村的依赖。一个典型的现象是城镇化进程中大量城中村的存在，即大量生活在城市又游离于城市保障体系之外的农村居民没有真正实现城市化。也就是说，户籍制度存在的背景下，劳动力的转移并没有最终形成一体化的劳动力市场，也没有实现城乡之间的真正衔接，户籍制度的存在抑制了金融资源在内的资源配置的长期优化，是一种与经济金融一体化进程相矛盾的制度安排。

2. 户籍制度改革对二元金融结构收敛性的影响

我国户籍制度改革的核心内容是由传统的、城乡分割的二元户籍制度转变为城乡统一的一元户籍制度，打破“农业人口”和“非农业人口”的户口界限，使公民获得统一的身份，充分体现公民有居住和迁移的自由权利，剥离、剔除黏附在户籍关系上的种种社会经济差别功能，做到城乡居民在发展机会面前地位平等。户籍制度改革的作用是消除观念上的歧视和现实中的差别对待问题，实现社会资源的公平配置。户籍制度改革对二元金融结构的调整具有积极的意义，一方面，打破城乡分割的户籍制度有助于农村居民共享经济发展的成果，通过增加农村居民社会福利增强抵御风险的能力，从而拉动农村居民的消费和投资，刺激农村居民的金融需求。

另一方面，户籍制度改革有助于消除金融机构对农村居民的观念歧视，为农村居民的投融资营造一个公平的机会环境，强化农村金融机构的资源配置功能。此外，优化城乡分割的户籍制度有助于降低劳动力流动的成本，减少农村劳动力为获得城市居民身份而支付的成本，同时也降低了企业的用工成本，减少外部因素对劳动力的供求关系的影响和干扰，有利于城乡一体化劳动力市场的形成，从而推动农业现代化、集约化、资本化经营，为农村金融发展创造基础条件。

3.2.3 分配制度与二元金融结构

1. 分配及再分配制度与二元金融结构

收入水平是影响个人金融行为的重要因素，二元经济结构下收入分配的不均等与二元金融结构的形成直接相关，而城乡收入水平的差异又受到分配制度和再分配制度的影响。发展中国家普遍存在着收入分配不平等的情况，主要表现为在初次分配中，农产品的价格受到严格的管控，农产品的价格形成不是由市场供求决定，而是由国家制定价格标准，在这个过程中农产品的价格被人为压低，而工业品的价格相对较高，在交换过程中通过控制价格来调节初次分配。政府进行农产品价格控制的主要目的是加速工业部门的资本积累，以农产品价格和工业品价格“剪刀差”的形式将农业部门积累转移到工业部门，形成工业积累的一部分。不均衡的分配制度将经济增长的成果更多地截留在了城市工业部门，由于金融活动循环的起点是资本的积累，因此不均衡的分配结构也赋予了城市金融发展和农村金融发展不同的经济基础。高收入的城市群体能够实现更多的投资。投资作为资本要素参与分配，形成一个“高收入—高投资—高收入”的良性循环，从而整个城市经济体系中的储蓄和投资规模不断增加并促进金融体系的扩张。相反，低收入的农村群体投资的能力相对有限，农村居民参与金融活动的经济基础较差，陷入“低收入—低投资—低收入”的恶性循环中，因而农村经济体系中储蓄和投资规模增长缓慢，金融体系的扩张乏力。

发展中国家的再分配制度同样存在严重的城乡不均衡现象。在城乡二元化的体制和结构下，整个国家的财政转移制度体制也是一种城市优先发展的二元体制，在这样的体制下，农民难以分享社会发展的成果而更多地承担了发展的成本和代价。以中国为例，一个典型的事实是在现行的户籍制度约束下，城市居民和农村居民在医疗、养老、社会救助、子女入学等社会保障制度中存在的严重不平等待遇。收入较高的城市居民享有全面覆盖的医疗保障、社会救助服务以及高额的退休津贴，而收入较低的农村居民则需要为医疗服务支付高额的费用，并且农村的养老主要依靠自身积蓄，农村养老保险等制度才刚刚起步。城乡基本公共服务不仅存在供给不足，更存在享受不均的问题。除此之外，城乡居民的公共福利的分配也存在显著差异，城市居民在购房落户、义务教育、生育保险等方面也享有更多的便利和政府资助。而农村地区医院、学校、基础设施等公共服务供给严重不足，农村居民在再分配过程中仍然处于弱势地位。分配制度的倾斜直接影响到居民对未来预期的判断，在医疗、养老、生育等基本公共福利得不到保障的情况下，农村居民既面临着农业风险的冲击，又需要承担医疗、养老、子女入学等巨大的经济负担，这些因素共同导致农村居民持有更加谨慎的态度而不倾向于进行金融交易，尤其是风险投资的意愿。此外，农村公共服务供给缺失的另一个影响是造成了严重的信息不对称问题。与城市发达的信息传播渠道相比，农村的信息传播建设尚处在起步阶段，报刊、电视、网络等信息传播方式比较有限，信息获取成本过高也是抑制金融发展的重要原因之一。

2. 分配公平对二元金融结构收敛性的影响

金融的有序运行离不开制度的规范和约束，制度设计决定了经济金融发展和运作的模式和结构，二元经济结构存在客观体现了制度设计的不平等和歧视性。二元经济结构的存在既是经济发展自然演进的结果，也是经济制度安排的结果。城市和农村两套制度体系并存导致了城市和农村的相对分割状态，如果不实现制度的均衡，经济运行仍然会按照制度的不均衡状态运行，也就是说经济结构调整有赖于制度结构的支持和保障，即经济转型要与均衡的制度供给相适应。金融结构的均等化意味着有的利益分配格局逐渐瓦解，这必然会损害既得利益集团的利益，因而受到利益集团的抵制和反对。由于既得利益集团的影响势力一般比较强大，如果不通过立法、行政干预等强制形式的制度供给来推动改革，那么经济金融的转型调整很难顺利推进。因此，制度均衡可以被视为金融一体化过程中最基本、最重要的推动力量。另外，金融一体化是城市金融与农村金融相融合的过程。在长期分割的状态下，二者的融合必然出现运行机制、管理手段、市场衔接等方面的摩擦，没有对应的制度对金融一体化进行规范和诱导，或者说当旧的制度与新的金融形态不匹配时，市场秩序就很难得到保证，就会出现制度缺陷。从这个层面来讲，制度均衡对金融结构的收敛起到了引导的作用，体现了制度供给对推动金融转型的主动性。

发展中国家要解决的一个首要问题是如何来界定制度供给的均等化，从理论上来讲，均等的定义可以分为以下四类：一是结果平等。主要是指个体所处的环境、条件或结果相同，强调结果的数量和质量的绝对均等，体现了一种平均主义的思想。二是起点或机会平等。即赋予个体相同的初始权利和机会，个体在相同的条件下自我发展，并不关注过程和结果，体现了自由主义的思想。三是能力的平等。是指培养和拓展个人的能力，但允许因能力和贡献的不同而获得不同的待遇，如“按劳分配”；四是需求平等，强调对于不同的需求给予同样的满足来实现平等，如“按需分配”。对于制度均等化的不同理解意味着不同的政策指向和要求，也会形成不同的政策目标和后果。“结果平等”要求分配的绝对均等，体现了对弱者和弱势群体的重视，要求每个人享有相同水平的公共服务和社会福利。但是在现实生活中，结果平等难以实现，一方面，由于个人的需求偏好、需求结构和要求不同，完全和绝对的均等是不可能的；另一方面，结果平等不利于发挥效率优势，在结果平等的分配格局下，收入不是由边际效率决定，而是由平均产出水平决定，显然这种分配制度严重抑制了个人积极性的发挥，造成全社会的效率损失。“起点平等”或“机会平等”要求为人的发展创造平等的基础、条件、权利和机会，它强调对于贫穷落后及利益受损者给予适当的补偿。但是由于各地社会经济发展的差距的客观存在，要抹平这种差距往往需要付出巨大的成本代价，因而难以完全实现起点平等。“能力平等”反对绝对的平等或均等，强调不同发展水平和条件的人们和地区可以享受不尽相同的公共服务水平，是一种按要素贡献分配的模式。虽然能力平等对效率的改进存在正向激励，但是也容易形成分配不均衡的持续分化和恶性循环；“需求平等”则要求针对不同的需求提供不同的公共服务，其困难不仅在于如何确定并满足不同偏好和不同群体的需求，而且也可能因为需求结构的变动造成了整体福利的下降。

显然，任何一种均衡的实现都必须面对效率与公平决策，绝对的公平意味着效率的损失，从而造成社会整体福利的下降，但一味地追求效率而牺牲公平不仅会造成现实的社会问题，也会抑制长期效率提升，尤其是低效率群体的效率改进。从理论、实践及可操作性角度来看，综合运用不同的公平标准，根据人们的需求、经济社会发展的水平选择一个相对公平的目标是一种可行的策略。任何社会中，我们不可能做到完全的结果平等或均等，但是我们可以有选择地实现一些基本公共服务的均等化，即人们生存和发展所需要的最基本条件的均等。这不仅是一种生存底线的结果平等，也符合起点和机会平等的要求，同时还满足最基本的需求平等。基本公共服务均等化内含并要求基本公共服务的内容和水平的均等化、服务设施和条件及资源占有的均等化以及赋予人们相同的权利和机会，不因其身份的不同享有不同的待遇。这一标准并不要求各地方公共服务标准统一，而是在满足人人都享有不低于社会最低标准的公共服务的基础上，鼓励有能力、有条件的地方根据自身的情况向人们提供差别化的公共服务。这不仅符合平等的基本要求，也符合经济金融发展的现实情况。

分配的公平强调的是对处于弱势地位的农村群体进行扶持和补偿，但是这种补偿的目的不是实现绝对的均等，而是相对条件的改善，在这种情况下分配的均衡对城乡金融发展的影响主要表现在三个方面。第一，改善农村群体金融资源获取的能力。相对于城市居民，农村居民金融资源的获取能力十分有限。首先，金融资源获取的能力与自身收入水平和经济条件有关，在信息不对称条件下，收入水平过低成为金融机构判断农户风险水平的核心指标。其次，资源获取的能力又取决于分配的过程，因为金融资源作为引导其他资源配置的核心资源，其自身的分配过程就存在着不公平。因此公平分配既要求金融资源适度向农村倾斜，以增加供给的形式降低农村居民获取金融资源的门槛，又要通过对农村群体的收入补偿增强农村居民自身的经济实力来增强其融资能力。第二，增强农村居民融资意识。大多数学者认为农村金融发展落后不仅与农村居民融资能力有关，还与农村居民缺乏金融意识有关。金融意识的形成与社会资源获取的能力存在紧密联系，社会福利和社会保障以及公共服务的获取都是影响金融意识的重要条件，因为这些因素决定了农村居民进行投资活动取得成功的概率。此外，这些社会保障和社会福利的获取会降低农村居民对未来不确定性的预期，激励农村居民进行风险投资。第三，为投资创造公平条件。在非均衡的分配制度下，政府通过财政投入将资金投入到城市基础设施建设中，为城市经济发展创造了优越的条件。这种分配方式实际上是通过转移支付降低了城市工业投资的成本和风险，而农村居民并没有享受到同等的待遇。事实上，从发达国家的经验来看，农村投资并不是没有获得高额回报的可能性，正如莱宾斯坦所说，农村不是没有摆脱贫困的条件，而是没有获得最小临界努力的条件。因此，分配制度调节的一个重要目标是改善农村的投资环境，为城乡居民创造同样的发展机会，从而刺激农村投资的形成，带动农村金融发展。

3.2.4 金融干预与二元金融结构

1. 金融干预与二元金融结构的形成

发展中国家政府干预金融是一个普遍现象，政府干预金融的发展主要有以下三个方面的原因：第一，矫正金融市场失灵。发展中国家的首要任务是经济增长和消除贫困，金融资源优先配置给具有比较效率优势的部门才能使产出达到最优水平。欠发达地区金融系统组织形式落后，金融机构组成单一，金融功能停留在中介和服务层面，金融市场难以对金融资源进行整合和有效配置，造成效率损失。在这种情况下，政府干预弥补市场机制的不足，特别是发挥政府机制对资源长期配置的优势。第二，服从国家发展战略的需要。政府的决策也并不只是以效率最大化为目标的，尤其是在计划经济时期，政府干预金融的直接目的是服务于国家发展战略的需要。金融资源是一种特殊的资源，金融资源可以引导其他资源的分配。在发展中国家政府控制金融资源的格局下，政府为了扶持某一产业或地区的发展，强制性地将金融资源分配给特定的产业或地区，为高度集中的计划经济体制服务。第三，刺激潜在的金融需求。在工业化初期，发展中国家需要进行大规模的基础设施投融资，这些投资周期长、回报低且具有较强的不可分割性的特点，因而不符合商业性金融的逐利原则。因此这种金融需求是一种潜在的或者说隐性的金融需求。在没有政府供给的情况下，潜在的金融需求不是有效需求。而政府干预的目的是通过主动供给将这种潜在需求转变为有效需求。

政府对二元金融结构干预的手段和影响主要体现在以下三个方面：

一是政府对金融机构的控制。相当长一段时间内，我国实行的是国家控制金融资源的发展战略，金融机构的设立和运行受到国家的严格控制。金融机构是金融功能的载体，金融发展依赖于金融机构的扩张。与城市金融体系中形式多样的金融机构相比，我国的农村金融机构种类单一、数量有限。一方面，一些传统银行类金融机构无法供给的金融服务长期处于缺位状态，例如农村地区对小微金融机构的需求得不到满足，民营资本参与农村金融受到严格的准入限制；另一方面，金融机构未能实现充分竞争，存在严重的效率损失。以农村信用社为主的国有金融机构在农村金融体系中处于绝对垄断地位，国有金融的垄断控制了农村金融的资金成本。政府通过控制农村金融机构实现了对农村金融资源的控制，并通过农村金融机构将资金转移到城市工业部门中，其中最典型的是邮政储蓄银行只存不贷的经营方式。

二是金融发展受到政府行为的利益诱导。在我国计划经济时期，银行按照国家的计划安排履行财政功能，是典型的国家垄断金融资源，这一阶段金融发展完全取决于国家经济发展战略的需要。改革开放以后，商业银行名义上实行市场化经营，但在实际操作中仍然受到政府行为的影响和控制。由于国有经济仍然是我国经济的主体成分，金融机构服务主要对象仍然是国有经济主体。在实际运行中，政府通过项目资金配套、附加政府隐性担保等措施，引导金融机构的资金投向。商业银行履行的并不是一种纯商业行为，甚至部分学者认为在现有模式下，商业银行仍然在履行财政职能。

三是金融抑制政策扭曲金融真实供求。麦金农和肖（1973）认为发展中国家普遍采用的金融抑制政策使金融市场分割为正规金融市场和非正规的金融市场，分割的市场结构扭曲了真实的供求，尤其是非正规金融市场的发展受到了强烈的制约。城乡二元金融结构也具有类似的特征，图 3－2 解释了金融抑制对二元金融结构形成的影响。图 3－2 中纵轴表示利率水平，资金供给曲线 S 为一条垂直于横轴的直线，其原因在于发展中国家中低收入群体出于强烈的预防性动机保持高储蓄率，这部分人储蓄并不是以投资为目的，因此对利率的变动并不敏感。为了简化分析，假定资金供给对利率无弹性。资金需求曲线 D 为一条向右下方倾斜的曲线，即资金需求随着利率的降低而增加。在没有政府干预的情况下，供给曲线与需求曲线的交点为 E_1 点，此时市场出清的利率为 i_e，资金需求和资金供给均为 Q_1。当政府实行利率管制后，利率水平由 i_e 下降为 i_r，由于资金供给度利率无弹性，因此资金供给仍然为 Q_1，而在 i_r 利率水平下，资金需求由 Q_1 增加至 Q_2。需要强调的是，金融抑制对于城市金融和农村金融需求的作用是不同的，虽然在名义上实行统一利率，但在实际操作中对农村贷款实行苛刻的抵押担保条件，对名义利率的控制并没有显著降低农村贷款的条件和成本，金融抑制政策对农村金融需求的刺激有限。

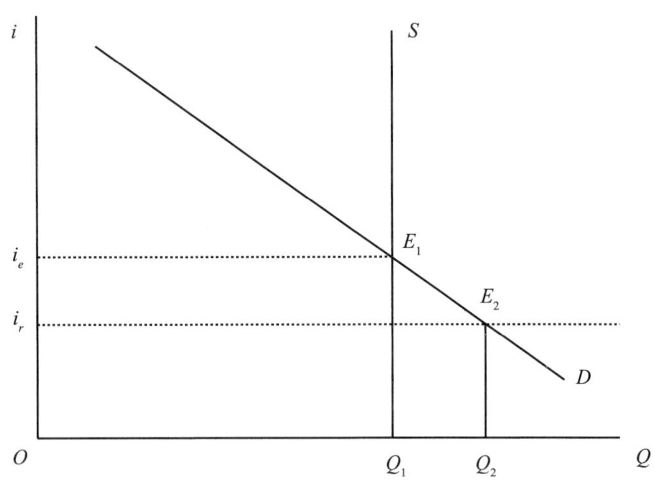

图 3－2　金融抑制与二元金融结构的关系

无论是从农村金融机构的控制、信贷政策的诱导还是直接的利率政策等金融抑制手段来看，农村金融的发展都受到政府行为的强势干预和影响。在工业化的过程中，政府调控致力于集中资源发展城市工业，由于农村部门在经济转型过程中处于相对劣势，政府需要引导甚至强制农村部门为城市经济发展服务，对农村金融部门的控制就是重要的手段之一。在工业化过程中，资本是相对稀缺的资源，将农村资金转移到城市契合了城市工业发展的需要。但事实上，政府在控制农村金融资源的同时并没有推动农村金融发展，农村金融仍然处于自然增长的状态。农村居民贡献了资本要素却没有分享到经济发展的成果。相反，随着城市金融体系迅速壮大，城市工业对农村金融的依赖性逐渐减弱，城市金融部门和农村金融部门之间的分割加剧，形成了二元金融结构的格局。

2. 金融干预对二元金融结构收敛性的影响

政府对农村金融的控制既是二元金融结构形成的重要诱因，也可能成为调节和优化二元金融结构的直接动力，这取决于政府干预的目标和效果。显然，在工业化初级阶段，金融干预的目标是推进城市化和工业发展，农村金融受到了严重的抑制，但不可否认的是这既与政府的金融政策有关，又与农村金融发展的自身条件有关。事实上，与城市工业发展对城市金融的支撑相比，农村金融发展的条件和环境有其特殊性。农业由于自身的弱质性以及生产工艺和条件的特殊性，在整个生产循环过程中既面临着天气、季节、病虫害等自然风险，又面临着供求、价格等市场风险，属于典型的高风险产业。农村金融的经营对象主要是农业生产，农村金融部门在经营过程中也面对着复杂的风险环境，主要包括以下三类：一是自然风险。自然灾害对农业影响之大是其他行业不可比的，并且农业自然风险具有风险单位大、发生频率较高、损失规模较大、区域效应明显的特征，而且还具有广泛的伴生性。二是市场风险。农产品是一种特殊的商品，其供求关系具有特殊性，如农产品需求弹性小、可替代性低，决定了农产品价值的实现较一般工业品的难度大，这使农产品的生产和经营总是处在一种边际效应上，供求关系不稳定。三是政策风险。农业在国民经济中处于基础产业地位，但在国民经济发展中，“重农”或“抑农”就一直是困扰政策制定者的难题，使得国家农业政策在制定和执行中时常出现偏差，农业政策的持续性和稳定性弱，农业发展容易受到政策变化的冲击。基于以上原因，农业经营并不完全符合商业性金融的利益诉求，或者由于商业金融的成本超过收益而无法承受，因而被排斥在商业金融体系之外。但是，农业作为基础产业具有很强的正外部性，即使是在工业化过程中，工业部门的原始积累也主要来源于农村部门，并且农村剩余，如粮食、农产品也是城市居民的基本生活保障。基于此，农村金融发展具有公共产品的属性，因而政府有必要提供基本的农村金融服务。从这个层面上来讲，政府对农村金融的控制实际上具有一定的合理性，政府退出农村金融体系或者放松对农村金融市场的管制并不意味着农村金融就会实现与城市金融的一体化发展，相反，一些发展中国家（如孟加拉国、津巴布韦等）的经验证明，在市场主导机制下，农村金融秩序往往会陷入严重的混乱状态，农村的金融排斥现象反而加剧并长期冲击农村金融市场的发展，这也是目前绝大多数发展中国家采用政府主导的农村金融体系的重要原因之一。

事实上，发展中国家农村金融体系存在一个普遍现象，既存在政府对农村金融的抑制，又存在政府对农村金融的扶持。在工业化过程中，政府的金融抑制的消极作用被不断放大，政府对农村金融的扶持却被严重低估。政府参与农村金融发展一方面是由于农村金融的准公共产品属性，另一方面是由于农业经营风险的特殊性，而这些特征往往被忽略。从发达国家的经验来看，农村金融发展的背后都有政府的大力介入，主要有五种方式实现：一是政府直接出资，如美国联邦土地银行、日本的农林渔业金融公库、德国农业信贷银行等主要由政府出资发起成立；二是财政税收优惠政策，如美国对信用社不征收营业税和所得税，法国政府对农业信贷银行实行税收减免政策；三是政府提供担保帮助募集资金，如法国农业信贷银行通过发行由政府和央行担保的债券筹集稳定的长期信贷资金，美国亦如此；四是实行有差别的存款准备金制度，英国、日本等国的农村金融机构上交的存款准备金比例低于城市商业银行，美国信用社可免交存款准备金；五是政府对农业贷款普遍实行贴息制度。发达国家政府主导的金融机构承担了大量农村基础设施和水利工程等建设周期长、回报率低的融资项目，通过高额补贴维系农业保险业务的开展。但实际上，在农村金融发展的过程中政府的作用在不断弱化，政府的干预从直接干预到间接干预，并且逐渐培育并让位于商业金融。因此，强调政府干预对二元金融结构转型的可能作用，并不是说要维持和强化政府主导的农村金融发展模式，而是要充分认识到为培育有效率的农村金融市场，仍需要一些社会性的、非市场的要素去支持它。农村不完全竞争市场理论认为，发展中国家的金融市场不是一个完全竞争的市场，尤其是贷款一方（金融机构）对借款人的情况根本无法充分掌握，如果完全依靠市场机制就可能无法培育出一个社会所需要的金融市场。政府作为串联城市金融与农村金融体系的桥梁，要适当介入金融市场，此外，借款人的组织化等非市场要素也要介入其中。总的来看，目前各种理论对于政府在农村金融中的作用和功能尚存争论，但对于农村金融发展以及金融结构调节中政府的适度介入的观点是一致的。

3.3 经济转轨与二元金融结构的形成及收敛

3.3.1　二元金融结构变迁的路径依赖

诺思在对制度及制度变迁的研究中提出了著名的制度变迁中的路径依赖理论。诺思认为路径依赖类似于物理学中的“惯性”，即当经济发展一旦进入某一路径（无论是“好”的还是“坏”的）就可能对这种路径产生依赖。其原因是：制度变迁过程与技术变迁过程一样，存在着报酬递增和自我强化的机制。这种机制使制度变迁一旦走上某一路径，它的既定方向会在以后的发展中得到自我强化。所以人们过去作出的选择决定了他们现在可能的选择。沿着既定的路径，经济和政治制度的变化可能进入良性循环的轨道，不断优化和改进；也可能顺着原来错误路径往下滑，甚至被“锁定”在某种无效率的状态下而陷入停滞。一旦进入了锁定状态，要打破已有的格局就会变得十分困难。这即是诺思分析的制度变迁的路径依赖的两种极端形式。路径依赖对制度变迁有极强的制约作用。造成路径依赖的深层次原因是利益因素。一种制度形成以后，会形成某种在现存体制中有既得利益的压力集团，说他们对现存路径有着强烈的要求。他们力求巩固现有制度，阻碍选择新的路径，哪怕新的体制较现存体制更有效率。如果制度变迁中的路径依赖一旦形成，它的既定方向就会在以后的发展中得到自我强化（谢家智、冉光和，2000）。

在国家控制金融资源的背景下，金融体系成为国家调节利益分配的工具和手段。国家通过实施非均衡的金融发展策略来强化中央政府、各级地方政府在利益分配中的主导权，使金融发展偏离了经济金融一体化发展的长期目标。其深层次的原因在于固有的利益分配格局对二元金融结构变迁形成的路径依赖，而利益机制的形成又与金融发展的组织制度、环境约束等紧密相关。

1. 长期形成并不断自我强化的利益机制是二元金融结构变迁路径依赖的根本原因

我国的金融体系受到政府的严格控制和管理，在政府对金融控制和管理过程中，已形成了与二元金融结构相联系的四大利益主体：国家、地方政府、农村信用社和商业银行。在长期受计划经济模式的影响而形成的政府主导型金融体制下，国家从不会失去对农村金融的控制，以便实现对农村金融的宏观调控，以及实现对金融资源的重新分配。在工业化进程中，国家通过控制农村金融体系，将农业剩余和农村储蓄注入工业体系，为工业发展积累和配置信贷资金，服务于国家发展战略。较之国家利益，地方政府在二元金融结构下的利益诉求就更为直接。由于中国的金融资源配置客观上被条块分割，因此地方各级政府通过对农村金融的资源配置进行干预和控制，将资金抽离农村地区并优先配置给地方政府扶持的产业和领域，实现地方政府利益。长期以来，在国家对农村金融准入的严格控制下，城市金融与农村金融体系相互分割，农业银行和合作社垄断了农村金融市场，农业银行和农村合作社以较低的成本吸纳农村资金，为其信贷经营提供了低成本的、稳定的储蓄来源。然而我们遗憾地看到，现行农村合作金融主体中，本应该充当最大利益主体的农民，其实难以真正获得应得的利益。中国农村金融制度中本应是最大利益主体的农民的既得利益严重失衡，充分暴露了二元金融结构的缺陷。

2. 现行金融组织制度是其利益主体既得利益的有效保障

组织制度的安排一方面要受特定的产权制度的影响，同时也要受特定的经济体制的制约。我国金融组织制度的选择既受外因——经济体制的影响，同时也受内因——内部产权制度的束缚。受计划经济体制的影响，在政府主导型金融模式下，从外部看，金融机构同时受到中央银行、各级政府的领导；从内部看，金融机构的治理、人事的任命与政府存在紧密的联系，特别是对于农村金融机构而言，由于产权模糊，长期处于所有者缺位状态，缺乏所有者的有效监督和控制，因此存在内部经理人控制的迹象。金融体系的组织结构简单（自上而下的决策过程）、组织形式单一（集体和国有垄断）、组织网络冗长（金融体系政企交织），金融体系没有普遍建立起一整套广泛参与、共同决策、代表和反映参与主体利益的组织体系。正是由于这一特定的组织制度安排，从组织体系上保证了四大利益主体的既得利益，并不断强化其利益分配的格局，使二元金融结构与经济发展之间形成了动态的“均衡”状态。

3. 二元金融结构变迁的成本—收益比较是其路径依赖形成的现实原因

如前所述，路径依赖的最根本原因是原有制度体系的利益机制在外界压力和内部动力的推动下进行结构变迁以寻求新的利益时，必然付出新的成本，包括结构变迁的初置成本（现行利益主体的反对成本及由此产生的效率下降）和运营成本（新的结构状态引起的适应成本），只有当结构变迁的边际收益大于边际成本时，结构变迁才会产生持续推动力，在动力和旧制度的阻力共同作用下形成张力，摆脱对原有路径的依赖。值得特别注意的是，在权衡二元金融结构变迁的成本—收益过程中，政府既充当了“运动员”，又充当了“裁判员”。由于结构调整会损害自身的既得利益，这就使得评判的标准发生了扭曲。从这个层面来讲，二元金融结构变迁成本—收益的比较直接取决于如何看待农民的需求和利益，以及如何认识农村经济的战略地位和价值取向，当然也要考虑农村经济、社会、资源、技术等因素是否能够支撑农村金融的稳定发展，此外利益主体之间的相互牵制和制衡也是影响甚至决定农村金融制度变迁的成本—收益比较结果的重要因素。

4. 二元金融形成的经济金融环境是其路径依赖的客观条件

任何一项制度的产生以及由此而形成的路径依赖，都离不开其特定的经济制度环境。二元经济结构下，城乡之间的经济水平、市场容量、经济体制、观念意识、文化水平都存在明显差异，直接导致了商品经济发展程度的差异以及对货币金融接受度的差异。金融发展助推了城市工业部门商品经济发展，促进交换和城市工业体系的分工协作，从而刺激更多的金融需求的产生，形成经济与金融发展的良性循环。相反，农村封闭的经济环境和落后的生产组织方式很难培育出对金融的有效需求，而不改变农村分散的生产方式，金融机构又难以找到其发展的空间，因而农村金融在低需求水平和低供给水平上形成了均衡。在没有外力推动的情况下，低水平均衡难以被打破，形成二元金融结构变迁的路径依赖。

3.3.2 二元金融结构变迁的政府阻力与动力

在政府主导的金融发展模式下，政府既扮演了金融规则制定者的角色，又充当了金融运行的参与者。由于中央政府和各级地方政府是城乡金融非均衡发展过程中主要的受益主体，国家和集体所有的金融机构也从二元金融结构中获益，因此二元金融结构的变迁意味着利益分配格局的重塑，冲击利益主体的既得利益。在工业化过程中，政府将金融体系作为转移农村剩余的重要渠道，但正如肖（1979）所说，政府对金融的干预往往超出了合理的时间界限而具有强烈的惯性，表现为在完成了原始资本的积累后，仍然采取价格垄断、市场垄断、机构垄断等措施抑制农村金融发展，尤其是在制度供给上，推动二元金融结构转换的政策调控存在明显的滞后性。由于二元金融结构变迁过程中的路径依赖，在二元经济转型的过程中，政府目标既要服从城乡均衡的长期目标，又要维持利益分配的现有格局，因此政策选择阻碍了二元金融结构的变迁。政策调控以简单地增加农村金融供给为导向，以短期效应为目标，存在避重就轻的问题，如控制利率水平、市场准入等环节，防止城市金融对农村金融体系的渗透和冲击，维护其核心利益；政策执行过程中，又存在各级政府之间的利益博弈，特别是在重工业轻农业、重城市轻农村的发展思路下，各级政府对农业农村发展的认识存在差异。在现行的晋升考核制度下，地方政府关注的核心问题仍然是城市发展，这必然扭曲政策执行的效果。此外，长期以来地方政府直接参与农村金融机构的业务指导和人事任命，与农村金融机构之间存在千丝万缕的关系，这也是政府利益的充分体现。

政府对农村金融的抑制是普遍存在的，但由于农村金融具有准公共产品的属性，农村金融服务供给不足将直接影响农产品供给和价格波动，从而冲击工业化进程的推进，因此政府又不得不参与农村金融的供给。长期以来政府在农村金融中扮演了重要的角色，也背负了沉重的负担。首先是财力负担。我国的农村金融主体主要由三类金融机构构成，一是国有商业银行性质的农业银行和邮储银行，二是政策性的农业发展银行，三是集体所有性质的农村信用合作社。显然，虽然农村信用合作社名义上是合作性质的金融机构，但在行业脱钩之前直接归农业银行管理，行业脱钩以后其业务开展仍然受到国有银行和政策性银行的管控。从总体上来看，农村金融的供给主体是国有金融体系。由于农村经济特别是农业的弱质性，存在低收益、高风险的经营特征，农村金融机构积累了大量的坏账呆账，20 世纪 90 年代末期农业银行从农村收缩后，这些不良金融资产最终由国家消化。此外，无论是政策性金融还是政府主导的商业金融对农村贷款、保险等金融服务都给予了高额的补贴，甚至在相当长一段时间内，农业保险发展仍然沿用政策性保险发展模式，大量投入和补贴使政府背负沉重的财政负担。其次是管理负担。农村金融具有经营对象的分散的特点，金融机构的经营难以实现集约化和规模化。监督和管理广泛分布在基层单位的农村金融机构消耗了大量的人力物力，管理的效率极其低下。一方面，农村金融机构雇用了大量专业素质不强的员工，组织和培训这些人员所花费的成本远远高于其创造的收益。人民银行的研究报告显示，在农业银行大规模撤销农村网点之前，农业银行、农业发展银行和各级农村信用社从业人员占全部金融从业人员的比重保持在 40% 左右，而年均农业贷款的占比却不到 10% 。另一方面，基层员工的素质不高，存在普遍的道德风险和逆向选择问题，造成了大量的国有资金损失。此外，政府主导的农村金融供给扭曲了金融的基本功能。对发展中国家来说，实现社会服务的均等化是经济发展的核心目标，不管是工业化、城镇化还是市场化进程，其最终目标都是建立一个统一的市场，形成资源的合理配置。二元金融结构的存在使金融体系偏离了金融功能和作用，要素无法自由流动，阻碍了资源配置功能的发挥，最终造成效率损失和社会福利的降低。

随着工业化和城镇化的推进，二元金融结构已不符合政府目标的利益诉求。尤其是当城市金融体系发展到一定阶段，城市的发展和扩张对农村金融资源的依赖明显减弱，二元金融结构产生的政府成本高于由此带来的增长收益。并且对于转型国家而言，政府在不断膨胀过程中，运行和管理的成本不断提高，而效率损失却在不断加剧，在这种情况下，维持二元金融结构必然产生高额的管理成本。因此，对于政府而言，打破二元金融结构，尤其是打破政府对农村金融的垄断，实现农村金融主体的多元化，引导社会资本参与农村金融成为占优选择。同时，从经济均衡增长的角度来看，要维持工业化和城镇化的持续推进，政府也有必要鼓励城市资金向农村注入，推动农业现代化，以实现两部门的均衡增长，因此政府长期增长目标与二元金融结构的收敛过程是高度一致的。

显然，政府既从城乡金融非均衡发展中受益，但同时又作为干预主体背负了沉重的负担；既有维持二元金融结构下利益分配格局的诉求，又有推动其改革和变迁的任务，二者的选择取决于二元金融结构变迁引起的成本与收益的权衡。政府介入倾向于提高中长期的资源配置，其基本路径是弥补市场空缺、纠正市场缺陷以及在具有比较优势的时空范围内组织和配置资源（陈雨露，2014）。在工业化过程中，政府往往通过城市倾向性的金融政策，强制性地使金融部门服务于工业发展，客观上促进了工业化进程。发展中国家面临的一个重要任务是大规模的基础设施投资，这些投资具有投资周期长、回报率低的特点，属于公共产品投资，具有很强的外部性，但不符合金融部门的商业利益。在金融体系不发达的发展中国家，这些投资很难通过市场进行组织，大都是通过政府组织的金融供给实现的。在二元经济结构下，供给导向的金融发展模式推动了资源的加速聚集发展，与发展中国家的增长目标高度一致。但是政府的干预并不总是有效的，尤其是在经济结构转型中，一方面，旧的制度逐渐瓦解；另一方面，新的制度又尚未完全建立，政府干预往往矫枉过正，政府的惯性作用也可能阻碍金融资源向优势部门集中，最终引起政府干预的低效率和社会福利的损失。供给导向的金融发展模式下，政府逐渐形成了对金融行业的垄断，使金融决策单一化，因此政府供给在发挥金融聚集效应的同时也加大了决策失误的风险。政府主导模式下缺乏合理的准入和退出机制，经济运行中不存在优胜劣汰因而经济主体失去发展的动力。但是，在经济发展过程中经济活动的复杂性不断增长，政府需要不断扩大规模来适应管理的需要，政府部门的膨胀是不可避免的规律。政府膨胀使决策的程序增加，决策形成的周期拉长，最终引起决策效率下降。政府膨胀也会滋生寻租行为，政府膨胀使监管变得越来越困难，在缺乏监管的情况下，决策者为了争取自身经济利益而对政府决策施加影响，这种寻租行为不仅使生产经营者提高经济效率的动力消失，而且还极易导致整个经济的资源大量地耗费于寻租活动。

在经济转轨的过程中，政府的金融制度供给是具有惯性的，并且在政府干预的长期影响下，形成了较强的路径依赖。既得利益集团为了维持其利益诉求，或者阻碍改革的推进，或者寻求维持现状的替代方案，如将金融供给的形式由直接干预变为间接诱导，由中央政府干预变为地方政府的干预等。因此在转轨过程中，政府干预的形式更加多样化，与市场机制对立的主体由政府变为在政府主导机制下受益的利益主体。地方政府与中央政府的博弈就是一个典型的例子。在我国区域经济发展不平衡的背景下，中西部落后地区正处在工业化和城镇化的关键阶段，资源还需要向城市聚集，加速实现经济转型，因此地方政府以城市为导向的经济金融政策仍然在延续，这一目标与经济转轨的宏观调控存在利益冲突。正是由于受到利益诱导的作用，政府主导的城市倾向性的金融供给不会在短期内消失，经济转轨中二元金融结构仍然受到制度供给的冲击，这些因素的共同作用使得二元金融结构的变迁难以在政府主导机制下充分实现。

3.3.3 市场化进程对二元金融结构的影响

1. 市场机制下二元金融结构变迁的条件

市场机制是指市场运行的实现机制，是通过市场价格的波动、市场主体对利益的追求、市场主体之间的竞争、市场供求关系的变化来实现资源配置的作用机理。与政府机制相比，市场主导模式下金融资源的配置不再是由政府目标和意志所决定，而是由金融资源供求主体之间对利益的追求而相互作用形成的。在市场机制作用下，金融资源的分配取决于投资收益，投资收益又取决于资本的边际产出。假定金融资源在城市和农村之间分配，资本满足边际效用递减规律，即在工业化初期，资本投入呈边际收益递增趋势，但随着资本投入的增长，资本的边际收益逐渐递减（见图3－3）。

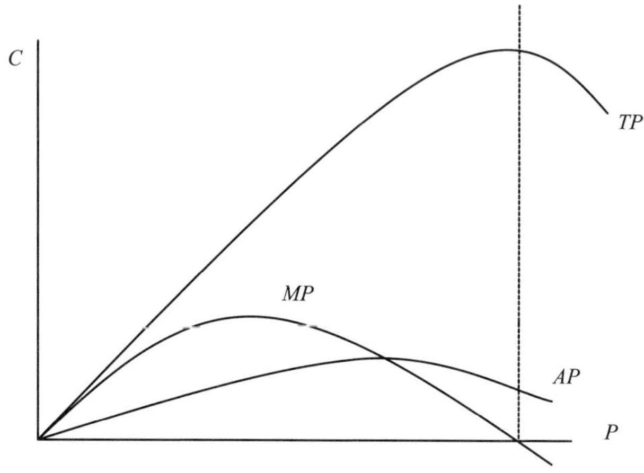

图3－3　工业资本的产出效率

假设经济部门分为以工业为主的城市部门和以农业为主的农村部门。金融效用函数可以表示为：

$$U(x)=f(x)+g(1-x) \tag{3-39}$$

式（3－39）中，x代表农村部门所获得的金融资源权重，$1-x$代表城市部门所获得的金融资源的权重；$f(x)$表示农村金融部门的产出贡献，$g(1-x)$表示城市金融部门的产出贡献。在时刻t，农村金融部门所占有的金融资源为x_t，则城市金融机构所占有的金融资源为$1-x_t$。接下来分析金融资源从城市向农村流动的条件，在追求利润最大化的目标下，农村金融资源分配增长必须满足有利于总效用的增加，即：

$$\Delta U(x)>0 \tag{3-40}$$

假定农村金融部门所占有的金融资源变动为$\Delta x(\Delta x>0)$，则金融效用变化为：

$$\Delta U(x)=U(x_t+\Delta x)-U(x_t) \tag{3-41}$$

$$\Delta U(x)=[f(x_t+\Delta x)+g(1-x_t-\Delta x)]-[f(x_t)+g(1-x_t)] \tag{3-42}$$

$$\Delta U(x) = [f(x_t + \Delta x) + f(x_t)] - [g(1 - x_t - \Delta x) - g(1 - x_t)] \tag{3-43}$$

由总效用增加的条件可以将上式变为：

$$f(x_t + \Delta x) - f(x_t) > g(1 - x_t - \Delta x) - g(1 - x_t) \tag{3-44}$$

将金融资源的分配假设为一个极限条件，即 $\Delta x \to 0$，则上式可以转化为：

$$f'(x_t)\Delta x > g'(1 - x_t)\Delta x \tag{3-45}$$

得到农村金融资源分配比例提高的条件为：

$$f'(x_t) > g'(1 - x_t) \tag{3-46}$$

式（3－46）说明，农村金融部门分配金融资源的相对比例提升能够增加总效用的条件是金融资源在农村部门的边际收益要高于金融资源投资在城市部门的边际收益，这一条件也可以理解为农村资金回流的门槛条件。

进一步假设资本和劳动力是两种可以相互替代的要素投入，在工业化的初期，资本是相对稀缺的资源。按照经典二元经济理论的观点，将二元经济转型分为农业劳动力绝对剩余、相对剩余或隐蔽失业和隐蔽失业消失三个阶段，如图 3－4 所示。

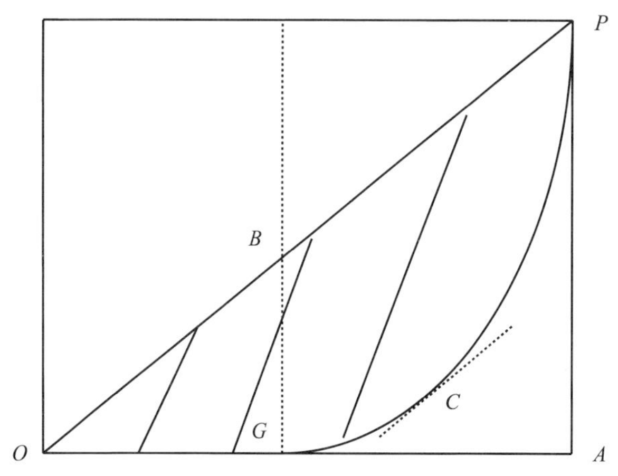

图 3－4　农业剩余与劳动力转移的关系

在第一个阶段，农业部门由于存在剩余劳动力，劳动力挤出了资本投入，或者说新增资本投入的边际产出接近于零，资本投入在农村的收益极低，农村资金和劳动力均向城市工业部门净流出。从资本积累的角度来看，农村的剩余劳动的存在使得劳动力的收入水平由平均产出决定而不是边际产出决定。由于在这一阶段劳动力是无限供给的，剩余劳动力转移后农业总产出并未下降，但非农人口转移后不再参与农业分配，农业人均产出水平提高，因而收入水平逐渐提高。城市工业部门劳动力边际产出提高，但工业部门的制度工资维持在略高于基本生存条件，这部分劳动力与农业部门的收入水平相同，而资本占据了绝对部分的工业利润，工业利润又形成新的资本投入到工业部门中，因此在这一阶段，资本的投入集中在工业部门，资本的积累也主要集中在工业部门。

当劳动力转移进入第二个阶段，即农村劳动力从绝对过剩变为相对过剩，表现为农业劳动力的边际产出大于零小于制度工资水平，此时劳动力的继续转移将减少农业产出。由于农村居民的消费与原来相同，但提供给工业部门的农业剩余相对减少，农产品供给出现短缺，农产品价格上涨。如果工业部门的工资仍然维持在略高于基本生存的水平，按原来的水平提供的工资就不足以满足其生存需要，因此工业部门的工资需要跟随农产品价格的上涨而上涨，在其他条件不变的情况下，工业部门的工资水平上涨会导致工业利润下降，工业资本积累减少。在这一阶段，劳动力在工业利润分配中的比例增加，而资本在分配中的比例相对下降，这也是资本边际收益递减的一个重要原因。此时，资本在农业中的边际产出不再为零，资本配置取决于资本的边际收益，由于此时农村劳动力仍然相对过剩，资本的边际收益相对较低。

当劳动力转移进入第三个阶段后，隐蔽失业的劳动者全部转移到工业部门中，此时农业劳动边际生产率上升到制度工资之上，工业部门要吸引更多的劳动力参加工业生产就必须把工资提高到至少等于农业的边际生产率。农村劳动力的工资不再取决于不变的制度工资，而是由劳动边际生产率和市场共同决定，在这一阶段完成了对二元经济结构的改造，资本和劳动的供求关系由其边际产出决定。在经济转型进入到第二个阶段后，农产品供给开始下降，导致农产品价格上涨并最终推动劳动力成本上升。因此，工业化进程可能在实现商品化和城乡一体化之前就陷入停滞。发展经济学理论认为要维持工业化的持续推进就必须通过加大农业资本投入来弥补劳动力转移引起的产出下降，这一政策主张也体现了市场机制调节资源配置的作用和功能。从发达国家的经验来看，当剩余劳动力完全转移后，城市工业体系已经完成了原始资本的积累，此时工业竞争加剧，工业扩张的进度也会相对放缓，城市工业部门的资本出现相对过剩，工业资本可能进入边际收益递减的区间。也就是说，在这一阶段农村生产率的不断提高和城市工业利润不断下降之间总会形成一个均衡点。在这种情况下，高效运行的市场更能够捕捉资本供求关系的变化，并通过价格机制来调节金融资源的配置，最终形成一个统一的资金供求市场。

显然，在一个充分有效的市场环境下，二元金融结构的形成与市场化进程之间的关系存在短期效应和长期效应的区别。从短期来看，在工业化的初级阶段，城市工业部门存在明显的比较效率优势，市场机制越有效，越有利于金融资源向城市工业部门加速转移，从而促进城市金融体系的扩张。但事实上，市场机制的发育与经济社会发展的过程是相辅相成的，在传统的农业社会，信息高度不对称，市场处于严重的失灵状态，市场配置资源的效率并不完全处于最优状态。市场机制发挥其资源配置的效率优势必须经过长期的培育，包括意识、观念等主观条件也包括基础设施、法制建设等客观条件。因此，从长期来看，当市场机制趋于成熟后，市场机制在资源配置中的效率优势开始显现。市场机制对于经济转型中资本和劳动供求关系的调节既是工业化、城镇化持续推进的重要保证，也是推动农业资本形成的重要动力。市场化建设有利于缩短二元金融结构由分化向收敛演变的周期，加快金融结构转型的速度。

2. 市场机制下二元金融结构变迁的动力

政府和市场是资源配置中并行不悖的两种方式，二者在资源配置中共同发挥作用，是一种共生互补而非此消彼长的关系。市场组织资源配置的优势在于能够及时地发现和识别资金供求关系的变化，在短时间内对结构失衡进行调整。但需要强调的是，市场决定资源配置的前提是具备一个相对完善的市场体系。市场的培育是一个长期过程，受到经济、制度等基础条件的限制，因此，当市场体系尚在培育阶段，发展中国家通常以政府干预来矫正市场失灵。市场机制的优势在于有多个相互独立的经济主体参与竞争，市场的决策是多元化的，市场的主体可以根据所获得的信息迅速捕捉供求关系的变化。在供求水平稳定的阶段，市场机制的优势并不明显，而当原有供求关系出现结构性变化时，市场机制的效率优势就能够充分体现。正是由于政府机制和市场机制在资源配置中的作用效果的差异，发展中国家在经济转型过程中也要适时推进经济形态的转变，即经济转轨。经济转轨过程一般要经历“政府主导→政府与市场双轨制→市场主导”的变迁，在转轨过程中，政府机制在资源配置中的作用和效果逐渐弱化，而市场机制的作用和效果不断增强，资源配置的方式由主动供给向需求决定转变。

市场机制有利于推动二元金融结构变迁的另一个重要原因在于二元金融结构不仅与政府目标相冲突，也与市场选择相违背。在工业化推进的过程中，二元金融结构的形成有其必然性，二元金融结构既是政府强势干预的结果，又是市场选择的结果。二元经济结构不是经济发展的最终状态，同样地，二元金融结构也只是一种过渡形态。随着二元经济结构的转型发展，二元金融结构与市场选择的矛盾不断激化。金融资源作为一种要素投入，存在边际报酬递减的过程，金融资源向城市的聚集存在一个最优规模，超过这一特定的水平后，金融资源向城市工业的过量投入的收益逐渐降低，金融资源趋于饱和，工业部门中过量的金融资源投入造成效率损失。与此相对应，农村剩余劳动力转移完成后，资本要素的边际产出随着劳动力转移递增。在城镇化持续推进中，农村人口的进一步减少为资本要素投入提供了空间，资本作为劳动的替代要素，其边际收益上升与城市资本边际报酬递减之间总会形成一个交集，在超过这个临界水平后，金融的配置就由边际收益决定。但在二元金融结构下，资金的流动并不完全取决于资本的边际收益，金融资源流动受到制度干预、市场分割、信息不对称等因素的扭曲，例如政府对农村金融市场的垄断和低利率政策等制度因素，又如农村金融意识淡薄和融资渠道受限等金融环境因素等。二元金融结构的延续和惯性作用造成了金融资源的错配，与市场机制选择的矛盾不断激化，市场运行过程中就会形成推动二元金融结构转型的动力。如通过金融创新，发展非正规金融市场等手段矫正资源的错配，最终形成一个以市场机制为核心的、城乡一体化的资金供求市场。

同时，市场机制对金融资源配置也并不是在任何阶段都是有效的。市场的培育需要一个相当长的时间周期，在市场机制培育的初期，市场也会因为无法解决外部性问题、市场垄断和信息不对称而出现市场失灵，因而市场的作用是有限的。这种情况对应工业化的初级阶段，此时金融资源配置是一个弱市场、强政府的格局，市场机制的作用和效果可能并未显现。在转轨经济条件下，二元金融结构既受到政府金融政策安排的束缚和影响，也有市场机制对金融资源配置的矫正和调节。实际上政府和市场机制对二元金融结构的影响既可能是同向的，也可能是相互抵消的，这既取决于经济转型与金融发展的关系，又取决于市场机制的完善程度和政府权力的范围。从经济转轨的过程来看，在二元经济条件下，政府机制和市场机制的目标是一致的，即加速金融资源向城市聚集，无论是政府金融供给还是市场需求调节都会加速二元金融结构的形成。在经济转型过程中，政府机制的惯性作用往往对抗市场供求关系的变动，政府主导的金融资源配置对城乡金融供求关系的反应是滞后的，往往当工业发展出现产能过剩、利润下降等问题后才倒逼出政府干预的弊端。在转轨条件下，政府机制往往是阻碍二元金融结构转换的因素，而市场机制更有利于二元金融结构的收敛过程，也就是说市场机制对二元金融结构的形成和收敛的作用存在门槛效应。

3.4 金融发展与二元金融结构的形成与收敛

3.4.1　聚集效应与二元金融结构的分化过程

城乡二元金融结构形成的内生机制同样可以从金融发展的聚集效应来解释。19 世纪 90 年代，构建了新古典经济学分析框架的经济学家马歇尔提出了产业聚集即空间外部性的概念。马歇尔提出产业空间聚集有三个原因：第一，聚集能够促进专业化投入和服务的发展；第二，聚集能够为具有专业化技能的工人提供集中的市场；第三，聚集使得企业能够从技术溢出中获益。马歇尔认为，聚集经济根源于生产过程，企业、机构和基础设施在某一区域内的联系能够带来规模经济和范围经济，带动劳动力、资源和专业化技术的集中，并促进生产者和消费者之间的贸易往来，生产者通过共享基础设施和技术交换产生区域外部性。韦伯（Weber，1909）在《工业区位论》一书中系统地阐述了他的聚集经济理论。在韦伯看来，聚集实质上是工业企业在空间集中分布的一种生产力布局形式。韦伯认为，聚集能够使企业获得成本节约的聚集经济，但聚集经济并不是无条件的，只有把存在着种种内外联系的企业按一定规模集中布局在特定地点，才能获得最大限度的成本节约；而那种无任何联系的、过渡性的、偶然性的集结，只会给地区经济发展造成恶果。他对聚集经济的定义是：聚集经济是由于把生产按某种规模聚集在同一地点进行，因而给生产或销售方面带来的利益或造成的节约。可见，韦伯的聚集经济与规模经济有关，它强调工业企业在空间上的规模化。胡佛（Hoover）拓展了韦伯的体系，通过对复杂的生产过程进行分解，考察了实际生产过程中的运输结构及费用构成，以及生产要素投入成本及替代物的获取情况，详细地展示了规模经济的效果。产业区位理论的集大成者廖什扩展了区位理论的应用范围，将贸易流量与运输网络中的“中心地区”的服务区间问题也纳入其中进行研究。他把产业区位分析的对象推至多种产业，并分析了区域中城市规模和类型，推导出在既定资源、人口分布情况下规模经济差异导致了空间集中现象。熊彼得（Schumpeter，1939）将技术创新与产业聚集的发展结合在一起进行研究，他认为除了战争、革命、气候等外部因素之外，技术创新和产业聚集导致的技术扩散是经济波动的主要原因。他认为产业聚集既是技术创新的推动力量，又是技术创新的传播途径。一方面，创新并不是企业的孤立行为，它需要企业的相互合作和竞争，需要企业聚集才得以实现；另一方面，企业的聚集又可以通过相互的协作和学习将技术创新迅速传播，扩大技术创新的受众覆盖面积，从而推动产业的快速发展。

金融行业是一类特殊的产业，金融行业的聚集效应与其他行业相比既有共性也有其特殊性。金融行业的聚集效应主要表现为以下几个方面：

（1）扩大市场容量。市场容量是指在一定价格水平上，供给量和需求量的统一。之所以称为二者的统一，原因在于不管市场性质和结构如何，市场容量是供给和需求相互作用和相互制约直至平衡的结果。无论是供给去适应需求，还是需求去适应供给，唯有两者达到平衡一致时，市场容量才能形成。对金融行业来说，市场容量的直接表现是金融交易的频率和规模，金融交易的频率和规模又取决于金融行业的集中度。首先，在金融行业集中的地区，金融交易的对象比较固定，金融交易的连续性强。如果供给者和需求者在地理上十分分散，则会降低金融交易的频率和连续性。这一现象在发展中国家体现得尤为明显，城市金融在地理上高度集中，这些金融机构的服务对象为一定范围内的企业，在企业扩张的过程中，企业和金融机构之间的金融交易是持续的。相反，分散在农村地区的金融机构及其服务对象并不固定，农户和中小企业的融资规模相对有限，且这些融资行为并不具有特定的规律，因此整个农村金融的市场容量也相对较小。其次，在分散状态下，金融机构之间的合作往来十分有限，单一金融机构无法组织大规模的资金供给。对发展中国家而言，金融需求不仅包括企业融资，还包括大规模基础设施建设的资金投入，而且后者的规模远大于前者的规模。欠发达国家无法摆脱贫困的一个重要原因在于不能有效地组织大规模投资，而这一事实与欠发达国家金融体系的分散状态是相对应的。由于金融行业的聚集程度较低，金融行业之间缺乏广泛的合作，少数金融机构的规模十分有限，并且大规模投资的周期较长，少数金融机构参与使风险过度集中。从发达国家的历史经验来看，大规模投资往往伴随着国家对金融资源的高度整合，这些融资也往往是由数量众多的金融机构共同发起的。此外，分散的经济状态带来的另一个重要问题是信息不对称。由于缺乏统一集中的市场，供给者根据自身所掌握的信息来确定信息供给量。在分散状态下，信息收集的成本很高，供给者所拥有的信息量十分有限，为了规避风险而选择降低供给的规模，导致市场中的一部分需求得不到满足从而降低了市场容量。从需求者的角度来讲，分散经济也会干扰有效需求的形成。由于需求者掌握的信息同样有限，在缺乏竞争的环境下，需求者无法掌握整个市场的价格水平，由于分散交易的价格高于充分竞争下的价格水平，因此定价较高可能抑制了需求的产生。金融行业的集中发展和合作可以降低信息不对称引起的市场容量下降。金融机构之间建立一种互助机制来实现共赢，单一企业出现供给不足时，可以通过行业之间的资金调度来满足临时需求，如同业拆借等业务。

（2）共享的外部经济性程度高。共享经济利益是指聚集在一定区位内的企业，由于共同利用公共产品获得的外部经济利益。第一，从公共产品的供给看，公共产品的社会供给具有在空间上集中的特点，而企业的社会生产条件即基础设施就是具有这种特征的公共产品。金融发展需要借助辅助行业提供的服务。在发展中国家，道路、供水、供电、通信等设施相对匮乏，行业聚集可以共享这些社会生产条件，减少对基础设施要求的复杂性，从而节约建设基础设施的费用。分散的企业配置难以分享社会供给的公共产品的福利，其生产经营所必需的很多基础设施就不得不靠自身供给来满足。第二，行业聚集可以降低辅助产业的服务成本。金融行业的运行并不是独立和封闭的，金融活动需要一些辅助产业的共同参与，例如在金融交易中广泛涉及到会计、法律、互联网等行业。从辅助行业与金融业的关系来看，金融业在发展中处于主导地位，金融业的发展会带动辅助产业的发展。金融业从辅助产业购买服务是需要支付成本的，与公共产品类似，金融业也可以通过共享辅助产业来降低购买服务的单位成本。第三，行业聚集有利于增强行业内部成员的互补性。单个企业的发展面临较强的不确定性，行业在区域内的聚集能够降低外部环境不确定带来的风险。行业聚集发展使数量众多的企业可以共同承担行业发展的外部风险，为企业创造相对稳定的经营条件。企业之间的相互合作又可以增长企业之间的相互依赖，并从合作中获益。从金融行业内部的合作来看，随着金融体系内部的专业化分工，金融机构在金融活动中的联系和协作越来越紧密。尤其是复杂的金融工具往往需要通过数量众多且不同类型的金融机构共同参与，在运用这些复杂金融工具的过程中，金融机构之间形成了利益联合体，联合体中的所有成员必须同时参与交易才能保证交易的顺利进行。在这种合作模式下，单一金融企业的发展必须依赖于其他金融机构的共同发展，金融行业聚集使得单一企业从其他企业的发展中受益，从而更加巩固了相互之间的合作关系。同时，通过建立信息和资源共享的机制，行业之间的合作实际上降低了获取信息的成本。例如银行间市场允许同业之间以相互拆借的方式形成优势互补。显然，分散经营的企业难以通过合作从行业内其他成员发展中受益，或者由于合作的成本过高降低了外部经济性。

（3）促进分工。经济发展被看作是生产方式变革的结果，而分工和专业化是这种变革的主要特征。斯密认为市场的扩张是分工的必要条件，当市场容量达到一定程度时，通过分工和交换对具有不同优势的生产力进行重组，使优势更加集中从而提升生产效率。金融分工必须满足以下两个条件，第一，金融分工需要有足够的参与主体。分工或专业化过程中，生产不再由同一个体完成，而是每个单位仅参与生产的一部分，整个生产过程由不同个体的生产过程组合完成。对于金融行业，这意味着一个参与成员在整个金融交易的过程中只负责某一个特定的环节，完成整个交易过程需要不同的成员共同参与。在分散状态下，各个金融机构之间很少有业务往来甚至不存在业务往来，一定区域内仅仅由单一成员完成单一业务，如农村金融机构大都只提供简单的信贷服务。在这种简单而分散的交易模式下，市场容量是很小的，分工带来的效率提升并不明显。第二，分工受到交易费用的限制。分工使整个生产过程由不同的单位共同参与，同时也使交换成为必要。交换需要支付一定的成本从而产生交易费用，当分工带来的效率改进大于交易费用时，分工是有利可图的，而当后者大于前者时，理性的人就不会选择进行分工。当市场容量较小时，单次交易的交易费用较高，分工带来的效率改进小于交易费用的增加，分工是不经济的。聚集经济的一大优势是交易成员可以共享外部经济，从而降低交易费用。金融行业聚集程度越高，交易发生的时空范围越集中，共享的外部性越强。而在交易过程中，由于有众多的参与者，交易费用也可以由参与成员共同分担，使单位交易的费用进一步下降。因此，从交易费用的角度来看，聚集经济更有利于分工的演进。

（4）促进技术进步。熊彼得认为创新并不是企业的孤立行为，它需要企业间的相互合作和竞争，行业聚集有利于技术创新。首先，行业聚集有利于降低创新的成本。创新是需要成本的，如果企业分散经营，那么企业需要自行承担创新成本，而如果企业在聚集发展过程中形成利益共同体，则创新的成本由金融机构之间分摊，从而降低了单个企业的创新成本，激励企业的创新行为。其次，聚集有利于加强创新的要素投入。聚集效应的另一重要优势就是可以扩大投入规模，将零散的要素投入聚合成整体投入从而扩大投入的规模。行业聚集既包括了人力资源的聚集，又包括了资本的聚集，还包括了已有技术的聚集。显然，当这些资源集中在一起时，金融创新更容易实现。最后，行业聚集加强企业之间的合作和竞争，激发企业的创新动机。“干中学”是创新的重要方式，企业之间的相互合作和人员相互往来使技术水平较低的企业可以通过“干中学”的方式提高企业的技术水平，也可以通过与其他企业的合作提高自身水平从而提升整个行业的技术水平。对其他企业来讲，合作的同时也加强了企业之间的竞争，会加强自身的创新速度。

3.4.2 扩散效应与二元金融结构的收敛过程

非均衡发展理论认为，非均衡发展的最终目的是实现更高层次和更高水平的均衡发展。非均衡的结构的形成是打破低水平均衡的条件，通过资源的集中形成一个具有聚集优势的增长极，并且围绕增长目标使资源加速集中，推动增长极优先发展，当优势区域或部门发展到一定阶段时，优势部门的技术、人力资源、资本等会通过各种渠道向外扩散，从而带动落后部门或地区的发展，并最终形成均衡发展的格局。行业生命周期理论认为新的行业的增长一般遵循图3－5所描绘的倒“U”型的生命周期形式。在行业发展的初级阶段，由于需求量低、技术不成熟等原因，新行业的增长缓慢，随着新行业的推广和需求量的增加，新行业将迅速增长并持续扩大至一个临界点，在超过临界点后，新行业的增长趋于稳定并可能出现持续下降。

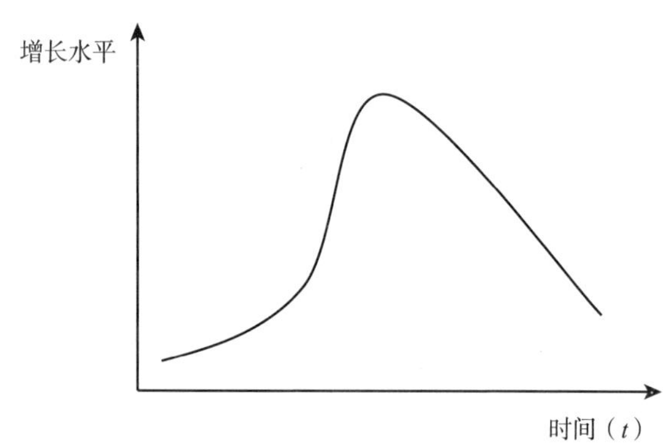

图3－5　产业的生命周期

金融行业的发展也符合类似的特征规律。在工业化开始之前，金融行业发展十分缓慢，金融功能完成从简单的中介服务向资源配置的改进后，金融发展进入了一个快速增长的时期。而当工业化进入后期，金融行业发展又开始放缓，西方国家发生金融危机。新行业发展的早期阶段往往需要行业的空间布局尽可能地接近市场，产业的集中可以带来高额的利润。但当行业的集中加剧竞争时，聚集效应带来的收益也会逐渐减小。当行业集中度较高的地区市场容量达到极限时，产业的空间扩散就是必然的结果。

产业扩散一般有以下几点原因：第一，产业集中发展过程中，行业的竞争不断加剧。随着优势区域的发展，工资、土地租金逐渐上涨，行业集中和竞争实际上加大了企业运行的成本。同时，当企业规模达到一定水平后，如果继续增加资本和劳动力的投入，企业的管理也会越来越困难，因此，竞争力较差的企业必须去开拓新的市场。显然在优势区域开拓市场的成本较高，而不发达区域存在着较多的机会和潜力，部分企业会选择迁出优势区域或者向不发达地区扩张。第二，在技术进步的过程中会产生正的学习效应，但学习效应随着技术的成熟和完善呈递减趋势。对优势地区或部门来说，当技术成熟度并达到一定水平后，学习效应带来的收益会不断下降，技术创新的投入产出会下降。相反，落后地区或部门的技术水平较低，技术进步的空间很大，学习效应创造的收益较高，因此优势地区的企业将技术运用到落后地区带来的收益大于在优势地区竞争中创新投入带来的收益。在金融行业中，现代金融部门在扩张过程中通过收购和兼并向传统金融部门渗透，在形成合作关系后，现代金融部门迅速将其先进的经营管理模式植入到传统金融机构中，取代传统金融部门低效率的组织形式。例如，我国的农村信用合作社改制就体现了这种扩散效应的特征。对处于优势地位的部门或地区而言，新技术的开发或一种新的生产组织形式的引入或采用可能要花费很长的时间和大量的资本投入，但对于落后的部门或地区来说，学习和推广新技术所花费的时间和资本投入相对要小得多。第三，优势区域的发展促进了基础设施建设的扩张和辅助产业的发展。基础设施建设和辅助产业都具有公共产品的属性，公共产品供给的增长或者说成本的下降对落后区域相关产业的发展产生正的外部性。金融行业的发展带动了会计、法律、资产评估等专业机构的发展，这些专业机构的扩张和竞争会使专业服务的成本下降，降低落后地区或部门购买专业服务的门槛，通过购买这些专业服务，落后地区或部门可以提高自身运营管理的效率和水平。

3.5 本章小结

本章从理论上分析了城乡二元金融结构形成和收敛的机理。首先，分析从二元金融结构的形成与发展中国家的二元经济结构的关系展开，从宏观和微观两个层面讨论了城乡之间产出规模、生产率、收入水平差异如何影响和决定了二元金融结构的形成，并分析了二元经济转型对二元金融结构收敛性的影响。其次，分析了城乡之间非均衡的制度供给对二元金融结构的影响，重点分析了城乡之间金融法制环境、户籍制度、分配制度、金融制度等制度环境差距影响二元金融结构的作用机理。同时本章还讨论了政府主导和市场主导的金融发展模式在二元金融结构形成和收敛过程中的作用，并结合我国经济转轨的现实背景，讨论了市场化进程影响二元金融结构收敛性的门槛约束和实现条件。最后，从金融发展的内生机制出发，分析了金融发展的聚集效应和扩散效应产生的原因和条件及其与二元金融结构形成和收敛之间的关系，并提出了城乡金融部门之间存在由农村金融发展促进城市金融发展到城市金融发展带动农村金融发展的互动影响关系。

第4章

城乡二元金融结构及其收敛性评价指标体系构建

研究城乡二元金融结构的问题，不仅需要从理论上弄清楚二元金融结构形成和收敛的机理，还需要科学地对城乡金融发展非均衡化的状况进行测度。受制于统计数据的可得性，已有研究对二元金融结构的量化往往采用一些简单的总量指标进行近似计算，不同指标之间的误差明显且缺乏科学性。本章将围绕二元金融结构及其收敛性的评价标准展开研究，构建二元金融结构的评价指标体系。

4.1 评价体系的目标及价值标准

4.1.1 现有评价指标体系的不足

如何实现城乡金融的一体化发展一直是发展经济学和金融发展理论所关注的热点问题，但二元金融结构问题在近几年才得到了广泛的关注，并逐渐成为一个相对独立的研究对象。已有研究在界定和度量二元金融结构时，往往根据研究的侧重点选择少数特定的指标，采用宏观数据进行简单描述分析。常用的指标主要包括三类：第一类是直接用“城镇居民储蓄+非农业贷款”与“农村居民储蓄+农业贷款”的比例表示城乡金融规模二元结构水平；第二类是用短期贷款中的农业贷款与第一产业增加值的比例表示农村金融发展水平，以其他短期贷款与第二、第三产业的增加值的比例来反映城市金融发展水平；第三类是用统计年鉴中的农业贷款与农村居民储蓄的比例来表示农村金融发展效率，用非农贷款与城市居民储蓄表示城市金融效率。

在农村金融数据缺失的情况下，简单的计算方法有助于直观地反映城乡金融差距，但是以上方法也存在明显的缺陷和不足。首先，已有的分析混淆了城乡金融的概念。城乡二元金融结构是指集中分布在城市地区以工业为主要服务对象的现代金融体系与分布在农村地区以农业和传统手工业为主要服务对象的落后金融体系的二元差异，而已有研究在度量二元金融结构时常常以“工农差异”替代了“城乡差异”，因此在概念上存在一定的偏差。其次，现有的测算方式对二元金融结构的测度过于片面。与传统金融发展理论相比，现代金融发展理论的拓展为金融发展赋予了更加丰富的内涵与外延。已有的评价指标和方法大都沿用了传统金融发展理论对于总量结构关系的分析范式，这些方法已经受到了广泛的质疑，如莱文（2003）等学者明确指出，建立在传统的、基于总量结构分析方式基础上的金融发展评价指标并不能够综合全面地测算金融发展的水平，因而有必要建立一个多维度的指标体系。再次，现有评价对数据测算的可得性和准确性较差。合理的评价指标既要有科学的计算依据，也要有真实可行的基础数据。长期以来，虽然农村金融相关数据，尤其是我国农村金融领域直接可得的统计数据缺失严重，但随着我国基层统计体系的不断完善，一些行业性、区域性的统计资料对涉农经济金融数据进行了直接统计或者为间接计算农村金融指标提供了相关统计数据，深入挖掘这些数据资料可以大幅提高农村金融数据计算的精确性，而这正是现有分析中亟待提高和完善的。最后，现有分析缺乏层次性。现有分析指标以全国数据分析二元金融结构的整体水平，忽略了二元金融结构在区域层面的差异以及二元金融结构在经济发展阶段的特征和变化。

4.1.2 评价指标体系建立的目标

1. 系统性目标

一个好的评价指标体系一般是由多个指标共同组成，这些指标之间既具有一定的独立性又存在一定的逻辑关系，不但要从不同的侧面反映出二元金融结构的主要特征和状态，而且还要反映各指标之间的内在联系。金融系统可以拆分为多个子系统，子系统可以按照功能、机构、区域等多个标准进行划分。这就要求在指标设计中，应该合理地设计指标分类，既要囊括评价对象的不同特征，又要使其共同构成一个有机统一体。同时，系统性的评价指标体系应该具有明晰的层次性，自上而下，从宏观到中观再到微观层层深入，形成一个不可分割的逻辑体系。此外，评价指标体系的构建过程也是探索建立二元金融结构分析范式的过程，即通过指标体系的构建，为量化分析二元金融结构建立一个可参考的样本。

2. 典型性目标

二元金融机构是一个动态变化的过程，在不同时期、不同国家和地区的表现形式和特征不尽相同。基于此，二元金融结构评价指标体系的一个重要目标就是要具有典型性和普遍性，使得不同阶段之间、国家和国家之间以及地区和地区之间具有可比性。作为一个典型的转轨国家，中国区域经济金融发展的不平衡特征尤为明显，中国的金融体制也具有极其特殊的性质，因此前人的一些分析指标可能无法真实反映我国金融发展的情况。这就要求在评价指标体系的设置中，综合考虑区域之间、宏微观层面之间的协调与整合，灵活调整权重分配及评价标准的划分，使其与中国经济金融发展的特殊规律相适应。

3. 准确性目标

任何评价指标体系的构建都必须建立在准确性的基础上，如果指标的计算缺乏准确性，用其作为评价的标准就不具有说服力。评价指标体系的准确性包括了以下几个方面：一是指标设计的公允性。指标设计必须具有严格经济学意义，其计算方法必须具有合理的数学推导过程。二是数据的可得性。这是二元金融结构评价指标体系中需要解决的关键问题，过于复杂和抽象化的指标计算往往被数据所困，二元金融结构评价指标计算需要综合考虑计算标准和数据的可得性，并且根据数据的可得性对计算标准进行适度调整，另外也需要对数据进行深入挖掘，寻求合理的代理变量，并通过多指标的类比矫正指标设计中的偏差。

4.1.3 评价指标体系建立的原则

1. 宏观指标与中微观指标相结合的原则

要系统地评价二元金融结构及其收敛过程，既需要从宏观上整体把握二元金融结构的表征及其变动趋势，也需要从微观层面解析城乡金融非均衡发展的规律和特点，除此之外还有必要从中观的层面考察二元金融结构及其收敛性的区域差异。因此与传统评价指标体系重宏观分析、轻微观分析、忽略中观分析的范式相比，本书构建的二元金融评价体系注重层次性和系统性，更加强调金融发展的多元表现。为此本书拟从宏观、中观、微观三个层面对二元金融发展及其收敛性进行综合评价，宏观层面主要以全国数据为基础，以总量指标为衡量标准，测算二元金融结构的宏观水平。中观层面分析包括两个方面，一是中观层面的评价指标，即主要以省际数据为基础，以金融服务为对象的评价指标；二是中观层面的分析视角，即以区域维度为出发点，综合运用各类指标，分析二元金融结构在不同区域之间的差异性。微观层面主要以个体为单位，分析城镇居民和农村居民的个人金融资产、金融服务性等个体差异。

2. 数量指标与质量指标相结合的原则

现代金融发展理论认为，金融发展不仅应表现出数量的增长，也应该存在质量的提升。数量指标揭示了金融发展在形势上的变化，但金融资产数量在金融发展过程中是不断变化的，在不同国家和地区金融资产增长的速度并不一定相同。功能金融理论认为，数量的增长并不一定引起质量的提升，但是金融质量的提升往往引起金融数量的快速增长，因此从这个角度来讲，以金融质量指标来测算金融发展更具有针对性。事实上，金融数量指标和金融质量指标反映了金融发展两种不同的状态，两种状态存在紧密的联系。数量指标的增长诱发质量指标的提升，质量指标的提升又反过来刺激数量指标的增长，二者是一种相互递进的关系。因此，综合分析金融数量和金融质量指标有助于增强评价指标的全面性和互补性。

3. 静态指标与动态指标相结合的原则

静态指标是考察某种经济现象在特定时点上的水平或状态，其优点在于能够直观地揭示经济指标在某一瞬间的实际情况。动态指标是考察某种经济现象在一定时期内的变化或者某一时点状态与另一时点状态的相对变动，其优点在于能够捕捉经济状态变动的规律。全面地评价二元金融结构既需要静态展示城乡金融发展在特定时点上的差异，也需要动态分析二元金融结构的演化特征。在指标设计中既要考虑存量因素，也要考虑增量因素，并且指标之间要具有动态的可比性。

4.2 二元金融结构的评价指标

4.2.1 宏观层面的评价指标

1. 城乡金融规模比率

金融规模是反映一个地区金融资产总量绝对水平的指标，也是衡量金融规模最直接的指标。地区金融规模一般通过货币资金和有价证券市场价格与保险等其他金融资产的总和来表示。受制于数据的可得性，在计算区域金融尤其是计算农村金融规模时常用货币供应量近似计算。货币供应量包括狭义货币供应量和广义货币供应量，前者的计算公式为 M1 = 流通中的现金 + 支票存款，后者的计算公式为 M2 = M1 + 储蓄存款。一般而言，选择狭义货币还是广义货币作为实证研究中的货币统计口径主要取决于研究对象数据的可得性。由于 M1 在统计上的易得性与完备性，在早期的实证研究之中，M1 被广泛地使用。但 M2 指标能够更好地体现价值储藏职能的货币需求，特别是在金融发展落后的国家能够更好地反映低水平的现状，并且相比于 M2 指标，M1 指标更容易受到货币当局的控制，采用 M2 指标的货币需求函数更稳定，因而在后期的研究中 M2 逐渐取代了 M1。但是，在现有的统计口径下，M1 和 M2 指标中的 M0 部分是以国家为统计单位，因此无法准确地分别衡量城乡金融规模。此外，莱文（2003）等学者指出 M1 指标表示的金融规模既没有反映金融资源的来源，也没有反映金融资源的配置，而衡量金融规模更应该从资源配置的角度入手。为此，近期的研究对金融规模的测算倾向于使用贷款规模，因为从贷款层面测算金融规模能够更准确地反映金融活动。尤其是对发展中国家而言，农村居民往往有较高的储蓄倾向，但融资活动并不活跃，用存款指标表示的金融总量可能高估了金融发展的水平。本书沿用了这一做法，定义城乡金融总量差异的计算公式为：

$$\text{城乡金融规模比率} = \frac{\text{城市贷款}}{\text{农村存款}} \tag{4-1}$$

2. 城乡金融相关率比率

自戈德史密斯（1969）创造性地提出了金融相关率（*FIR*）指标以来，*FIR* 及其衍生指标得到了广泛的应用，戈德史密斯提出的 *FIR* 指标可以用以下公式表示：

$$FIR = \frac{F}{W} = \beta^{-1}[(\gamma + \pi + \gamma\pi)^{-1} + 1][\delta + \varphi(1 + \lambda) + \xi]\{1 + \theta[(1 + \psi)^{n/2} - 1]\} \tag{4-2}$$

其中，

F——金融活动总量；

W——国民财富总价值；

β——资本产出率；

γ——实际增长率；

π——物价变动水平；

δ——非金融部门外部融资比率；

φ——金融部门的融资比率；

λ——金融中介对其他所有金融中介发行的金融工具总额与他们对非金融部门发行的金融部门发行总额的比；

ξ——国际金融交易的比率；

θ——金融工具净发行总额；

ψ——证券价格的变化率；

由于 FIR 是一个相对规模指标，体现了经济的货币化程度，因此相比于绝对规模指标，FIR 指标的运用更为广泛。从以上公式中可以看到，戈德史密斯在定义 FIR 指标时对资产价格的变动和调整作了严格的界定，并且将国际金融交易也纳入了计算公式中，使得相关参数的计算偏差较大，也缺乏直观性。因此在实际运用中，一般采用简化的计算公式来衡量 FIR，即：

$$FIR = \frac{M + S + L}{GDP} \tag{4-3}$$

其中，M 表示货币供应量，S 表示有价证券的市场价格，L 表示贷款。需要强调的是，在研究区域金融问题时，准确数据的获取相对困难，尤其是农村金融的数据十分有限，农村金融相对稳定的统计指标是居民储蓄和农业贷款，但用以上两个数据近似估算农村金融的偏差较大，因此在宏观层面上大都以 M2/GDP 的口径进行计算。但是也有学者指出，以 M2/GDP 口径来度量城乡金融发展水平存在一定的局限性，尤其是在分析城乡二元金融结构时，一方面，M2 的统计口径下并没有划分城乡范围，也没有分区域统计资料，因此，无法在区域层面对 M2 口径的金融资产进行准确估算。另一方面，格利和肖（Glay & Shaw，1973）等学者指出，M2/GDP 指标既不能反映金融负债的来源，也不能度量金融系统的资源配置，实际上这一比率与经济增长之间没有理论联系，经济增长主要依赖于金融部门的功能发挥（Levine，1993）。在这一观点的影响下，后期的拓展研究更加注重从金融资源配置的角度直观地反映金融发展水平，本书继承了这一思路，并以贷款相关率作为衡量金融发展水平的指标。为此，定义农村金融相关率和城市金融相关率的计算公式分别为：

$$\text{农村金融发展水平} = \frac{\text{农村贷款}}{\text{第一产业增加值} + \text{乡镇企业增加值}} \tag{4-4}$$

$$\text{城市金融发展水平} = \frac{\text{城市贷款}}{\text{第二产业增加值} + \text{第三产业增加值}} \tag{4-5}$$

进一步定义城乡金融相关率比率为：

$$\text{城乡金融发展水平比率} = \frac{\text{城市金融发展水平}}{\text{农村金融发展水平}} \tag{4-6}$$

3. 城乡金融效率比率

效率在经济学上指投入产出的关系，基于这一概念，金融效率可以从两个层面来解释。第一个层面的金融效率指金融发展对经济增长的贡献度，即将金融作为一种要素投入，侧重于考察金融对经济增长的贡献。第二个层面的金融效率指金融部门自身发展的效率，即基于金融体系将储蓄转化为投资的功能属性，考察储蓄与投资形成之间的比率关系。显然，在本书的研究范围内，对金融效率的考察侧重于城乡金融部门自身发展效率的差异，这一评价体系建立在功能金融理论的基础上，即强调金融的基本功能为动员储蓄并将储蓄转化为投资，金融储蓄转化为投资的效率越高，金融机构发展的速度越快。基于以上思路，已有研究大都采用贷款余额与存款余额的比例来反映金融效率。用这一指标来反映金融效率有其合理性，一般来讲农村储蓄倾向高，但金融机构的组织形式落后，金融产品供给单一，农村金融市场化程度低，金融机构运行成本高，金融供求矛盾突出，投资转化率低。相反，城市金融部门市场化程度高，金融创新活跃，金融需求旺盛，金融机构能够有效地将储蓄转化为投资。但是这一计算方法基于存量指标，反映的是金融效率的静态水平，没有反映金融效率的动态变化。基于此，本书用新增贷款和新增存款取代了贷款存量和存款存量，定义城市金融效率和农村金融效率分别为：

$$城市金融效率 = \frac{城市新增贷款}{城市新增存款} \tag{4-7}$$

$$农村金融效率 = \frac{农村新增贷款}{农村新增存款} \tag{4-8}$$

进一步定义城乡金融效率比率为：

$$城乡金融效率比率 = \frac{城市金融效率}{农村金融效率} \tag{4-9}$$

4.2.2 中观层面的评价指标

1. 城乡金融覆盖率比率

主流研究对二元金融结构的评价以宏观层面为主，这既有经典金融发展理论研究范式的影响，也有数据及分析方法的约束和限制。随着金融发展理论研究领域的拓展，金融发展的研究视角从总量结构向区域结构、二元结构延伸，其中二元金融结构的收敛问题已成为学术界关注的一个焦点问题，并逐渐引申出中观分析的概念和框架。中观层面的考察既区别于宏观层面对总量关系的评价和分析，又区别于微观层面对个体作用机制和效果的分析。这类研究有两个特点，一是以不平衡结构或者区域差异为切入点，分析金融发展的区域差异；二是以金融功能为研究对象，研究金融功能演进的过程及其对经济发展的影响。但需要强调的是，各个学派和不同学科对于中观视角应该包括什么研究内容、以什么为特点、甚至是否应该提出中观这一概念都还存在争论。本书引入中观分析指标这一概念的目的是强调本书所构建的指标体系与传统的宏观及微观指标的不同，即本书用金融功能、金融服务等非传统指标量化金融发展，而这些指标的计算和分析基于区域层面的数据，因而具有中观分析的特点。

金融服务的概念有广义和狭义之分，广义上的金融服务是指整个金融业发挥其多种功能以促进经济与社会发展的过程。具体来说，金融服务是指金融机构通过开展业务活动，综合发挥资源配置、风险分担、宏观调控等功能属性。广义的金融服务强调金融对经济增长的作用和意义，属于宏观分析的范畴。狭义的金融服务一般是指金融机构向客户提供的各种金融服务数量和质量，包括个人或单位从金融机构获得信贷的难易程度、金融机构的数量种类及其覆盖面等层面的分析。本书对城乡金融服务的定义属于狭义的范畴，根据数据的可得性，本书拟采用单位面积的金融机构数量来衡量金融服务水平，一方面该指标可以衡量金融服务的覆盖面；另一方面该指标也能体现金融服务的整体供给量，即定义城市金融覆盖率为：

$$\text{城市金融覆盖率} = \frac{\text{城市金融机构数量}}{\text{城区面积}} \tag{4-10}$$

城区面积这一指标可以近似地代表城市经济活动的区域范围，但在计算农村经济活动的区域时不能简单地采用非城区面积作为计算标准。综合考虑数据的可得性和相关性，本书采用农作物播种面积作为替代指标，定义农村金融覆盖率为：

$$\text{农村金融覆盖率} = \frac{\text{农村金融机构数量}}{\text{农作物播种面积}} \tag{4-11}$$

进一步定义城乡金融服务水平比率为：

$$城乡金融覆盖率比率 = \frac{城市金融服务水平}{农村金融服务水平} \quad (4-12)$$

2. 城乡金融从业人员占比比率

一个行业和地区从业人员数量和规模是衡量一个行业发展水平及其重要程度的常用指标，以从业人员的相对规模测算金融发展水平可以作为从金融资产角度测算金融发展规模的一个重要补充。事实上，农村金融从业人员供给不足、专业素质不高、职业道德不高等问题已经引起了学术界的关注。与城市金融机构和人员集中分布不同，农村金融机构分布相对分散，经营对象的风险控制和管理的难度较大，现阶段农村金融从业人员严重不足。并且农村金融基层员工的素质普遍较低，一方面加大了农村金融经营中的道德风险隐患；另一方面其专业能力很难满足农村金融工作的各种要求。以上两个问题已成为困扰农村金融发展的难题。因此，金融从业人员占比既能够直接反映金融业在经济中的重要程度，又能够较好地体现人力资源对金融发展的重要程度，与从金融资产总量测算金融发展形成了较强的互补性。根据本书的研究需要，城市金融从业人员占比计算公式为：

$$城市金融从业人员占比 = \frac{城市金融从业人员数量}{城市人口} \quad (4-13)$$

相应的农村金融从业人员占比计算公式为：

$$农村金融从业人员占比 = \frac{农村金融从业人员数量}{农村人口} \quad (4-14)$$

最后定义城乡金融从业人员占比比率为：

$$城乡金融从业人员占比比率 = \frac{城市金融从业人员占比}{农村金融从业人员占比} \quad (4-15)$$

4.2.3 微观层面的评价指标

1. 城乡人均金融资产比率

与宏观层面的研究相比，微观金融发展评价指标被更多地用于研究农村金融问题，尤其是农村金融排斥、金融约束等问题的研究大都建立在微观调研数据的基础之上。但是这些数据并不是为了测算城乡金融发展差距，而是侧重分析农村金融资源的可得性及其影响因素。虽然这些数据样本都是相对分散和独立的，彼此之间缺乏关联度和可比性，但是已有研究证明，用人均金融资产测算微观金融发展水平的做法具有一定的合理性和较强的可操作性。从人均层面测算金融资产与从宏观层面测算金融资产的总量所反映的信息是不同的，一是人均指标能够更加直观地反映金融发展的一般水平，能够弱化城市经济规模和农村经济规模引起的金融规模差异。二是人均指标能够更好地反映二元金融结构的集中变化趋势，淡化了个体差异和波动对整体趋势的影响。个人金融资产计算根据数据来源的不同而变化，既有微观调研数据详尽的分类汇总计算，也有简单采用存款数据近似计算的常用做法。从已有的研究结果来看，个人存款和个人贷款数据都能够较好地反映个人金融资产。根据本书的研究设计，拟用省际数据来测算人均存款和贷款，而人均存款可以从统计年鉴中直接获取，人均贷款可以根据相关数据进行测算，为此定义城市人均金融资产指标为：

$$\text{城市人均金融资产}=\frac{\text{城市人均存款}+\text{农村人均贷款}}{\text{城市人口}} \tag{4-16}$$

相应地，定义农村人均金融资产指标为：

$$\text{农村人均金融资产}=\frac{\text{农村人均存款}+\text{城市人均贷款}}{\text{农村人口}} \tag{4-17}$$

最后定义城乡人均金融资产比率为：

$$\text{城乡人均金融资产比率}=\frac{\text{城市人均金融资产}}{\text{农村人均金融资产}} \tag{4-18}$$

2. 城乡居民金融投资收益比率

金融资产的收益水平，尤其是居民参与金融活动的获利情况是测量一个国家金融发展水平的重要指标。一般来说，金融体系越发达，居民从金融活动中获取收益的比率越高，金融发展水平较低的国家和地区居民参与金融活动相对较少，从金融活动中获取收益的比率也较低。因此，可以通过测算城乡居民金融投资收益来表示金融发展水平，如持有债券、银行存款等金融资产的利息收入以及买卖有价证券的价差等。然而，这些指标在统计资料中无法直接获取，现有的统计数据将居民收入按工资性收入、转移性收入、经营性收入和财产性收入进行划分，其中财产性收入也称资产性收入，指通过资本、技术和管理等要素参与社会生产和生活活动所产生的收入，即家庭拥有的动产（如银行存款、有价证券）和不动产（如房屋、车辆、收藏品等）所获得的收入。对于农村居民而言，财产性收入的来源相对有限，大量微观调研数据显示农村居民的财产性收入主要是来自银行存款，因此财产性收入可以较好地反映农村居民金融投资收益。相反，城市居民的财产性收入来源相对较多，如不动产出租、出让等所占的份额较大，因而需要对财产性收入指标进行适当的调整。借鉴人民银行课题组（2008），迟巍、蔡许许（2012）等对居民财产性收入构成的实证研究结果，城市居民财产性收入调整系数为金融投资收益所占的比例。农村金融投资收益的调整方法根据样本的类型确定，将在下一章的计算中详细阐述。基于此，定义城乡居民金融投资收益计算公式为：

$$\text{城市居民金融投资收益} = \text{城市居民财产性收入} \times \text{调整系数} \quad (4-19)$$

$$\text{农村居民金融投资收益} = \text{农村居民财产性收入} \times \text{调整系数} \quad (4-20)$$

进一步定义城乡居民金融投资收益比率为：

$$\text{城乡居民金融投资收益比率} = \frac{\text{城市居民财产性收入} \times \text{调整系数}}{\text{农村居民财产性收入} \times \text{调整系数}} \quad (4-21)$$

4.3 二元金融结构收敛性的评价指标

4.3.1 收敛性的概念

收敛性是数学中一个常用的概念，被用来界定函数的性质，即当函数自变量取值按照某种规律变化并逼近某个特定数值或区域时，函数值无限趋近于某个特定的数值，就说该函数具有收敛性。这一概念被抽象和拓展应用于物理学、经济学等领域。经济增长的收敛性是经济学研究的重要问题，经济收敛的思想最早可以追溯到 20 世纪初期。维布伦（Veblen，1915）通过对比分析发达国家的工业化进程发现，工业革命起步较晚的德国通过学习和引进英国的先进技术实现了快速发展，其经济增速和收入水平与英国的差距不断缩小，在工业化后期甚至赶超英国，维布伦由此提出了后发经济体的追赶假说。格申克龙（Gerschenkron，1962）继承并拓展了维布伦的思想，他较为系统地提出了“后发优势”理论，认为与工业化水平较高的国家相比，经济发展水平落后的国家具有制度的替代和模仿优势、技术引进优势、经验借鉴优势、激励优势等，因而落后国家在工业化过程中比发达国家“少走弯路”而快速实现工业化。格申克龙之后，利维（Levy，1966）等又提出了追赶理论等，进一步完善了收敛思想，其基本思想都是描述落后国家与发达国家经济发展水平趋于一致的变化趋势。索洛（1956）的一个贡献是从数理模型推导的角度分析了增长收敛性的条件，索洛模型表明人均资本拥有量更低的经济体拥有更高的增长速度，经济增长最终趋于某种稳态。在以上经典文献中，早期的研究将经济收敛界定为经济个体之间的差异逐渐消失并趋于一致的过程，在数理上表现为初期的经济状态与经济增长之间存在负相关关系。简单来讲，可以将经济学意义上的收敛性总结为一种经济状态的趋同过程。

金融发展收敛性的思想起源于戈德史密斯（1969），在其经典著作《金融结构与经济发展》中，戈德史密斯利用跨国面板数据分析了工业化国家和欠发达国家金融发展水平的差异，并展示了金融发展水平随着经济增长不断提高的趋势，同时戈德史密斯也指出金融发展水平不会无限提高，而是维持在达到一定水平后保持相对稳定，随着经济发展水平的提高，各国金融发展水平都将趋近于这一共同水平。与经济收敛的界定相同，金融发展的收敛性强调金融发展状态的趋同性，认为金融发展落后的国家和地区存在后发优势，不同地区金融发展水平将趋同。主流的金融发展理论一直强调金融发展的收敛性，并将不同视角和表现形式的金融收敛作为一个核心命题。自戈德史密斯之后，加尔比斯（1973）、麦金农和肖（1979）等学者都从不同的角度论述了金融收敛问题，并且引入了二元结构的分析框架，分析了两种金融状态收敛的过程和条件。城乡二元金融结构的收敛性是指城市金融体系和农村金融体系在金融发展水平、金融结构、金融服务、金融制度等方面差距逐渐缩小的趋势和过程，其最终目标是实现城乡金融一体化发展。

4.3.2 收敛性的分类与评价方法

收敛性可以划分为绝对收敛和条件收敛两个类型，绝对收敛是衡量收敛性最直观的方法，绝对收敛的基本原理是根据计算各指标水平的差异是否随着时间的推移而逐渐减少来判断该指标是否具有收敛性。绝对收敛主要用于考察截面数据之间的收敛性，例如，以同一时间截面城市金融发展水平与农村金融发展水平作为一组截面数据，通过计算不同时间截面的标准差来衡量城乡金融发展水平的收敛过程。条件收敛主要是考察收敛性或收敛过程是否受到外力的影响，或者说改变外部条件的情况下能否使变量趋于一致。绝对收敛常用的方法有 σ 绝对收敛和 β 绝对收敛，条件收敛常用的方法是 β 条件收敛。

1. σ 绝对收敛

σ 绝对收敛的常用度量方法包括方差分解分析和标准差分析。

（1）方差分析。方差分解法的基本原理是将总离差平方和（*TSS*）分解成组内离差平方和（*WSS*）和组间离差平方和（*SSB*）两部分，利用这两部分在总离差平方和中所占的比重来判断各单位之间是否存在收敛性。即：

$$SST = \sum_{i=1}^{m} \sum_{j=1}^{n} (X_{ij} - \bar{X})^2 \tag{4-22}$$

$$SSW = \sum_{i=1}^{m} \sum_{j=1}^{n} (X_{ij} - \bar{X}_i)^2 \tag{4-23}$$

$$SSB = \sum_{i=1}^{m} \sum_{j=1}^{n} (X_i - \bar{X})^2 \tag{4-24}$$

其中，

$$\bar{X} = \frac{1}{\sum n_i} \sum X_{ij} (i = 1, \cdots, m;\ j = 1, \cdots, n) \tag{4-25}$$

$$\bar{X}_i = \frac{1}{n_i} \sum X_{ij} (i = 1, \cdots, m;\ j = 1, \cdots, n) \tag{4-26}$$

组间离差平方和反映的是各组样本之间的误差，用来表示不同样本之间的差异性。组内离差平方和则是因随机扰动因素引起的误差，即样本之间的差异不能解释的部分。定义组间离差平方和在总离差平方和中的比例

为 D，即：

$$D = \frac{SSB}{SST} \tag{4-27}$$

则可以通过计算 D 的大小来判断样本之间是否具有收敛性。如果在总离差平方和中组间离差平方和占据主要地位，则认为不同时期样本的差距不是由随机因素引起的，而是存在跨期的、规律性的差异，因而指标之间是发散的。相反，当组内离差平方和占据主要地位时，则可以认为组间的差距是由随机扰动因素引起的，组间样本之间的差距是逐渐收敛的。方差分解的优势在于可以判断总体误差产生的原因并根据误差产生的原因来推断组间差距的收敛和发散，但是方差分解并不能充分显示收敛的动态过程，并且在应用中如何根据组间离差平方和与组内离差平方和判断收敛性的存在没有一个统一的标准。

（2）标准差分析。标准差分析方法是计算样本之间标准差是否随着时间推移而下降来判断样本之间是否具有收敛现象的一种方法。标准差是测度变量变异程度的指标，可以反映变量偏离平均值的程度。标准差越大，变量的变异程度就越大，平均值的代表性就越低；相反，标准差越小，变量的变异程度也就越小，平均值的代表程度就越高。

$$\sigma = \sqrt{\frac{1}{n}\sum\left(X_i - \frac{1}{n}\sum X_i\right)^2} \tag{4-28}$$

从计算公式（4－28）可以看到，标准差法的优势在于能够直观地反映样本差距对均值的偏离程度。以两个维度的截面为例，σ 逐渐递减表明两个个体的变化趋于一致，而 σ 随时间推移递增则表示两个个体的变化不具有一致性或者说二者的差距进一步扩大。

2. β 绝对收敛

β 绝对收敛的概念来源于新古典增长模型，根据新古典增长理论，在具有相似经济特征的国家或地区之间，人均资本拥有量较低的贫困国家比人均资本拥有量较高的国家拥有更高的增长率。也就是说，经济增长率与经济发展水平之间存在负相关关系。基于此，β 绝对收敛的数学表达式为：

$$g_{it} = \alpha_i + \beta_i X_{i0} + \varepsilon_{it} \tag{4-29}$$

g 表示某个经济变量的增长率（如经济增长率），X_{i0} 表示某个经济变量的初始水平或状态（如经济发展水平），α 为常数项，ε 为随机误差项，β 为收敛系数。$\beta < 0$，表示经济变量的增长率与其初始水平或状态呈负相关，即经济变量趋于收敛；$\beta > 0$，表示经济变量的增长率与其初始水平或状态呈正相关，即经济变量趋于发散。

3. β 条件收敛

条件收敛的概念也源于新古典增长理论，由于新古典增长模型认为不同国家和地区经济增长的收敛性具有相似的经济条件，也就是说经济收敛过程需要借助外界条件的供给才能实现。也可以理解为经济变量的收敛过程不仅取决于其自身的变化规律，还受诸多外在因素的影响。衡量条件收敛的常用方法是 β 条件收敛方法，β 条件收敛是对 β 绝对收敛的重要补充，其数学表达式为：

$$g_{it} = \alpha_i + \beta_i X_{i0} + \gamma Z_{it} + \varepsilon_{it} \tag{4-30}$$

其中 Z_{it} 表示影响收敛的条件变量矩阵。同样地，可以根据收敛系数 β 的取值判断经济变量的收敛性。

β 条件收敛常用来考察区域之间的俱乐部收敛性质。俱乐部收敛是指具有相似经济发展条件和初始经济发展水平接近的经济系统之间的收敛性，即经济发展水平较高的国家和地区作为一个共同集团收敛于某一状态，而经济发展水平较低的国家和地区也形成一个共同集团收敛于另一状态，但两个集团内部的收敛可能并不具有同质性，或者两个集团之间并没有收敛的迹象。俱乐部收敛被用来考察区域收敛的差异性，主要针对不存在绝对收敛但存在条件收敛的情况下，可以根据区域特征对区域进行分组，再考察分组后其是否具有绝对收敛的性质。

4.3.3 二元金融结构收敛性的评价方法

二元金融结构的收敛性问题包含了两个层面的含义，第一个层面的含义是城市金融发展水平与农村金融发展水平之间差距缩小，即从国家或整个地区层面衡量城市金融发展水平和农村金融发展水平差距的收敛过程。

根据绝对收敛的定义，城乡二元金融结构的收敛性表现为城市金融发展水平和农村金融发展水平趋近于二者均值水平的过程，即当城市金融发展水平与农村金融发展水平无限收敛的时候，二者的标准差为零。实际上，二元金融结构的收敛性可以理解为区域收敛的一个特例，由于截面个体只有 2 个，因此评价二元金融结构的一种直观数学表达方式是城市金融发展水平与农村金融发展水平的比例，即通过测算城市金融发展水平与农村金融发展水平的比率是否随时间的推移而趋近于 1 来判断城乡金融发展水平的收敛性。为此，本书构建城市金融发展水平和农村金融发展水平的比率指标来评价城市金融发展水平和农村金融发展水平的差异，即：

$$f = \frac{F^U}{F^R} \tag{4-31}$$

其中，F^U 和 F^R 分别表示城市金融发展水平和农村金融发展水平，如果 f 满足：

$$f_{t+1} < f_t,\ t = 1, \cdots, n \tag{4-32}$$

则证明二元金融结构具有收敛性（这里假设城市金融发展水平始终高于农村金融发展水平）。显然，通过直接比较二元金融发展水平各指标是否随时间的变化递减可以判断二元金融结构是否具有收敛性，本书将利用图表分析来展示这些指标的变化规律。

二元金融结构收敛性第二个层面的含义是二元金融结构的区域收敛性，即不同区域（如各省市之间）之间二元金融结构水平是否趋于一致。与单纯考察二元金融结构收敛性不同，二元金融结构的区域收敛并不关心二元金融结构水平的增减，而是将问题聚焦于各区域之间二元金融结构水平的分布状态。对于区域金融收敛性的考察将从绝对收敛和条件收敛两个层面展开。考虑到二元金融结构的变化可能并不是严格的线性收敛过程，本书拟采用以下方法和步骤来评价二元金融结构水平及其收敛性：

首先，利用标准差分析方法考察区域之间是否具有 σ 绝对收敛的性质，即判断二元金融结构水平在区域内部是否趋于一致。其次，利用面板数据考察区域之间是否具有 β 绝对收敛的性质，即判断二元金融结构的水平是否与初始状态呈反向增长，在这里是指二元金融结构的整体水平是否趋于下降。最后，考察二元金融结构的 β 条件收敛特征，判断在控制外部变量的基础上，区域二元金融结构水平是否具有整体收敛的特征。

4.4 本章小结

本章从宏观、中观、微观三个层面构建了二元金融结构的评价指标体系，其中宏观层面包括了金融规模比率、金融相关率比率和金融效率比率三个指标，主要从绝对规模、相对规模和效率三个方面反映金融发展的宏观水平的差异；中观层面包括了金融服务覆盖率比率和金融从业人员占比比率两个指标，主要从金融服务供给水平的角度反映城乡金融发展水平的差异；微观层面包括人均金融资产比率和金融投资收益比率，主要从金融资产的可得性和金融投资收益水平来反映微观层面的金融发展水平差异。以上指标从不同的层面反映了金融发展水平的差异，能够较为全面地反映城市金融发展与农村金融发展水平的差距。在此基础上，本章对二元金融结构的收敛性进行了界定并梳理了二元金融结构收敛性的评价方法，为下一章实证研究奠定了基础。

第5章

城乡二元金融结构及其收敛性的描述性统计分析

我国区域金融发展不平衡既表现为城乡之间的二元金融结构差异，又表现为区域之间金融发展水平的差异。在梯度开发战略的影响下，东部地区和中西部地区经济金融发展水平的差异显著，拥有不同的资源禀赋和制度条件。鉴于此，本章对二元金融结构收敛性的测度既包括了二元金融结构整体收敛性的测度，又包括了对区域收敛性的考察。从多维度、多视角考察二元金融结构的收敛性有助于分析和判断二元金融结构的演变规律和特征。

5.1 二元金融结构收敛性的测度与评价

5.1.1 数据资料说明与应用

二元金融结构的形成和演化既受到外部因素的冲击，又与金融发展的水平和阶段紧密相关。因此二元金融结构在不同区域的变化可能并不一致，即可能存在区域内部的某种共性。在我国梯度开发战略的影响下，不同区域工业化、城市化的进程相差较大，东部地区和中西部地区的经济金融发展存在明显的阶段差异。东部沿海地区高度整合各种资源，工业化水平较高，经济发展进入转型期，城乡一体化建设加速，城乡差距逐渐缩小。相反，中西部地区的工业化进程相对滞后，二元结构较为明显。基于此，本书将按照地理区域的划分来考察二元金融结构的俱乐部收敛特征，以揭示不同区域城乡二元金融结构演变的差异性。在区域划分上，已有研究作了一些共性的选择，即按照东部沿海地区和中西部内陆地区的标准进行划分，本书总体上沿用这一做法，但对个别省份进行了调整，如海南省金融发展水平显著低于东部地区金融发展水平的均值①，因此本书将海南省划入到中西部地区。同时，由于西藏自治区缺失的数据较多，未将西藏自治区纳入统计范围。因此本书所指的东部地区包括北京、天津、上海、河北、辽宁、江苏、浙江、福建、山东、广东共10个地区，中西部地区包括海南、山西、内蒙古自治区、吉林、黑龙江、安徽、江西、河南、湖北、湖南、广西壮族自治区、重庆、四川、贵州、云南、陕西、甘肃、青海、宁夏回族自治区、新疆维吾尔自治区共20个地区。

研究农村金融问题往往被数据所困，由于我国的统计数据经过多次修订，农村金融相关数据的可得性和可比性较差，统计年鉴中的数据要么因为准确性和相关性太低无法较好地诠释变量指标，要么因为数据的连续性较差无法覆盖研究所需的时间周期而影响实证研究的操作性。本书在收集实证数据过程中综合了文献资料、统计年鉴和专题研究报告，为了从时间维度和区域维度两个层面考察二元金融结构的变化规律，在描述性统计分析中用全国和划分东部、中西部两种不同的口径对数据进行分析，其中全国层面的数据直接采用反映全国总体水平的指标进行计算，将部分指标的计算周期拓展到1989~2012年，划分东部和中西部的指标采用省际面板数据加权计算，计算的时间跨度为2003~2012年。其中贷款数据的计算口径差异较大，而贷款数据又是计算金融发展水平的核心数据，因此对贷款数据的计算进行简单说明。

1. 全国层面的贷款数据

贷款数据是计算农村金融发展水平的一个基础数据和核心数据，但农村贷款的计算一直被数据所困。一方面，我国现有统计制度下部分指标没

① 资料来源：《中国金融统计年鉴》（1990~2013年）、《中国乡镇企业年鉴》（1990~2006年）、《中国乡镇企业及农产品加工年鉴》（2007~2012年）。

有进行城乡分类，在分析二元结构时很难进行准确计算，例如计算 *FIR* 指标时，无法将 M0 部分按照城乡结构进行拆分，因此在实际处理过程中有必要对一些常用指标进行调整。另一方面，现有统计指标没有对涉农金融指标进行准确界定，整体上看，可用的涉农金融统计数据比较有限。实际分析中，一般的做法是用农业贷款近似替代农村贷款来估算农村金融规模。20 世纪 90 年代开始乡镇企业逐渐兴起并成为农村经济的重要组成部分，乡镇企业经济活动也被纳入农村经济的统计范围中。从表 5 - 1 中可以看到，2012 年涉农贷款占贷款余额的 26.2%，而农村企业及组织贷款就占到 16.2%，占整个涉农贷款的 61.83%。后期的研究在计算农村金融规模时普遍采用了“农业贷款 + 乡镇企业贷款”的口径，部分研究还加入了农业保险和农业上市公司融资额等。

表 5 - 1　　**农村贷款和农业贷款统计**　　单位：%

分类	2010 年	2011 年	2012 年
涉农贷款占比	23.1	25.1	26.2
农林牧渔业贷款占比	4.5	4.2	4.1
农村贷款	19.3	20.9	21.6
农户贷款	5.1	5.3	5.4
农村企业及组织贷款	14.2	15.5	16.2

资料来源：《中国统计年鉴》（2011 ~ 2013 年）。

虽然采用短期贷款中的“农业贷款 + 乡镇企业贷款”的做法来估算农村贷款存在一定误差，但在现有数据条件下这一算法也有一定的合理性，尤其是从时间趋势上分析城乡金融规模变化时，这种计算误差并不影响我们对整体趋势的判断，并且在现有的数据基础上，这一算法能够保证数据的连续性。由于在我国的统计资料中对农业贷款和乡镇企业贷款的统计做了多次调整，其中 1989 年以后将乡镇企业贷款在短期贷款中进行单独统计，2009 年又将农业贷款和农村贷款进行了调整，不再对短期贷款按照工业贷款、商业贷款、建筑业贷款、农业贷款、乡镇企业贷款、三资企业贷款和其他短期贷款进行分类统计，同时对农业贷款和农村贷款进行了分类，在涉农贷款科目下分别按用途、城乡地域和受贷主体进行分类统计。

但是这里不能简单沿用以短期贷款中的农业贷款和乡镇企业贷款来估

算农村贷款的方法。这一做法在二元经济发展的初期具有一定的合理性，在工业化的初级阶段，农业贷款的对象主要是农户和乡镇企业。但随着工业化的推进，农业贷款对象发生了较大的改变，从表5－1中的数据中可以发现，农户贷款和农业贷款两个数据并不吻合。其中一个重要的原因在于，农业贷款中涉农企业的贷款逐年增长，一些大型涉农企业，例如农业机械制造、化肥生产、饲料生产、农产品加工企业等往往集中在城市地区，这些涉农企业在原有的统计口径中纳入了农业贷款的范围，但实际上并未与农村金融体系发生关系，因此以原来的口径来估算农村贷款存在一定误差。同时，另一个重要的原因在于，随着金融规模的扩张，中长期贷款在所有贷款中所占的比重也逐年增长，以短期贷款来估算中长期贷款的准确性大幅下降。

本书尝试将以上几种口径进行整合，为了保持统计口径的一致性和数据的稳定性，1989～2009年时间段采用短期贷款中的农业贷款＋乡镇企业贷款口径衡量贷款规模，并根据农村短期贷款占比来估算农村贷款余额，2010～2012年直接采用统计年鉴中的农村贷款指标。计算城乡贷款的步骤如下：

第一步，计算短期贷款中农业贷款和乡镇企业贷款所占的比例得出农村贷款比例系数，即：

$$农村贷款比例系数=\frac{农业贷款+乡镇企业贷款}{短期贷款余额} \tag{5-1}$$

第二步，以各年度人民币贷款年末余额与农村贷款比例系数相乘得出相应的农村贷款总量，即：

$$农村贷款=人民币贷款年末余额\times农村贷款比例系数 \tag{5-2}$$

第三步，用人民币贷款年末余额减去农村贷款得到城市贷款，即：

$$城市贷款=人民币贷款年末余额-农村贷款 \tag{5-3}$$

最后定义城乡贷款比率如下：

$$城乡贷款比率=\frac{城市贷款}{农村贷款} \tag{5-4}$$

2. 省际层面的贷款数据

对省际层面的城市贷款和农村贷款的分析借鉴胡宗义、李鹏（2013）对正规金融和非正规金融的计算方法，按照城乡固定资产投资中贷款的比例对城乡贷款进行估算，城市贷款和农村贷款的计算过程如下：

$$城市贷款占比 = \frac{城市固定资产投资国内贷款}{全国固定资产投资国内贷款} \tag{5-5}$$

$$城市贷款 = 城市贷款比例 \times 各项贷款余额 \tag{5-6}$$

$$农村贷款 = 各项贷款余额 - 城市贷款 \tag{5-7}$$

即按照固定资产投资中资金来源的分类，计算城市固定资产投资中国内贷款部分与农村固定资产投资中国内贷款部分的比例，然后将该比例与国内贷款总额部分相乘分别估算农村贷款和城市贷款。最后以城市贷款/非农业产出表示城市贷款相关率，以农村贷款/农业产出表示农村贷款相关率。这一做法与传统做法相比有两点优势，一是固定资产投资与中长期贷款的契合度较高；二是固定资产投资按照城市和农村进行统计，在统计口径上比较清晰，并且该统计指标的连续性较高，从而增加了数据的可信度。这一算法的缺点在于可得数据的时间跨度为2003～2012年，在时间跨度上略有减少。但是由于本部分研究内容是对区域差异分解而不是从全国的角度来分析，因此适度缩短时间序列并不影响对分化和收敛过程的描述。

5.1.2 二元金融结构测度与评价

1. 城乡金融规模比率

表5－2报告了1989～2012年城乡金融规模的变化情况。从全国总体水平来看，城市金融规模持续增大，农村金融规模在1994年和1995年出现负增长，其余年份均保持正增长。20世纪90年代初期，城乡金融规模差距相对较小，城乡规模比率维持在2∶1左右，90年代中期开始，城乡金融规模的差距开始加速扩大，1993年城市金融规模仅为农村金融规模的1.94倍，到1996年城乡金融规模之比达到5.76。这一阶段城乡金融规模差距快速扩大是由两方面因素共同决定的，一方面是城市金融规模的快速增长，1994～1996年城市金融规模的平均增速为34.06%；另一方面是农村金融规模在1994～1995年出现了明显的负增长。城乡金融规模变化的反差使得城乡金融规模的差距在1994～1996年成指数形式的扩大。在经历了1994年和1995年的负增长后，从1996年开始农村金融又恢复了正增长，从

1997年开始农村金融规模的增长速度逐渐超过了城市金融规模的增长速度，城乡金融规模差距从1997年开始进入了一个缓慢下降的区间。但是，由于城乡金融规模的存量差距较大，城乡金融规模差距仍然维持在较高的水平，到2012年城乡金融规模比例下降到3.50，仍高于1989年2.28的水平。城乡金融规模比率的这一变化趋势说明，城乡金融规模可能处于一个低水平均衡的状态，结构的突变促进了金融规模的整体扩张，城市金融和农村金融发展整体上都从中受益。2003~2012年，中西部地区城乡金融规模比率和东部地区城乡金融规模比率均呈缓慢下降的趋势，但中西部地区城乡金融规模比率要大于东部地区同期水平，说明中西部地区城乡金融规模的差距更突出（见表5-3）。

表5-2　　1989~2012年城乡金融规模比率

年份	城市贷款（全国/亿元）	农村贷款（全国/亿元）	金融规模比率（全国）	金融规模比率（中西部）	金融规模比率（东部）
1989	9987.31	4372.79	2.28	—	—
1990	12609.48	5071.22	2.49	—	—
1991	14880.52	6457.28	2.30	—	—
1992	17548.42	8774.48	2.00	—	—
1993	21725.75	11217.35	1.94	—	—
1994	30629.93	10028.37	3.05	—	—
1995	42037.44	8356.76	5.03	—	—
1996	52114.82	9041.78	5.76	—	—
1997	63626.08	11288.02	5.64	—	—
1998	72214.76	14309.34	5.05	—	—
1999	77663.29	16071.01	4.83	—	—
2000	82821.66	16549.44	5.00	—	—
2001	92089.79	20225.21	4.55	—	—
2002	107073.33	24220.67	4.42	—	—
2003	128449.65	30546.35	4.21	5.25	3.62
2004	141439.90	36757.88	3.85	5.88	3.73
2005	151429.10	43261.29	3.50	5.34	2.56
2006	180899.31	44447.89	4.07	6.68	3.68
2007	210161.09	51529.79	4.08	6.23	3.31

续表

年份	城市贷款（全国/亿元）	农村贷款（全国/亿元）	金融规模比率（全国）	金融规模比率（中西部）	金融规模比率（东部）
2008	242660. 86	60806. 91	3. 99	5. 54	3. 27
2009	316122. 93	83562. 07	3. 78	5. 13	2. 98
2010	380936. 47	98040. 00	3. 78	5. 08	3. 16
2011	424929. 25	121469. 00	3. 88	4. 26	3. 04
2012	482633. 47	145467. 00	3. 50	4. 11	2. 96

资料来源：计算表中指标所用数据来源于《中国统计年鉴》（1990～2013 年）、《中国金融统计年鉴》（2004～2013 年）、《中国乡镇企业年鉴》（1995～2006 年）、《中国乡镇企业及农产品加工年鉴》（2007～2012 年）。全国指标根据各统计年鉴中全国数据计算，东部地区和中西部地区指标根据表省际数据加权计算。

表 5－3　　2003～2012 年各省（区、市）城乡金融规模比率

地区	2003 年	2004 年	2005 年	2006 年	2007 年	2008 年	2009 年	2010 年	2011 年	2012 年
北京	12. 07	11. 95	11. 20	10. 61	11. 61	11. 98	8. 88	10. 11	9. 61	8. 95
天津	13. 18	12. 65	10. 40	11. 86	13. 62	14. 79	15. 25	15. 45	15. 09	13. 87
河北	3. 76	3. 14	3. 98	4. 13	4. 76	5. 32	5. 84	5. 98	6. 15	6. 26
辽宁	6. 86	6. 46	6. 87	6. 99	7. 65	7. 81	7. 61	7. 42	7. 21	7. 22
上海	14. 17	15. 28	10. 28	8. 69	10. 78	10. 53	10. 87	9. 68	8. 64	7. 54
江苏	3. 67	3. 23	3. 19	2. 89	2. 95	3. 15	3. 05	3. 02	3. 66	3. 40
浙江	2. 84	2. 24	2. 76	2. 51	2. 47	2. 36	2. 27	2. 14	3. 03	3. 31
福建	9. 71	8. 89	9. 54	9. 30	8. 35	7. 59	8. 13	9. 08	9. 87	10. 31
山东	3. 88	3. 49	3. 58	3. 64	4. 26	4. 31	4. 29	4. 25	4. 88	4. 78
广东	6. 13	5. 98	5. 41	4. 62	3. 83	3. 88	3. 78	4. 17	4. 42	3. 92
海南	11. 77	11. 18	12. 15	14. 76	15. 97	17. 86	10. 66	11. 12	17. 53	15. 15
山西	9. 87	10. 22	10. 41	10. 28	9. 95	9. 49	10. 40	10. 30	10. 04	9. 94
内蒙古自治区	10. 38	11. 22	8. 92	13. 20	16. 10	15. 90	17. 02	16. 43	15. 80	14. 17
吉林	9. 25	9. 65	9. 89	10. 36	10. 73	10. 29	13. 16	15. 56	12. 58	13. 66
黑龙江	10. 03	11. 57	10. 13	10. 43	10. 72	11. 14	14. 10	12. 10	10. 63	10. 75
安徽	5. 21	5. 01	5. 34	6. 31	6. 91	7. 45	7. 60	8. 15	7. 58	7. 50
江西	6. 04	6. 28	6. 95	7. 71	8. 51	10. 30	9. 46	8. 58	7. 57	7. 11
河南	3. 63	3. 66	4. 07	4. 55	4. 72	4. 93	5. 09	5. 26	5. 07	4. 88
湖北	6. 89	7. 72	8. 26	9. 96	9. 75	10. 33	10. 51	10. 97	11. 61	11. 77

续表

地区	2003年	2004年	2005年	2006年	2007年	2008年	2009年	2010年	2011年	2012年
湖南	4.71	4.27	5.18	5.95	6.62	7.46	8.36	8.24	9.25	9.60
广西壮族自治区	7.40	7.71	8.22	7.76	7.57	7.73	8.57	9.47	8.50	10.17
重庆	9.98	10.26	11.38	14.49	15.40	14.09	13.52	11.91	11.29	10.48
四川	4.29	4.69	5.04	8.09	8.46	8.31	3.98	5.38	4.75	4.09
贵州	8.78	9.18	9.09	7.28	6.46	6.31	5.66	5.27	6.04	6.14
云南	6.52	6.23	8.59	9.68	7.75	9.42	10.07	10.61	10.49	11.24
陕西	9.21	10.57	12.32	11.72	12.87	13.07	16.42	19.22	18.28	14.56
甘肃	8.29	9.03	9.32	9.36	9.29	7.48	7.24	8.03	8.47	8.44
青海	6.62	6.59	6.38	6.08	11.33	7.43	6.31	4.75	5.14	4.53
宁夏回族自治区	5.42	5.34	6.24	7.31	7.32	7.90	8.63	8.54	8.92	9.70
新疆维吾尔自治区	8.76	10.39	9.38	9.51	8.66	8.64	8.36	8.56	10.04	10.70

资料来源：计算表中指标所用数据来自《中国统计年鉴》（1990～2013年）、《中国金融统计年鉴》（2004～2013年）、《中国乡镇企业年鉴》（1995～2006年）、《中国乡镇企业及农产品加工年鉴》（2007～2012年）、EPS数据库、各地区《统计年鉴》及各地区《金融年鉴》。

2. 城乡金融相关率比率

表5－4报告了1989～2012年我国城市金融相关率、农村金融相关率及金融相关率比率的变动情况。城市金融相关率呈现先扩大后缩小的变动趋势，城市相关率整体上在0.98～1.57之间波动。其中1989～2000年城市金融相关率总体上逐渐上升，2001～2012年以后逐渐回落。与此相对应的是，农村金融相关率呈现出“U”型变动的趋势，1989～1996年农村金融相关率持续下降，1997～2012年农村金融相关率整体上保持增长。从城市金融相关率与农村金融相关率水平的差异来看，城市金融相关率明显高于同期农村金融相关率，城乡金融相关率比率呈先扩大后缩小的倒“U”型结构变化。1989～1993年，城市金融发展水平与农村金融发展水平的差距一直保持在2倍以内，1994～2001年金融相关率比率增长到3倍以上，2002～2012年二者的差距又逐渐回落至2倍以内。这一趋势说明在工业化的扩张阶段，资本投入在城市工业发展中的占比明显上升，同时农村经济中的资本投入比例短期

内相对减少。城市金融相关率下降过程说明工业发展中资本投入存在边际递减的过程，金融资本投入将会向其最优比例调整。进一步划分区域考察发现，2003～2012 年中西部地区金融相关率比率明显高于东部地区同期金融相关率比率，说明中西部地区城市金融发展和农村金融发展仍然存在较大差距。从变动趋势来看，东部地区城乡金融相关率比率持续下降，而中西部地区城乡金融相关率比率则呈现出水平变动的趋势（见表 5－5）。

表 5－4　　1989～2012 年城乡金融相关率水平比率

年份	城市金融相关率（全国）	农村金融相关率（全国）	金融相关率比率（全国）	金融相关率比率（中西部）	金融相关率（东部）
1989	0.98	0.69	1.42	—	—
1990	1.03	0.67	1.54	—	—
1991	1.10	0.78	1.41	—	—
1992	1.05	0.85	1.24	—	—
1993	1.06	0.75	1.41	—	—
1994	1.10	0.49	2.24	—	—
1995	1.23	0.31	3.91	—	—
1996	1.31	0.29	4.58	—	—
1997	1.45	0.32	4.48	—	—
1998	1.52	0.39	3.89	—	—
1999	1.54	0.41	3.78	—	—
2000	1.44	0.40	3.64	—	—
2001	1.42	0.45	3.14	—	—
2002	1.49	0.50	2.99	—	—
2003	1.57	0.57	2.78	3.13	1.78
2004	1.46	0.59	2.49	2.69	1.75
2005	1.38	0.59	2.35	2.78	1.83
2006	1.35	0.54	2.48	2.96	1.62
2007	1.13	0.64	1.76	2.87	1.43
2008	1.11	0.63	1.76	2.61	1.40
2009	1.34	0.80	1.67	2.98	1.57
2010	1.13	0.65	1.73	2.53	1.39
2011	1.12	0.68	1.65	3.05	1.44
2012	1.21	0.69	1.75	2.91	1.32

资料来源：计算表中各指标所用数据来源《中国金融统计年鉴》（1990～2013 年）、《中国乡镇企业年鉴》（1990～2006 年）、《中国乡镇企业及农产品加工年鉴》（2007～2012 年）。全国指标根据各统计年鉴中全国数据计算，东部地区和中西部地区指标根据省际数据加权计算。

表 5－5　　2003～2012 年各省（区、市）城市金融相关率比率

地区	2003 年	2004 年	2005 年	2006 年	2007 年	2008 年	2009 年	2010 年	2011 年	2012 年
北京	1.12	1.08	0.96	0.79	0.66	0.65	0.50	0.57	0.50	0.46
天津	2.55	2.53	1.29	1.89	2.30	2.81	2.95	2.62	2.47	2.35
河北	2.70	2.02	2.46	2.53	2.38	2.62	2.93	2.97	2.99	2.84
辽宁	4.64	3.98	4.14	3.85	2.90	3.11	3.50	3.23	3.71	3.13
上海	2.39	2.54	1.84	1.38	2.21	2.38	1.98	1.60	1.48	1.41
江苏	2.03	1.63	1.61	1.52	1.46	1.60	1.63	1.66	2.08	2.14
浙江	1.65	1.27	1.58	1.40	1.17	1.04	0.94	0.85	1.14	1.27
福建	3.08	2.88	2.78	4.47	3.55	3.21	3.33	3.85	3.68	3.23
山东	2.47	2.00	1.99	2.15	2.11	2.11	2.25	2.64	2.57	2.23
广东	1.66	1.59	1.20	1.02	0.72	0.74	0.71	0.77	0.78	0.70
海南	6.91	6.86	7.01	7.66	7.28	8.13	8.94	8.30	10.64	9.21
山西	4.22	4.31	4.52	4.67	3.48	3.08	3.34	3.17	2.85	2.93
内蒙古自治区	8.89	10.73	12.23	12.09	10.47	9.38	8.11	7.48	6.74	6.33
吉林	3.92	4.50	4.46	4.24	3.19	2.89	3.66	3.97	3.03	3.18
黑龙江	2.87	3.12	2.67	2.76	2.23	2.31	3.12	2.46	2.21	2.51
安徽	2.16	2.53	2.50	2.76	2.41	2.48	2.40	2.30	1.92	1.80
江西	2.90	3.03	3.30	3.70	3.59	4.39	4.14	3.43	2.88	2.85
河南	2.04	2.28	2.36	2.42	1.80	1.87	1.95	1.95	1.73	1.63
湖北	4.21	4.48	4.24	4.88	4.56	4.87	4.63	4.71	4.71	4.76
湖南	2.66	2.65	3.10	3.49	3.12	3.27	3.61	3.40	3.54	3.57
广西壮族自治区	3.59	3.73	3.85	3.55	3.14	3.10	2.82	3.04	5.77	6.08
重庆	3.31	3.87	4.42	5.13	5.66	5.20	5.71	3.63	3.29	3.13
四川	2.58	2.75	2.54	3.94	3.94	3.79	1.80	2.42	2.08	1.82
贵州	3.99	5.02	4.74	3.45	2.41	2.32	2.02	1.78	1.85	1.84
云南	2.93	2.81	3.89	4.31	2.61	3.30	3.52	3.46	3.37	3.59
陕西	2.85	3.82	4.12	3.67	2.74	3.10	4.34	4.47	6.34	7.63
甘肃	3.77	4.00	4.00	3.83	2.77	2.18	2.15	2.27	2.14	2.11
青海	2.89	3.74	3.39	2.86	1.74	1.06	1.88	1.66	1.65	1.56
宁夏回族自治区	1.59	1.62	1.87	2.09	1.71	1.63	1.86	1.74	1.65	1.78
新疆维吾尔自治区	3.04	3.43	2.87	2.56	2.22	2.05	2.15	2.50	2.48	2.69

资料来源：计算表中指标所用数据来自《中国统计年鉴》（1990～2013 年）、《中国金融统计年鉴》（2004～2013 年）、《中国乡镇企业年鉴》（1995～2006 年）、《中国乡镇企业及农产品加工年鉴》（2007～2012 年）、EPS 数据库、各地区《统计年鉴》及各地区《金融年鉴》。

3. 城乡金融效率比率

表 5 –6 报告了 1989 ~2012 年城市金融效率和农村金融效率的变化情况。总体上看，城市金融效率和农村金融效率都呈现增长的迹象，但城市金融效率的增长速度相对于农村金融效率的增长速度较为缓慢，城乡金融效率比率持续缩小。对比表 5 –6、表 5 –2 和表 5 –4 发现，金融效率比率低于同期金融规模比率和金融相关率比率，说明相比于规模优势，城市金融部门的效率优势并不突出。同时，相比于城市金融规模，农村地区贷款和存款的增量都相对较小。从区域差异来看，2003 ~2012 年，中西部地区城乡金融效率比率高于同期东部地区城乡金融效率比率，中西部地区城乡金融效率比率没有出现明显的收敛迹象，而是持续地横向波动。东部地区表现出了明显的收敛迹象，其中 2012 年东部地区城乡金融效率比率已接近 1，说明现阶段东部地区城市金融发展不具有明显效率优势（见表 5 –7）。

表 5 –6　　1989 ~2012 年城乡金融效率水平比率

年份	城市金融效率（全国）	农村金融效率（全国）	金融效率比率（全国）	金融效率比率（中西部）	金融效率比率（东部）
1989	1. 17	0. 89	1. 31	—	—
1990	1. 21	0. 95	1. 27	—	—
1991	1. 16	0. 96	1. 21	—	—
1992	1. 25	1. 06	1. 18	—	—
1993	1. 27	1. 14	1. 11	—	—
1994	1. 33	1. 08	1. 23	—	—
1995	1. 39	0. 96	1. 45	—	—
1996	1. 39	1. 12	1. 24	—	—
1997	1. 41	1. 04	1. 36	—	—
1998	1. 48	1. 17	1. 26	—	—
1999	1. 50	1. 03	1. 46	—	—
2000	1. 49	1. 03	1. 45	—	—
2001	1. 44	1. 06	1. 36	—	—
2002	1. 50	1. 17	1. 28	—	—
2003	1. 61	1. 17	1. 38	1. 43	1. 21

续表

年份	城市金融效率（全国）	农村金融效率（全国）	金融效率比率（全国）	金融效率比率（中西部）	金融效率比率（东部）
2004	1.53	1.21	1.26	1.55	1.12
2005	1.51	1.28	1.18	1.34	1.09
2006	1.56	1.14	1.37	1.58	1.12
2007	1.61	1.26	1.28	1.51	1.13
2008	1.58	1.25	1.26	1.46	1.10
2009	1.59	1.28	1.24	1.53	1.07
2010	1.63	1.24	1.31	1.49	1.08
2011	1.61	1.30	1.24	1.50	1.05
2012	1.57	1.34	1.17	1.52	1.01

资料来源：计算表中各指标所用数据来源《中国金融统计年鉴》（1990～2013年）、《中国乡镇企业年鉴》（1990～2006年）、《中国乡镇企业及农产品加工年鉴》（2007～2012年）。全国指标根据各统计年鉴中全国数据计算，东部地区和中西部地区指标根据省际数据加权计算。

表5-7　　2003～2012年各省（区、市）城乡金融效率比率

地区	2003年	2004年	2005年	2006年	2007年	2008年	2009年	2010年	2011年	2012年
北京	0.98	0.90	0.82	0.78	0.94	0.99	0.71	0.84	0.84	0.81
天津	1.73	1.60	1.69	1.87	2.23	2.46	2.26	2.21	2.15	1.98
河北	1.89	1.33	1.59	1.57	1.88	1.99	2.07	2.16	1.96	1.42
辽宁	1.02	0.86	0.90	0.91	1.06	1.04	1.15	1.14	1.24	1.09
上海	1.11	1.00	0.68	0.61	0.75	0.71	0.73	0.67	0.63	0.60
江苏	0.76	0.53	0.63	0.57	0.62	0.66	0.62	0.64	0.80	0.71
浙江	0.84	0.73	0.88	0.78	0.79	0.75	0.70	0.68	0.99	0.87
福建	0.80	0.77	0.78	1.37	1.34	1.26	1.31	1.55	1.42	1.24
山东	1.35	1.16	1.21	1.28	1.66	1.75	1.66	1.70	1.63	1.49
广东	1.67	1.32	1.17	1.04	0.93	0.92	0.88	0.99	1.09	0.99
海南	1.42	1.43	1.48	1.83	2.09	2.28	2.70	3.06	4.62	5.01
山西	3.22	3.27	3.23	3.08	3.17	2.92	3.11	3.17	3.32	3.39
内蒙古自治区	4.19	4.28	5.92	7.21	8.75	9.19	9.86	10.62	12.13	11.91
吉林	1.51	1.33	1.44	1.96	2.41	2.59	3.21	3.78	2.98	3.21
黑龙江	1.09	1.12	1.01	1.08	1.36	1.53	1.89	1.76	1.67	1.80
安徽	1.28	1.31	1.38	1.66	1.95	2.07	2.11	2.39	2.43	2.53

续表

地区	2003 年	2004 年	2005 年	2006 年	2007 年	2008 年	2009 年	2010 年	2011 年	2012 年
江西	1.44	1.45	1.66	1.91	2.36	2.95	2.74	2.68	2.65	2.67
河南	1.09	1.07	1.21	1.41	1.58	1.66	1.67	1.76	1.80	1.81
湖北	1.15	1.21	1.17	1.38	1.52	1.59	1.64	1.83	2.12	2.27
湖南	1.19	1.24	1.47	1.67	2.05	2.36	2.63	2.68	3.12	3.26
广西壮族自治区	1.55	1.69	1.81	1.98	2.22	2.36	2.76	3.39	7.34	8.37
重庆	2.67	2.73	3.12	4.15	4.85	4.56	4.23	2.29	3.85	3.63
四川	1.19	1.20	1.25	2.07	2.39	2.39	1.14	1.78	1.50	1.36
贵州	1.87	1.85	2.09	2.00	2.15	2.26	2.10	1.54	2.67	2.86
云南	1.44	1.38	2.30	2.90	2.74	3.40	3.85	4.24	4.86	5.73
陕西	2.02	2.10	2.53	2.52	3.12	3.35	4.17	3.03	7.85	10.21
甘肃	1.41	1.45	1.62	1.74	2.17	1.94	2.10	2.10	2.93	3.07
青海	1.18	1.26	1.24	1.30	1.21	0.80	0.74	1.48	1.75	1.71
宁夏回族自治区	1.06	1.17	1.65	1.97	1.97	2.07	2.33	1.11	2.85	3.49
新疆维吾尔自治区	1.23	1.34	1.26	1.38	1.41	1.39	1.43	2.57	2.10	2.52

资料来源：计算表中指标所用数据来自《中国统计年鉴》（1990～2013 年）、《中国金融统计年鉴》（2004～2013 年）、《中国乡镇企业年鉴》（1995～2006 年）、《中国乡镇企业及农产品加工年鉴》（2007～2012 年）、EPS 数据库、各地区《统计年鉴》及各地区《金融年鉴》。

4. 城乡金融服务覆盖率比率

表 5－8 报告了 2000～2012 年城乡金融服务覆盖率比率的变化情况。从表 5－8 可以看出，2000～2012 年城市金融服务覆盖率呈逐年增长的趋势，说明城市金融服务的扩张的速度快于城区面积的扩张速度，城市金融机构的密度在不断加大，体现了城市金融发展与城市经济发展的同步性。同样的农村金融覆盖率也保持了稳定增长，农村金融服务的扩张与农村经济发展也是同步进行的。但无论从存量水平还是增量水平上看，城市金融服务覆盖率与农村金融服务覆盖率都存在显著的差距，截至 2012 年，全国、中西部和东部的城乡金融服务覆盖率比率分别为 11.84、21.38 和 9.87。其中 2000～2012 年城市金融覆盖率增长了 14.4 个百分点，而农村

金融服务覆盖率仅增长了3.4个百分点。农村金融服务覆盖率偏低的原因与农村金融机构的改革历程有关。长期以来农村金融机构主要由农村信用合作社、农业银行组成，其中集体所有制的信用合作社是农村金融机构的主体。农业银行既开展农村金融业务又负责管理和指导农信社，而民间资金和商业金融机构的准入受到严格的限制，政策性的农业发展银行则直到1994年才成立。在实际经营中，农村信用合作社背离了其互助合作性质，而是与商业金融开展竞争，并出现非法集资、高利贷、资金挪用等违规经营，严重扰乱了金融秩序，同时农业银行在经营中积累了大量的不良资产，政府背负了沉重的财政负担。从20世纪90年代中期开始，政府开始全面推进农村金融改革，1996年农信社与农业银行脱钩，农业银行开始大规模撤出农村市场。此外，农村信用社开始了全面的清理整顿，国务院先后取缔了农村合作基金会以及大部分中小金融机构。在经历了20世纪90年代农村金融的改革后，农村金融机构数量锐减，农村金融机构的覆盖面大幅降低。近年来政府对农村合作社、农村商业银行等机构的扶持在一定程度上缓解了农村金融服务不足的矛盾，但与城市金融体系相比，无论是在金融机构数量还是种类上都存在显著差距。进一步观察东部和中西部地区的差距发现，中西部地区金融服务覆盖率比率要明显高于东部地区同期水平，并且东部地区金融服务覆盖率比率的下降趋势比中西部地区明显。因此，从金融服务的层面来看，中西部地区二元金融结构水平仍然高于东部地区（见表5-9）。

表5-8　　2000~2012年城乡金融服务覆盖率比率

年份	城市金融覆盖率（全国）	农村金融覆盖率（全国）	金融覆盖率比率（全国）	金融覆盖率比率（中西部）	金融覆盖率比率（东部）
2000	0.51	0.02	24.14	25.60	17.36
2001	0.52	0.03	19.29	23.50	16.12
2002	0.54	0.03	16.94	24.38	14.33
2003	0.55	0.04	14.95	22.17	11.07
2004	0.56	0.04	12.75	19.04	11.25
2005	0.58	0.04	13.58	22.31	11.58
2006	0.61	0.05	11.73	20.67	10.89

续表

年份	城市金融覆盖率（全国）	农村金融覆盖率（全国）	金融覆盖率比率（全国）	金融覆盖率比率（中西部）	金融覆盖率比率（东部）
2007	0. 61	0. 05	13. 24	23. 05	10. 53
2008	0. 61	0. 05	12. 28	19. 83	10. 44
2009	0. 63	0. 05	13. 02	22. 46	11. 13
2010	0. 63	0. 04	14. 72	24. 09	10. 49
2011	0. 65	0. 05	12. 67	23. 42	10. 21
2012	0. 65	0. 06	11. 84	21. 38	9. 87

资料来源：计算上述指标的数据来源于《中国金融年鉴》（2000～2013 年），《中国统计年鉴》（2000～2013 年）以及人民银行发布的统计公告。全国指标根据各统计年鉴中全国数据计算，东部地区和中西部地区指标根据省际数据加权计算。

表 5－9　　2003～2012 年各省（区、市）城乡金融覆盖率比率

地区	2003 年	2004 年	2005 年	2006 年	2007 年	2008 年	2009 年	2010 年	2011 年	2012 年
北京	4. 81	4. 62	4. 45	4. 31	4. 30	4. 24	4. 35	4. 27	4. 13	4. 11
天津	8. 62	7. 90	7. 82	7. 67	7. 54	7. 21	7. 35	7. 68	7. 46	7. 38
河北	9. 28	9. 03	8. 82	8. 72	8. 41	8. 26	7. 88	7. 77	8. 14	7. 65
辽宁	10. 43	9. 15	9. 31	9. 13	8. 89	8. 84	8. 46	9. 24	8. 66	8. 21
上海	6. 18	6. 20	6. 01	5. 89	6. 13	5. 68	5. 25	5. 64	5. 30	5. 71
江苏	6. 29	6. 18	6. 15	6. 08	5. 76	6. 37	5. 54	6. 78	6. 41	6. 23
浙江	6. 48	6. 51	6. 32	6. 19	6. 04	6. 13	6. 01	5. 68	5. 73	5. 39
福建	9. 13	8. 84	8. 70	8. 58	8. 31	8. 22	8. 09	8. 55	8. 52	8. 20
山东	11. 22	11. 15	10. 83	10. 59	10. 42	10. 33	9. 62	11. 31	10. 79	8. 62
广东	7. 37	7. 24	7. 08	7. 05	6. 92	6. 78	6. 57	6. 90	7. 10	6. 75
海南	28. 42	27. 90	25. 22	24. 76	24. 25	23. 70	19. 03	21. 48	23. 57	20. 78
山西	12. 92	12. 67	10. 65	10. 48	10. 33	10. 62	9. 49	10. 21	9. 92	9. 51
内蒙古自治区	21. 41	20. 82	21. 19	20. 91	20. 63	20. 44	18. 73	17. 91	19. 82	18. 45
吉林	15. 63	15. 46	15. 23	14. 84	14. 69	14. 47	14. 25	14. 26	13. 67	13. 54
黑龙江	7. 68	7. 63	8. 30	7. 24	9. 17	8. 08	8. 48	8. 83	8. 34	8. 27
安徽	10. 24	10. 18	10. 41	10. 13	9. 96	9. 65	9. 42	9. 18	8. 19	9. 54
江西	9. 52	9. 45	9. 36	9. 27	9. 11	9. 08	8. 70	9. 54	9. 24	8. 67
河南	8. 37	8. 33	8. 16	8. 09	7. 95	7. 84	7. 59	7. 98	8. 01	8. 23
湖北	10. 34	11. 36	11. 12	10. 85	10. 48	10. 37	11. 22	12. 31	12. 07	11. 08

续表

地区	2003 年	2004 年	2005 年	2006 年	2007 年	2008 年	2009 年	2010 年	2011 年	2012 年
湖南	9.19	9.28	9.25	9.16	9.46	9.17	8.73	9.90	9.65	9.72
广西壮族自治区	16.65	14.31	13.67	13.43	14.12	15.72	14.68	15.72	14.39	13.59
重庆	7.84	8.54	8.21	8.09	7.90	8.31	8.62	8.13	8.85	8.22
四川	8.58	10.12	9.67	9.39	9.27	9.49	8.73	9.28	8.74	8.83
贵州	25.23	22.29	21.65	21.27	22.34	19.94	20.68	19.64	18.76	16.69
云南	18.19	16.45	16.21	16.12	17.37	17.08	16.25	16.73	16.21	15.47
陕西	17.21	17.88	17.42	17.30	17.05	16.83	17.37	16.22	15.82	15.43
甘肃	20.08	19.53	20.31	19.12	18.67	17.83	16.51	18.14	17.50	18.28
青海	12.25	13.46	12.18	10.07	13.21	11.21	12.57	13.60	14.18	12.20
宁夏回族自治区	13.83	14.18	13.74	13.25	13.67	12.86	11.51	12.72	13.72	13.61
新疆维吾尔自治区	20.03	18.44	17.67	17.48	17.49	16.74	17.69	18.15	15.57	15.48

资料来源：计算表中指标所用数据来自《中国统计年鉴》（1990 ~ 2013 年）、《中国金融统计年鉴》（2004 ~ 2013 年）、EPS 数据库、各地区《统计年鉴》及各地区《金融年鉴》。

5. 城乡金融从业人员占比比率

表5－10报告了1989～2012年城乡金融从业人员占比情况。其中1989～2012年城市金融从业人员占比呈逐年下降的趋势，与此形成鲜明对比，农村金融从业人员占比呈逐年增长的趋势。从全国层面来看，城乡金融从业人员占比比率出现了明显的收敛迹象。引起这一变动的可能原因在于，工业化过程中城市人口快速增长，人口基数的增大可能稀释了城市地区金融从业人员所占的份额，金融从业人员增长的比例低于人口增长的速度。而随着农村劳动力转移，农村人口基数减少使农村地区金融从业人员的相对比例提高。从这个层面来讲，农村金融服务的覆盖比率有所上升，这也可能对金融效率的提升起到了促进作用。从表5－10中可以看出，东部地区城乡金融从业人员占比比率与全国的平均趋势的变动是一致的，而在工业化和城镇化进程相对落后的中西部地区，该比率的差距并未明显缩小。一个重要的原因在于，中西部地区金融从业人员的流失现象较为普遍，统计数据显示，部分地区农村金融从业人员出现了

负增长，这与东部地区农村金融从业人数的持续增长形成了明显反差(见表5－11)。

表5－10　　1989～2012年城乡金融从业人员占比比率

年份	城市金融从业人员占比（全国/‰）	农村金融从业人员占比（全国/‰）	金融从业人员占比比率（全国）	金融从业人员占比比率（中西部）	金融从业人员占比比率（东部）
1989	4.93	0.60	8.22	—	—
1990	4.94	0.62	7.97	—	—
1991	4.86	0.65	7.48	—	—
1992	4.78	0.65	7.35	—	—
1993	4.40	0.69	6.38	—	—
1994	4.37	0.68	6.43	—	—
1995	4.29	0.69	6.22	—	—
1996	4.25	0.72	5.90	—	—
1997	4.19	0.74	5.66	—	—
1998	4.16	0.76	5.47	—	—
1999	4.05	0.81	5.00	—	—
2000	4.02	0.79	5.09	4.71	4.38
2001	3.97	0.91	4.36	4.66	3.82
2002	3.92	0.92	4.26	4.52	3.60
2003	3.89	0.96	4.05	4.34	3.43
2004	3.82	0.99	3.86	4.19	3.39
2005	3.75	1.01	3.71	4.02	3.19
2006	3.69	1.05	3.51	4.14	3.04
2007	3.29	1.07	3.07	3.97	2.87
2008	3.61	1.10	3.28	4.22	2.65
2009	3.49	1.09	3.20	4.13	2.41
2010	3.45	1.04	3.32	4.01	2.39
2011	3.37	1.03	3.27	4.69	2.22
2012	3.27	1.06	3.08	4.36	2.13

资料来源：计算上述指标的数据来源于《中国金融年鉴》（1990～2013年），《中国统计年鉴》（2000～2013年）以及人民银行发布的统计公告。全国指标根据各统计年鉴中全国数据计算，东部地区和中西部地区指标根据省际数据加权计算。

表5-11　　2003~2012年各省（区、市）从业人员占比比率

地区	2003年	2004年	2005年	2006年	2007年	2008年	2009年	2010年	2011年	2012年
北京	3.13	2.90	2.87	2.80	2.69	2.62	2.43	2.20	1.97	1.83
天津	3.52	3.47	3.45	3.31	3.12	3.03	2.88	2.94	2.87	2.66
河北	6.13	6.08	5.93	5.46	5.01	4.84	4.22	4.48	4.21	4.02
辽宁	5.55	5.32	5.14	4.71	4.44	4.37	4.15	3.62	3.39	3.17
上海	3.47	3.39	3.30	3.14	3.13	3.02	2.93	2.51	2.28	2.15
江苏	3.86	3.67	3.51	3.32	3.18	3.09	3.02	2.67	2.37	2.12
浙江	3.39	2.95	2.88	2.63	2.65	2.37	2.28	2.18	2.02	1.84
福建	4.68	4.56	4.39	4.12	3.89	3.82	3.59	3.14	2.91	2.68
山东	5.23	5.17	5.03	4.80	4.57	4.37	4.21	3.82	3.57	3.24
广东	5.09	4.95	4.62	4.43	4.26	4.16	4.08	3.63	3.45	3.21
海南	10.42	10.17	9.87	9.56	9.09	8.82	8.67	7.61	7.38	6.85
山西	8.46	7.75	8.21	8.03	7.78	7.13	6.89	6.26	5.34	5.04
内蒙古自治区	11.56	11.23	10.31	10.12	9.75	9.53	8.79	8.52	7.79	7.62
吉林	7.24	6.94	6.79	6.63	6.40	5.98	5.84	5.35	4.87	4.63
黑龙江	6.53	6.28	5.93	5.53	5.21	5.58	5.23	5.11	4.64	4.45
安徽	8.83	7.79	7.61	6.85	6.29	5.87	5.13	4.34	3.86	3.62
江西	7.10	6.82	6.68	5.37	5.20	5.05	4.86	4.38	4.05	3.81
河南	7.77	7.44	7.34	7.31	7.11	6.94	6.67	6.43	5.43	5.14
湖北	7.41	6.68	6.15	5.11	4.97	4.87	4.59	4.32	3.82	3.62
湖南	7.89	7.61	7.40	7.14	7.03	6.85	6.23	6.03	5.26	4.79
广西壮族自治区	10.04	9.59	9.21	9.03	8.84	8.62	8.12	7.42	7.05	6.73
重庆	7.86	6.98	7.33	7.27	7.13	6.96	6.61	5.87	5.38	4.42
四川	8.54	8.21	7.28	7.21	7.08	6.84	6.69	6.56	6.23	5.93
贵州	13.14	12.75	11.46	11.28	10.94	9.77	9.13	7.21	6.76	6.51
云南	11.09	10.65	9.65	8.45	8.13	7.76	7.51	6.82	6.41	6.18
陕西	9.85	9.84	9.49	8.79	8.38	8.21	7.86	6.35	5.84	5.47
甘肃	10.87	9.72	9.51	8.73	8.12	7.54	6.71	6.13	5.57	5.23
青海	12.53	10.38	10.07	9.60	9.31	9.04	8.65	7.73	7.15	6.89
宁夏回族自治区	14.89	12.71	12.42	11.58	10.79	10.55	9.34	8.69	8.21	7.65
新疆维吾尔自治区	11.62	10.81	10.45	10.19	9.25	8.81	7.72	7.42	6.93	6.77

资料来源：计算表中指标所用数据来自《中国统计年鉴》（1990~2013年）、《中国金融统计年鉴》（2004~2013年）、EPS数据库、各地区《统计年鉴》及各地区《金融年鉴》。

6. 城乡居民人均金融资产比率

表5-12报告了1990~2012年城乡居民人均金融资产的变化情况。从表5-12中可以看到，1990~2012年城市人均金融资产和农村人均金融资产都出现了大幅增长。从增长的速度来看，2012年城市人均金融资产和农村人均金融资产分别为1990年的17.15倍和37倍。从城乡差距来看，城乡人均金融资产比率经历了缩小→扩大→缩小的变化。在20世纪90年代初期，城市人均金融资产和农村人均金融资产都处于较低的水平，由于基数较低，城市人均金融资产和农村人均金融资产的变动引起了二者相对比率的不规律波动，1990年城乡人均金融资产比率达到7.38，而1992年该指标迅速回落至3.65，随后又上升到1999年的6.10。从2003年开始人均金融资产比率开始出现了稳定下降的迹象，截至2012年该指标为3.42。将人均金融资产指标进一步分解发现，城市人均金融资产的增长主要源于人均贷款的增长，农村人均金融资产的增长中存款增长的贡献更大。这说明相比于城市居民，农村居民金融资产的可得性比较差，主要依靠自身的积累增加金融资产持有量。同时，从中西部地区和东部地区差异来看，无论是东部地区还是中西部地区，城乡金融资产比率都出现收敛的迹象，但即使是相对差距较小的东部地区，2012年城乡金融资产比率都达到3.03，说明以人均金融资产指标来看，二元金融结构特征还十分突出（见表5-13）。

表5-12　　1990~2012年城乡居民人均金融资产比率

年份	城市人均金融资产（万元）	农村人均金融资产（万元）	人均金融资产比率（全国）	人均金融资产比率（中西部）	人均金融资产比率（东部）
1990	0.59	0.08	7.38	—	—
1991	0.76	0.14	5.43	—	—
1992	0.84	0.23	3.65	—	—
1993	1.03	0.27	3.81	—	—
1994	1.65	0.41	4.02	—	—
1995	1.69	0.45	3.76	—	—
1996	2.41	0.49	4.92	—	—

续表

年份	城市人均金融资产（万元）	农村人均金融资产（万元）	人均金融资产比率（全国）	人均金融资产比率（中西部）	人均金融资产比率（东部）
1997	2.87	0.54	5.31	—	—
1998	3.14	0.58	5.41	—	—
1999	3.78	0.62	6.10	—	—
2000	4.10	0.76	5.39	—	—
2001	4.55	0.83	5.48	—	—
2002	5.13	0.87	5.90	—	—
2003	5.79	0.95	6.09	8.16	6.17
2004	6.26	1.04	6.02	7.97	5.94
2005	6.94	1.22	5.69	7.43	5.64
2006	7.47	1.49	5.01	7.22	5.11
2007	8.12	1.81	4.49	7.03	5.02
2008	8.38	2.02	4.15	5.55	4.43
2009	9.17	2.34	3.92	4.89	3.87
2010	9.81	2.67	3.67	4.74	3.15
2011	10.10	2.93	3.45	4.21	3.16
2012	10.12	2.96	3.42	4.22	3.03

资料来源：计算上述指标的数据来源于《中国金融年鉴》（1990~2013年），《中国统计年鉴》（2000~2013年）以及人民银行发布的统计公告。全国指标根据各统计年鉴中全国数据计算，东部地区和中西部地区指标根据省际数据加权计算。

表5-13　　2003~2012年各省（区、市）人均金融资产比率

地区	2003年	2004年	2005年	2006年	2007年	2008年	2009年	2010年	2011年	2012年
北京	5.31	4.83	4.51	3.80	3.61	3.38	3.28	2.81	2.10	1.98
天津	7.42	6.87	6.23	5.76	5.58	5.29	5.10	4.26	3.82	3.32
河北	9.15	7.49	6.95	6.32	6.78	6.13	5.97	5.17	4.69	4.38
辽宁	8.38	7.62	7.31	6.84	6.52	5.27	4.82	4.23	3.71	3.34
上海	4.24	4.13	3.84	3.71	3.52	3.25	3.13	3.00	2.33	2.39
江苏	5.18	4.74	4.58	4.27	3.88	3.62	3.38	2.91	2.48	2.53
浙江	5.87	5.54	5.31	5.09	4.87	4.17	3.89	3.46	3.15	2.78
福建	6.20	6.13	5.88	5.41	5.25	4.95	4.62	3.78	3.29	3.41
山东	8.91	8.48	7.83	7.36	7.13	6.36	5.85	5.49	4.65	4.28
广东	7.25	7.03	6.84	6.59	6.21	5.81	5.02	4.73	4.08	3.67

续表

地区	2003 年	2004 年	2005 年	2006 年	2007 年	2008 年	2009 年	2010 年	2011 年	2012 年
海南	18.66	15.34	16.12	14.08	13.64	9.70	9.21	8.54	9.67	9.21
山西	10.21	9.28	8.65	7.52	7.21	6.51	5.59	4.71	5.43	5.21
内蒙古自治区	14.31	13.75	11.31	10.78	10.19	9.31	8.87	9.04	8.35	10.21
吉林	9.25	8.84	8.47	7.47	7.13	6.85	6.21	5.79	5.21	6.12
黑龙江	9.34	7.75	7.54	7.10	6.82	6.24	4.86	5.36	4.62	5.17
安徽	11.52	8.47	7.29	6.84	7.34	7.11	6.38	6.10	7.36	6.43
江西	8.87	9.13	8.29	6.56	6.62	6.23	5.75	5.28	4.37	3.12
河南	8.68	8.25	8.08	7.48	7.28	6.83	6.49	5.96	5.02	5.43
湖北	9.76	8.66	7.13	6.59	6.21	5.76	5.32	4.87	4.41	3.42
湖南	7.67	6.45	7.16	6.78	6.49	6.21	5.33	4.68	3.54	3.29
广西壮族自治区	11.21	10.83	10.21	9.73	9.32	8.89	7.06	6.83	6.24	7.31
重庆	9.43	9.11	8.87	7.56	7.39	6.21	5.84	5.23	5.02	5.23
四川	8.65	7.29	8.04	7.72	7.41	6.45	6.20	5.81	5.31	4.85
贵州	12.31	10.56	9.76	8.28	9.18	9.08	8.67	6.42	7.38	7.84
云南	10.09	9.68	9.21	7.98	7.57	6.32	5.91	5.48	4.79	4.62
陕西	8.56	8.21	7.93	7.23	7.02	6.48	6.19	5.79	5.17	5.41
甘肃	10.34	9.79	9.25	8.51	8.20	7.94	7.62	7.13	6.42	7.67
青海	7.30	7.14	7.01	6.85	6.39	6.12	5.36	5.12	4.35	5.26
宁夏回族自治区	15.28	11.62	10.49	9.78	9.25	10.48	8.21	7.66	5.20	8.21
新疆维吾尔自治区	9.22	8.47	8.16	7.46	7.03	7.82	7.57	7.14	6.16	7.21

资料来源：计算表中指标所用数据来自《中国统计年鉴》（1990～2013 年）、《中国金融统计年鉴》（2004～2013 年）、《中国乡镇企业年鉴》（1995～2006 年）、《中国乡镇企业及农产品加工年鉴》（2007～2012 年）、EPS 数据库、各地区《统计年鉴》及各地区《金融年鉴》。

7. 城乡居民金融投资收益比率

表 5－14 报告了 2000～2012 年城乡居民金融投资收益的变动情况。从表 5－14 的结果可以看出，2000～2012 年城市居民金融投资收益和农村居民投资收益都呈现持续增长，但从其增长的过程来看，城市居民金融投资收益的增长速度相对稳定，农村居民金融投资收益的增速随着时间的推移

呈现加速增长的趋势。从绝对额来看，2012 年城市居民人均金融投资收益较 2000 年增长了 273.18 元，农村居民人均金融投资收益同期增加了 193.9 元，城市居民金融投资收益增长的绝对水平更高。城市居民金融投资收益增长更快的一个重要原因是城市居民拥有更多的投资工具和渠道，例如同时持有储蓄存款、债权、股票等多种类型的金融资产，从而为风险资产的配置提供了更多选择，而农村居民往往只能选择储蓄存款的方式参与金融投资，储蓄存款收益率相对于其他金融工具偏低。进一步观察中西部和东部地区的差异发现，中西部地区城乡居民金融投资收益的差距明显高于东部地区，并且中西部地区城乡收益的差距并没有明显的缩小迹象，相反，东部地区城乡居民金融投资的差异出现了大幅下降，农村居民金融投资的收益超过城市居民金融投资收益。需要指出的是，农村居民财产性收入在 2007 年以后增速明显加快，尤其是北京、上海、浙江等经济发达地区，农村居民财产性收入已超过城市居民财产性收入，例如 2012 年北京市农村居民财产性收入为城市居民财产性收入的 2.39 倍，其中一个重要的原因在于农村土地出让、征地赔偿等收入的增加，但显然这部分收入不能计入金融投资收益。考虑到财产性收入的结构性变化集中出现在 2007 年以后，为此本书用 2000 ~2006 年农村财产性收入的平均增速作为 2007 ~2012 年东部地区农村金融投资收益的调整系数。由于中西部地区农村居民人均财产性收入的增长比较平稳，因此直接采用财产性收入计算金融投资收益，全国的数据用省际面板数据加权计算。城市居民财产性收入的调整系数根据迟巍、蔡许许（2012）对城镇居民财产性收入的分解比率计算，其中缺失的年份用插值法进行补齐（见表 5 -15）。

表 5 -14　　2000 ~2012 年城乡居民金融投资收益水平

年份	城市居民金融投资收益（元）	农村居民金融投资收益（元）	居民金融投资收益比率（全国）	居民金融投资收益比率（中西部）	居民金融投资收益比率（东部）
2000	93.62	42.75	2.19	2.41	1.91
2001	96.89	44.65	2.17	2.26	1.62
2002	93.44	48.17	1.94	2.31	1.27
2003	118.77	62.51	1.90	2.04	1.34
2004	126.62	72.77	1.74	2.11	1.29

续表

年份	城市居民金融投资收益（元）	农村居民金融投资收益（元）	居民金融投资收益比率（全国）	居民金融投资收益比率（中西部）	居民金融投资收益比率（东部）
2005	157.22	84.08	1.87	2.25	1.16
2006	174.72	95.48	1.83	2.21	1.28
2007	216.79	121.79	1.78	2.64	1.25
2008	242	140.70	1.72	2.39	1.17
2009	263.67	158.84	1.66	2.14	1.15
2010	313.26	192.19	1.63	2.68	1.03
2011	345.30	217.17	1.59	2.58	0.93
2012	366.80	236.65	1.55	2.31	0.97

资料来源：计算上述指标的数据来源于《中国金融年鉴》（1990～2013 年），《中国统计年鉴》（2000～2013 年）以及人民银行发布的统计公告。全国、东部地区和中西部地区指标均根据省际数据加权计算。

表 5－15　　2003～2012 年各省（区、市）城乡居民金融投资收益比率

地区	2003 年	2004 年	2005 年	2006 年	2007 年	2008 年	2009 年	2010 年	2011 年	2012 年
北京	0.38	0.23	0.22	0.27	0.44	0.26	0.31	0.33	0.30	0.28
天津	0.46	0.88	0.65	0.87	0.96	0.37	0.76	0.60	0.42	0.37
河北	1.05	0.92	0.84	0.70	0.94	1.26	1.04	1.18	1.03	1.03
辽宁	0.64	0.53	0.56	0.69	0.98	0.82	0.78	0.71	0.91	1.33
上海	0.37	0.47	0.43	0.36	0.36	0.29	0.34	0.35	0.34	0.28
江苏	1.07	1.22	1.07	0.97	1.18	0.81	0.78	0.79	1.07	1.00
浙江	0.99	0.86	1.32	1.90	1.99	2.02	1.93	1.87	1.89	1.66
福建	2.43	2.90	3.03	2.99	3.36	3.55	3.91	3.86	4.01	3.74
山东	1.15	1.20	0.99	1.15	1.41	1.41	1.40	1.37	1.67	1.83
广东	1.11	1.00	1.66	1.71	1.38	1.38	1.37	1.59	1.69	1.76
海南	3.60	2.95	2.38	3.12	2.85	4.94	5.04	3.46	5.56	2.76
山西	2.40	2.65	1.45	1.43	0.92	0.88	0.82	0.62	1.07	1.43
内蒙古自治区	1.08	1.17	1.47	1.65	1.73	1.88	1.77	1.76	1.01	1.16
吉林	1.01	0.57	0.36	0.42	0.31	0.36	0.33	0.29	0.40	0.55
黑龙江	0.18	0.22	0.21	0.45	0.33	0.34	0.25	0.20	0.17	0.21
安徽	2.11	1.71	1.85	1.87	1.63	1.65	1.55	2.00	3.58	3.28
江西	1.47	2.41	2.10	2.03	1.85	2.66	1.99	2.29	2.82	2.91

续表

地区	2003 年	2004 年	2005 年	2006 年	2007 年	2008 年	2009 年	2010 年	2011 年	2012 年
河南	1.46	2.98	1.78	2.14	2.02	1.97	1.96	2.50	1.76	1.64
湖北	3.59	5.05	4.46	3.16	3.85	3.99	3.39	2.36	2.82	4.82
湖南	2.08	1.48	3.10	4.51	6.49	3.70	3.44	3.55	4.58	5.13
广西壮族自治区	6.71	6.64	6.42	5.62	10.30	7.04	7.93	11.38	13.67	10.93
重庆	1.58	2.21	4.09	4.71	3.51	2.70	2.50	2.30	2.07	2.04
四川	3.91	4.87	3.39	3.29	3.25	2.45	2.15	1.75	2.48	2.54
贵州	1.00	1.94	1.70	2.18	2.30	1.16	1.09	1.22	3.99	3.32
云南	0.86	3.10	3.78	3.79	3.68	5.16	5.46	4.38	3.88	2.85
陕西	1.87	1.82	1.58	2.22	1.10	1.17	1.10	1.29	0.86	0.90
甘肃	1.62	1.38	1.28	0.41	2.05	2.23	1.16	1.21	1.31	1.54
青海	0.66	0.85	0.67	0.42	0.35	0.23	0.26	0.41	0.56	0.65
宁夏回族自治区	0.80	0.77	0.88	1.11	1.69	1.85	2.97	1.28	1.14	1.06
新疆维吾尔自治区	0.86	0.52	1.07	0.66	0.39	0.78	0.64	0.80	0.68	0.57

资料来源：计算表中指标所用数据来自《中国统计年鉴》（1990～2013 年）、《中国金融统计年鉴》（2004～2013 年）、EPS 数据库、各地区《统计年鉴》及各地区《金融年鉴》。

5.1.3 二元金融结构收敛性的比较分析

本书对城乡二元金融结构的测度从宏观、中观、微观三个层面进行，宏观层面包括金融规模比率、金融相关率比率和金融效率比率，分别记为 *fsc*、*fir* 和 *fef*。中观层面包括金融服务覆盖率比率和金融从业人员占比比率，分别记为 *fco* 和 *fem*。微观层面包括人均金融资产比率和人均金融投资收益比率，分别记为 *fas* 和 *fin*。

1. 二元金融结构水平的收敛性——全国平均水平

图 5－1 显示了 1989～2012 年不同指标表示的二元金融结构的变化趋势。为了保持数据的稳定性，对 *fco* 指标进行了对数处理，其他指标未进行对数处理。在 2000 年以前的阶段，二元金融结构各指标的变化趋势并不

相同，其中*fem*指标呈下降趋势，*fas*指标呈倒“U”型变化，*fsc*和*fir*呈指数上升状态，*fef*则出现了水平波动的趋势。总的来看，在这一阶段城乡金融绝对规模、相对规模和人均金融资产差距拉大，金融服务水平的差距出现了一定程度的缩小，但整体差距仍然明显，城乡金融效率差距较小，且在1.11～1.46的区间内窄幅波动。2000～2012年，二元金融结构各指标的变化趋势基本一致，即呈现下降趋势，说明无论宏观、中观还是微观的层面来看，二元金融结构均出现了显著的收敛迹象。从收敛的水平来看，截至2012年，*fco*的取值为2.47，*fsc*、*fem*、*fas*指标的绝对水平介于3～3.5之间，*fir*、*fef*和*fin*的绝对水平介于1～2之间，说明从金融相关率、金融效率和金融投资收益三个指标来看，城乡金融发展水平的差异已不明显甚至消失，城乡金融发展在金融规模、金融从业人员占比和人均金融资产三个方面仍然存在一定差距。

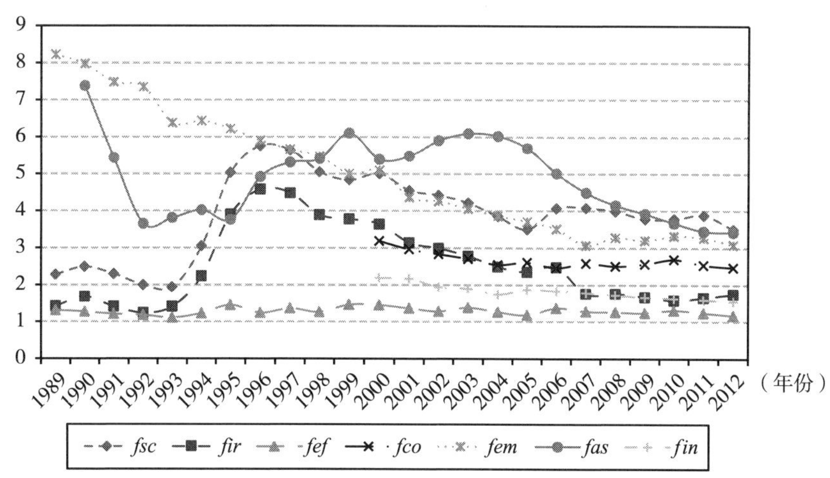

图5－1　1989～2012年我国二元金融结构平均水平

资料来源：笔者根据表5－2、表5－4、表5－6、表5－8、表5－10、表5－12和表5－14中的数据整理得出。

2. 二元金融结构水平的收敛性——中西部平均水平

图5－2显示了2000～2012年中西部地区二元金融结构各指标的变化趋势。限于数据的可得性，中西部地区二元金融结构收敛性测评的时间跨度为2000～2012年。从图5－2中可以看出，除*fas*指标外，其余指标并未

表现出明显的下降趋势，其中*fsc*呈左高右低的倒“U”型变化轨迹，*fem*则呈平坦的“U”型结构，*fir*、*fef*、*fco*、*fin*指标均呈现出横向波动的趋势。整体上看中西部地区二元金融结构强度并未明显趋于收敛，但也未出现发散的迹象。与全国和东部地区二元金融结构收敛的情况相比，中西部地区可能还没有出现二元金融结构收敛的条件，这一方面可能与中西部地区经济金融发展水平相对落后有关，另一方面也可能与中西部地区区域内部的分化有关。同时，对比图5－1和图5－2发现，中西部地区二元金融结构各指标的取值均高于同期全国平均水平，说明中西部地区的城乡金融发展的差距要大于全国平均水平，中西部地区二元金融结构转型相对滞后。

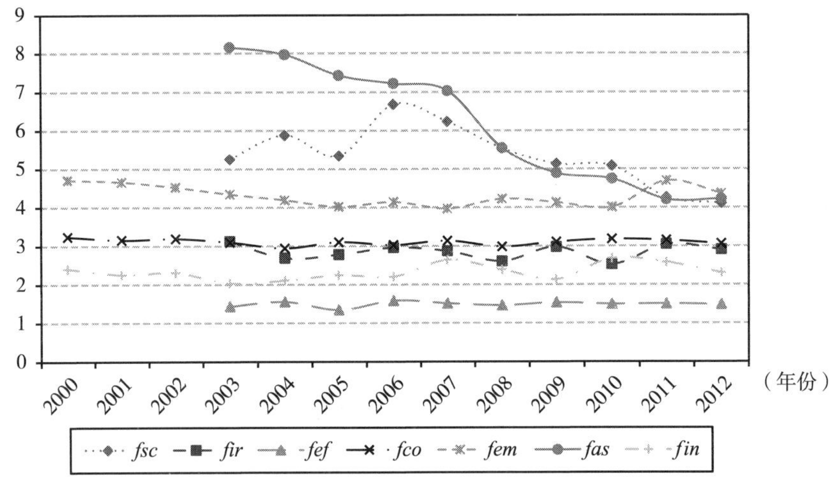

图5－2　2000～2012年中西部地区二元金融结构水平

资料来源：笔者根据表5－3、表5－5、表5－7、表5－9、表5－11、表5－13和表5－15中的数据整理得出。

3. 二元金融结构水平的收敛性——东部平均水平

图5－3显示了东部地区二元金融结构水平各指标的变化趋势。根据图5－3，东部地区各指标随时间的推移均呈下降趋势。从指标的绝对水平来看，东部地区各指标的取值小于中西部地区和全国平均水平。从指标的变动的水平来看，下降幅度最大的是*fas*指标，该指标从2003年的6.17下降至2012年的3.03，但2010年以来该指标的下降速度明显放缓，说明城乡人均金融资产比率在下降至3左右水平后遇到了较强的阻力。*fsc*指标同样

在 3 左右的水平上横向波动，城乡金融规模差距的收敛同样放缓。2000 ~ 2012 年 *fco* 从 2.85 下降至 2.29，*fem* 从 4.38 下降至 2.13，*fem* 的下降速度快于 *fco*。从金融机构覆盖率和金融从业人员比率来讲，东部地区城乡金融服务水平差距在持续缩小，但从其绝对水平来看，城市金融发展水平为农村金融发展水平的 2 倍左右，城乡金融发展的差距仍然比较明显。*fef* 和 *fir* 指标都呈波浪形下降的趋势，从其变动轨迹来看，*fef* 和 *fir* 的取值都已接近于 1，说明东部地区城市金融效率和金融相关率水平已不具有绝对优势。*fin* 指标从 2000 的 1.62 下降至 2011 年的 0.93，这一现象说明从金融投资收益的角度来看，农村金融发展已实现了对城市金融发展的“赶超”。

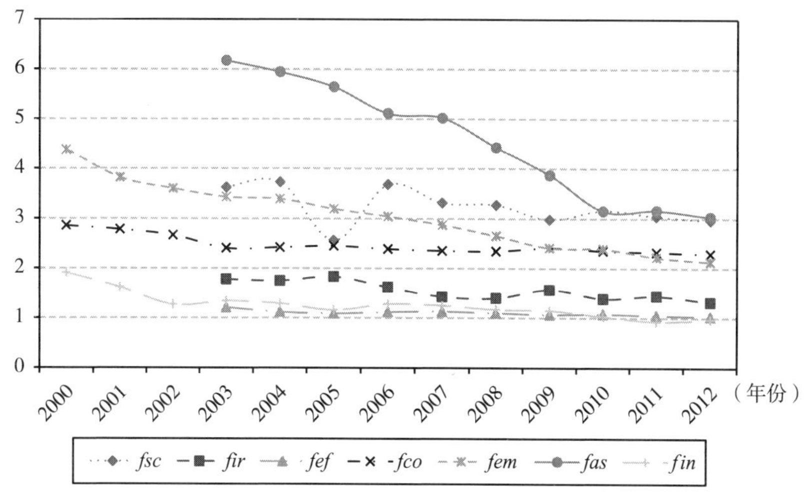

图 5 - 3　2000 ~ 2012 年东部地区二元金融结构水平的变化趋势

资料来源：笔者根据表 5 - 3、表 5 - 5、表 5 - 7、表 5 - 9、表 5 - 11、表 5 - 13 和表 5 - 15 中的数据整理得出。

5.2 二元金融结构区域收敛性的测度与评价

5.2.1 σ 绝对收敛

表 5 - 16 报告了二元金融结构 σ 绝对收敛的检验结果。从表中可以看出，不同指标的收敛性并不一致，其中 σ_{fef}、σ_{fco}、σ_{fem}、σ_{fin} 呈严格递减的

变化趋势，说明从城乡金融效率、城乡金融服务覆盖率、城乡金融从业人员占比和城乡居民金融投资收益四个指标来看，各地区城乡金融二元结构的强度的差异在持续收敛，城乡金融发展水平的差距向着同一水平变动。σ_{fsc}随着时间的推移持续波动，既没有分化的迹象也未表现出收敛的迹象，说明各地区之间城乡金融规模比率的变化没有明显的相关性。σ_{fir}和σ_{fas}呈先扩大后缩小的趋势，说明在2003～2012年，地区之间城乡金融相关率比率和城乡人均金融资产比率并不完全一致，地区之间的差异先扩大再缩小。对应前文研究结论中二元金融结构水平的变化规律发现，部分地区出现了加速收敛，部分地区的收敛速度较慢，因此区域差距在整体水平收敛过程中反而加大，而近几年来区域差距在逐渐缩小。以上结果说明我国二元金融结构整体水平的下降是各区域共同收敛的结果，二元金融结构强度减弱的同时，区域差异在减小，说明二元金融结构的收敛具有普遍性。

表5－16　　σ绝对收敛的检验结果（全国）

年份	σ_{fsc}	σ_{fir}	σ_{fef}	σ_{fco}	σ_{fem}	σ_{fas}	σ_{fin}
2003	3.046	1.559	0.765	5.995	3.194	1.727	2.591
2004	3.347	1.871	0.739	5.564	2.879	1.448	2.359
2005	2.818	2.135	0.731	5.300	2.700	1.532	2.103
2006	3.233	2.173	0.726	5.207	2.620	2.050	2.071
2007	3.663	1.957	0.715	5.247	2.485	2.009	1.986
2008	3.730	1.909	0.705	4.994	2.354	1.779	1.778
2009	3.900	2.067	0.659	4.637	2.169	1.576	1.658
2010	4.065	1.985	0.625	4.670	1.947	1.534	1.543
2011	3.941	1.884	0.607	4.772	1.827	1.315	1.515
2012	3.528	1.695	0.574	4.350	1.774	1.125	1.449

资料来源：计算表中各指标所用数据来源于表5－3、表5－5、表5－7、表5－9、表5－11、表5－13和表5－15。各指标计算中的权重分配根据各省金融规模计算。

表5－17报告了2003～2012年中西部地区二元金融结构σ绝对收敛系数的计算结果。从表5－17中可以看出，2003～2012年，除σ_{fco}指标外，其他指标并不具有σ绝对收敛的特征，其中σ_{fsc}、σ_{fir}、σ_{fef}、σ_{fin}的发散性

最为显著，说明从金融规模、金融相关率、金融服务覆盖率和居民金融资产持有量三个指标来看，城乡金融差距在区域之间呈离散分布，说明总体上二元金融结构并未显现收敛迹象。σ_{fem}、σ_{fan}的变动相对较小，并且都出现了先缩小后扩大的趋势，说明近年来各地区二元金融结构的区域差异在不断加强。σ_{fsc}虽然呈现出持续下降的趋势，但仅仅从单一指标来判断不足以说明区域间二元金融结构存在收敛迹象，也说明用多个指标综合评价二元金融结构的必要性。前文的结论发现中西部地区二元金融结构水平整体上保持了水平波动，以上实证结果则说明这种水平变动的结果与中西部各省市之间二元金融结构不同步且不规则的变化轨迹相关，其中一部分省区市二元金融结构趋于收敛，另一部分省区市二元金融结构持续强化或者维持不变，区域内部的差异仍然十分明显。

表5－17　　二元金融结构 σ 绝对收敛检验结果（中西部）

年份	σ_{fsc}	σ_{fir}	σ_{fef}	σ_{fco}	σ_{fem}	σ_{fas}	σ_{fin}
2003	2.305	1.676	0.813	6.089	1.061	2.778	1.520
2004	2.602	1.958	0.827	5.443	1.112	2.167	1.671
2005	2.415	2.227	1.126	5.162	0.767	2.062	1.570
2006	2.803	2.227	1.366	5.146	0.961	1.805	1.555
2007	3.231	2.126	1.664	5.028	0.845	1.741	2.380
2008	3.272	2.083	1.742	4.779	0.848	1.416	1.812
2009	3.592	2.003	1.908	4.299	0.761	1.301	1.982
2010	3.829	1.773	2.001	4.270	0.759	1.232	2.427
2011	3.837	2.282	2.628	4.470	0.866	1.508	2.999
2012	3.292	2.166	2.895	3.929	0.929	1.934	2.413

资料来源：计算表中各指标所用数据来源于表5－3、表5－5、表5－7、表5－9、表5－11、表5－13和表5－15。各指标计算中的权重分配根据各省金融规模计算。

表5－18报告了东部地区二元金融结构 σ 绝对收敛系数的检验结果。除 σ_{fin}指标外，其余指标均呈现逐渐缩小的变化轨迹，说明从整体上看东部地区区域内部呈现共同收敛的特征，不同省区市之间二元金融结构强度的差距不断缩小。同时，以上结果显示东部地区二元金融结构的收敛不仅表现为总量关系的收敛，同时也表现在金融服务、投资收益等宏观和微观

指标上，这进一步说明东部地区二元金融结构水平的下降是一种相对稳定的趋势。

表 5－18　　　　二元金融结构 σ 绝对收敛检验结果（东部）

年份	σ_{fsc}	σ_{fir}	σ_{fef}	σ_{fco}	σ_{fem}	σ_{fas}	σ_{fin}
2003	4.322	0.970	0.418	2.073	2.294	1.689	0.603
2004	4.629	0.864	0.328	1.909	2.020	1.441	0.733
2005	3.358	0.941	0.370	1.901	1.829	1.336	0.808
2006	3.412	1.208	0.432	1.872	1.871	1.289	0.829
2007	3.960	0.936	0.539	1.796	1.747	1.340	0.864
2008	4.147	0.965	0.612	1.755	1.612	1.150	0.998
2009	4.017	1.104	0.601	1.646	1.466	1.039	1.055
2010	4.064	1.144	0.608	2.019	1.294	0.954	1.049
2011	3.672	1.147	0.509	1.930	1.299	0.925	1.103
2012	3.396	0.979	0.421	1.455	1.286	0.791	1.037

资料来源：计算表中各指标所用数据来源于表 5－3、表 5－5、表 5－7、表 5－9、表 5－11、表 5－13 和表 5－15。各指标计算中的权重分配根据各省金融规模计算。

5.2.2　β 绝对收敛

根据 β 绝对收敛的定义，将各指标表示的二元金融结构的初始状态作为自变量，将各指标的变化率作为因变量，则 β 绝对收敛的检验模型设定为：

$$\Delta f_{it} = \alpha_i + \beta_i f_{i0} + \varepsilon_{it} \tag{5-8}$$

其中，Δf_{it} 表示第 i 个指标表示的二元金融结构水平第 t 期的变化率，f_{i0} 表示第 i 个变量表示的二元金融结构的初始水平，α_i 为常数项，ε_{it} 为随机扰动项。

表 5－19 报告了 β 绝对收敛系数的计算结果。从全国层面来看，仅 *fir* 和 *fem* 的 β 值显著为负，说明金融相关率比率和金融服务覆盖率比率在各区域之间逐渐收敛。*fsc* 指标的 β 值为正且不显著，说明各地区金融规模比率并没有以相同的稳态变化。*fef*、*fco*、*fas* 和 *fin* 的 β 值虽然为负但不显著，说明二元金融结构共同变化的趋势并不稳定。与表 5－16 中 σ 绝对收敛检验的结果相比，β 绝对收敛系数所显示的收敛性较弱。由于 β 绝对收敛系

数反映了变量与初始状态的负相关关系，因此 β 绝对收敛不显著说明 σ 绝对收敛过程可能与各地同向波动有关，即地区之间水平趋近，但均值水平不一定缩小。进一步观察中西部地区 β 绝对收敛发现，仅 *fas* 指标 β 值显著为负，且仅通过 5% 置信水平的显著性检验，其余变量 β 值均不显著，说明二元金融结构强度的差异在中西部地区各省区市之间不存在明显的收敛性，即中西部各省区市之间二元金融结构强度并不是朝着与初始水平相反的方向变化，不同省区市二元金融结构的波动方向可能是不一致的，以上结果与表 5－17 中 σ 绝对收敛检验的结果相近。东部地区所有指标的 β 值均为负，且除 *fef* 指标外其余指标均显著，说明东部地区各省区市之间二元金融结构总体上向着某一稳定水平同向变动，证明东部地区二元金融结构的收敛过程在区域内的不同省区市之间具有普遍性。

表 5－19　　β 绝对收敛检验结果

地区	变量	*fsc*	*fir*	*fef*	*fco*	*fem*	*fas*	*fin*
全国	c	1.846*** (3.68)	2.752*** (6.88)	0.846*** (4.16)	1.204*** (3.97)	2.301*** (8.25)	4.686*** (4.22)	1.421*** (4.67)
	β	0.021 (0.13)	−0.241*** (−4.12)	−0.012 (−0.87)	−0.561 (−0.09)	−0.283*** (−3.52)	−0.034 (−1.21)	−0.072 (−0.28)
	R^2	0.861	0.903	0.768	0.914	0.912	0.931	0.887
中西部	c	3.451*** (5.34)	0.182*** (4.21)	1.032*** (3.52)	0.821** (2.12)	1.346*** (4.37)	3.421*** (3.86)	0.352*** (4.15)
	β	−0.043 (−0.67)	0.012 (0.27)	−0.326 (−0.79)	0.063 (1.02)	−0.145 (−1.17)	−0.109** (−1.98)	0.216 (0.45)
	R^2	0.864	0.872	0.918	0.920	0.898	0.911	0.904
东部	c	2.107*** (4.31)	1.821*** (4.72)	0.725** (2.03)	0.956*** (4.22)	2.010*** (3.47)	3.382*** (2.96)	0.973*** (3.56)
	β	−0.203* (−1.87)	−0.117*** (−5.46)	−0.056 (−1.23)	−0.084** (−2.21)	−0.319*** (−3.67)	−0.261*** (−4.83)	−0.168*** (−4.04)
	R^2	0.924	0.912	0.921	0.919	0.893	0.914	0.905

注：*、**、*** 分别表示在 1%、5% 和 10% 水平下显著。

资料来源：计算表中各指标所用数据来源于《中国金融统计年鉴》（1990～2013 年）、《中国固定资产投资统计年鉴》（2004～2013 年）、《中国乡镇企业年鉴》（2004～2006 年）、《中国乡镇企业及农产品加工年鉴》（2007～2012 年）、EPS 数据库及中宏网数据库和表 4－6。

5.2.3 β条件收敛

与β绝对收敛分析相比，β条件收敛分析考虑了外在影响因素的变化，即在控制了其他因素的影响后，分析二元金融结构是否会出现与初始状态相反方向的变动。根据前文的分析，将经济变量、制度变量和转型变量作为控制变量引入β条件收敛模型，即定义β条件收敛模型为：

$$\Delta f_{it} = \alpha_i + \beta_i f_{i0} + \gamma Z_{it} + \varepsilon_{it} \tag{5-9}$$

其中，Δf_{it}表示第i个指标表示的二元金融结构水平第t期的变化率，f_{i0}表示第i个变量表示的二元金融结构的初始水平，Z_{it}表示控制变量，α_i为常数项，ε_{it}为随机扰动项。

表5-20报告了β条件收敛的检验结果。从全国样本的检验结果来看，所有变量的β值均为负，且仅有*fas*变量不显著，说明二元金融结构具有明显的条件收敛特征。相比于β绝对收敛，仅就*fir*和*fem*显著的检验结果而言，β条件收敛的特征更为明显，这一结论说明二元金融结构的收敛受诸多外在因素的影响。中西部地区β条件收敛检验的结果显示*fsc*变量不存在条件收敛的特征，其他变量β值均为负，但*fef*和*fin*未能通过显著性检验。以上结果说明中西部地区二元金融结构的收敛过程同样受到外部条件的影响，但条件收敛过程也可能受到自身演变规律冲击或者受到经济金融发展阶段的制约，因而从中西部地区的变化来看，其条件收敛的显著性与全国整体收敛性相比有所下降。东部地区所有指标均出现了显著的条件收敛特征，说明东部地区的收敛过程也受到外部因素的驱动。

表5-20　　β条件收敛检验结果

地区	变量	*fsc*	*fir*	*fef*	*fco*	*fem*	*fas*	*fin*
全国	c	2.31*** (4.52)	1.752*** (3.76)	0.317*** (5.21)	0.784*** (4.15)	1.587*** (4.02)	2.452*** (3.57)	1.712* (1.76)
	β	-0.218*** (-3.67)	-0.152*** (-3.36)	-0.084** (-2.03)	-0.161** (-1.97)	-0.173*** (-4.39)	-0.079 (-0.22)	-0.112*** (-3.71)
	Z	控制	控制	控制	控制	控制	控制	控制
	R^2	0.761	0.823	0.658	0.772	0.714	0.572	0.625

续表

地区	变量	*fsc*	*fir*	*fef*	*fco*	*fem*	*fas*	*fin*
中西部	c	1.857*** (4.85)	0.852*** (4.21)	1.428*** (3.89)	0.431 (0.82)	0.683*** (6.17)	1.632*** (4.18)	0.557*** (3.80)
	β	0.012 (0.04)	-0.074* (-1.71)	-0.046 (-1.07)	-0.123** (-2.06)	-0.254*** (-4.36)	-0.092*** (-3.45)	-0.036 (-0.38)
	Z	控制	控制	控制	控制	控制	控制	控制
	R^2	0.484	0.679	0.741	0.648	0.775	0.681	0.527
东部	c	1.633*** (5.27)	0.924* (1.84)	0.435* (1.73)	0.781*** (4.33)	1.572*** (3.68)	1.776*** (4.55)	1.306*** (6.31)
	β	-0.120** (-2.21)	-0.102*** (-7.38)	-0.072** (-2.18)	-0.521*** (-4.28)	-0.283*** (-3.96)	-0.087*** (-3.45)	-0.217*** (-3.99)
	Z	控制	控制	控制	控制	控制	控制	控制
	R^2	0.563	0.869	0.835	0.687	0.902	0.727	0.928

注：*、**、*** 分别表示在 1%、5% 和 10% 水平下显著。

5.3 二元金融结构影响因素的描述性统计分析

5.3.1 经济结构因素

1. 产出结构

二元经济结构中，城市工业部门代表了先进的生产技术、生产方式和组织方式，农村部门则停留在分散经营的自然经济状态。农村经济生产的集约化程度低，经济主体过于分散，难以发挥聚集效应，产业规模不足从而严重制约了农村金融发展。与农村相比，城市工业部门的聚集发展体现了较强的规模经济优势，创造了更多的储蓄资源和投资机会，为金融发展提供了空间。虽然以上观点在农村金融理论研究中基本达成了一致，但在实证分析中，采用不同指标和计算方法分析产出结构与二元金融结构关系的实证结果却并不稳定。本书将乡镇企业纳入农村产出的计算中，利用省际面板数据来检验二元产出结构与二元金融结构的关系，即定义二元产出比率为：

$$outcome = \frac{\sum_{1}^{n}(y_2 + y_3)}{\sum_{1}^{n}(y_1 + y_0)} \tag{5-10}$$

其中，y_2、y_3 分别表示第二产业和第三产业产值，y_0、y_1 分别表示乡镇企业产值和第一产业产值。图 5－4 描述了 2003～2012 年城乡产出结构的变化趋势，全国层面来看，城乡产出比率呈逐渐下降的趋势，中西部地区和东部地区城乡产出规模的差异缓慢扩大，总体水平下降的原因是东部地区产出在总产出中所占的份额有所提升。总体来看，城市产出规模远远高于农村产出，经济规模的二元性结构明显。

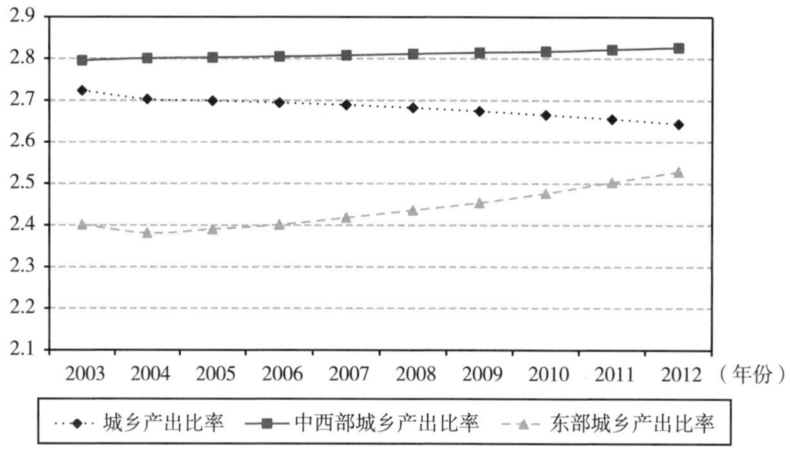

图 5－4　2003～2012 年城乡产出结构比率

2. 收入结构

城乡居民收入差距是二元经济结构的重要表现，也是从微观层面反映二元经济结构最直观、最常用的指标。本书用人均城市居民可支配收入与农村居民纯收入的加权比率来衡量城乡收入差距，城乡收入结构计算为：

$$income = \frac{\sum_{1}^{n} uin_i \frac{up_i}{\sum_{1}^{n} up_i}}{\sum_{1}^{n} rin_i \frac{rp_i}{\sum_{1}^{n} rp_i}} \tag{5-11}$$

其中，*uin* 表示城市居民可支配收入，*rin* 表示农村居民纯收入，*up* 和 *rp* 分别表示城镇常住人口和农村常住人口。

图5－5显示了2003～2012年城乡居民收入差距的变动情况。无论是从全国平均水平看还是从东部和中西部地区来看，城市居民收入都远高于农村居民收入，其中东部地区城乡收入差距维持在2.5倍左右，呈缓慢的下降趋势，中西部地区的城乡收入差距则在3.1倍以上且还在继续增大。加权计算的全国城乡居民收入差距水平从2.8倍左右上升到2.9倍左右，整体上呈增长态势。我国城乡居民收入差距相对稳定可以从三个方面来解释，一是价格扭曲的持续。农业部门长期以来保持着对非农业部门的产品和资源的净流出，农业和工业部门在资源和产品交换过程中，农产品价格受到严格的控制，即通常所说的“剪刀差”现象，既有的体制变革并没有完全扭转这一趋势。二是就业差异的持续。在我国的工业化进程中，农村劳动力进入工业部门，虽然务工的工资收入有所增加，但农村劳动力大都从事低附加值的制造业，工资水平与城市居民存在较大的差异。由于我国农村劳动力存量丰富，工业化进程并没有彻底改变劳动力相对过剩的局面。三是收入来源差异的持续。与城市居民相比，农村居民收入来源十分有限，主要以务工和务农收入为主，缺乏财产性收入和投资收益。这既有农村土地流转等政策约束的原因，也有农村金融体系落后的原因。

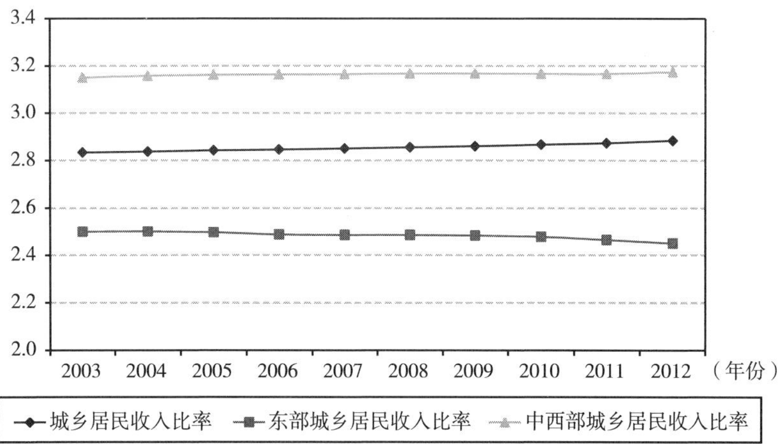

图5－5　2003～2012年城乡居民收入差距

3. 生产率差异

二元经济结构的另一个特征是城市和农村的生产率差异，即农村存在大量边际产出极低的剩余劳动力，人均产出效率低下。二元经济转型的一个核心任务就是将剩余劳动力从农村转移到城市非农部门，从而提高农村人均产出效率。同时，生产率也是金融配置的目标选择，因而选择生产率因素作为经济结构的评价指标。采用人均产出作为计算标准，则定义生产率计算公式为：

$$uproductivity = \frac{\sum_{1}^{n}(y_2 + y_3)}{\sum_{1}^{n}(e_2 + e_3)} \tag{5-12}$$

$$rproductivity = \frac{\sum_{1}^{n}(y_1 + y_0)}{\sum_{1}^{n}(e_1 + e_0)} \tag{5-13}$$

其中，y_0、y_1、y_2、y_3 分别表示乡镇企业增加值、第一产业增加值、第二产业增加值和第三产业增加值，e_0、e_1、e_2、e_3 分别表示乡镇企业员工数、第一产业从业人员数、第二产从业人员数和第三产业从业人员数，最后定义生产率比率为：

$$productivity = \frac{uproductivity}{rproductivity} \tag{5-14}$$

图 5-6 显示了 2003~2012 年东部地区和中西部地区城乡生产率差异的变化趋势。城乡产出效率的区域差异较为明显，东部地区城乡产出效率的比例自 2003 年以来持续减小，加权平均水平从 2003 年的 2.52 倍减小至 2012 年的 1.80 倍，说明东部地区城乡经济效率处在一个加速收敛的阶段。中西部地区产出效率的差异则在 4~5 倍以上持续波动。以上事实说明东部地区经济发展进入了二元结构向一元结构转换的关键时期，城市比较效率优势正在减弱。而中西部地区二元结构特征相对突出，城市比较效率优势仍然明显，且还没有出现城乡效率收敛的拐点。以上结果也证明了效率条件的改善并不会在工业化一开始就立即实现。相反，工业化要经过一个漫长的过程，并且在人口结构、技术水平等各种因素达到一定临界水平后，城乡效率才会趋于收敛。实际上，在大多数情况下，在工业化初始阶段，

城乡效率差异反而呈现出扩大的趋势。首先，工业化过程中，技术条件是倾向于工业发展的，农业部门只是作为提供粮食的部门。其次，在存在剩余劳动力的情况下，农业产出对技术和资本投入并不敏感，劳动力投入挤出了资本和技术。最后，工业化初期，工业部门处在规模效应递增的阶段，而农业部门则是规模效率不变甚至规模效率递减的状态。一个明显的现象是，工业化使劳动力的年龄分布出现了变化，边际产出高的年轻劳动力进入城市工业部门，边际产出低的老人和小孩留在农村，并且随着工业化的推进，这种人口分布的特征持续强化。这种劳动力的分布也在很大程度上抵消了劳动力转移引起的边际效率改进。反观工业生产，与以家庭为单位的农业生产方式不同，在工业生产中工人可以更加有效地分工协作，分工协作提升了单个劳动力的效率，工业化初期劳动力的边际产出大于平均工资，使得工业发展处于规模报酬递增的阶段。因此，在工业开始后，城乡经济效率的差异不会明显收敛，反而可能加速扩大。

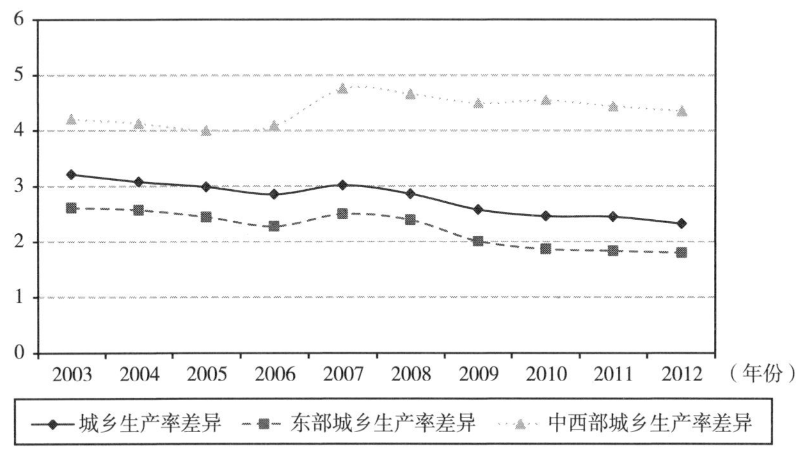

图5－6　2003～2012年城乡生产率比率

5.3.2　经济制度因素

1. 金融干预强度

我国对农业剩余的控制和提取是通过工农剪刀差实现的，即压低农产品价格和利用税收减少农民收入来实现工业资本的原始积累。在金融体系内，这种剪刀差同样存在。一方面，农村的金融资源在持续的低利率下被金融机构吸收，这些资金以较低的利率贷给工业企业。另一方面，农村地区的经济组织和个人却不得不以高额的利息（通常是基准利率上浮50%以上）获取贷款，作为资金供给者的农户却没有分享到应有的收益。政府压低了农村资金的价格，并用歧视性的贷款政策实现了金融剪刀差。为了配合金融政策的实施，政府也对农村金融进行了严格的控制。

从我国农村金融发展的演变历程来看，我国农村金融发展受到了政府的严格控制。改革开放以前，广泛分布于中国农村基层乡镇的农村信用社是当时唯一的农村正规金融机构，但是农村信用合作社在“一大二公”的理论指导下，实际成为中国人民银行在农村的基层组织。在大量的行政干预下，农村信用社并未充分发挥合作金融的功能。1979年中国农业银行从人民银行独立出来，成为农村信用社的主管机构，统一办理农村信贷和管理支农资金。1986年邮政储蓄开始在农村地区开办存款业务，扩大了农村金融机构服务的覆盖率，但邮政储蓄实行仅仅办理存款业务的单向经营，截至2006年底，邮政储蓄的储蓄余额达到1.6万亿元，约占全国储蓄余额的10%，邮政储蓄制度的建立实际上进一步加速了农村资金的流失。1994年农业发展银行及其分支机构开始组建，政策性金融业务从农业银行分离出来，我国农村金融市场形成了以农村信用社为基础的合作制金融、以农业银行为主体的商业性金融和以农业发展银行为主体的政策性金融并存的局面。但自1998年开始，国家统一取缔了私人钱庄、金融服务部、农村合作基金会等组织，并收窄了农业发展银行的业务范围。从2000年开始，在四大国有商业银行改革的背景下，商业银行开始退出农村市场，农业银行逐步撤出县级以下的分支机构，其中在2000~2004年集中撤并了总数1/3的支行及下属机构，对在农村开展的金融业务也进行了大规模的削减。经过这一轮改革，农村信用合作社逐渐成为农村金融服务的“主力军”。

长期以来，国有金融机构一直是我国金融发展的中坚力量，政府通过强制性手段对国有金融机构的垄断地位进行保护，使金融机构的运行服从于政府的工业化发展战略。首先，政府对金融机构的类型和功能进行了严格的控制。城市地区拥有大量的金融机构和发达的金融市场，提供了种类丰富的金融工具，满足不同层次的融资需要。金融机构之间的竞争又使得金融参与成本降低，金融产品购买的数量上升。相比之下，农村的正规金融形式过于单一，以合作社为主体的农村正规金融机构无法满足农村金融的需要。在农村金融发展过程中，正规金融供给不断减少，尤其是20世纪90年代中后期商业银行大规模撤出农村地区后，民间金融受到严格限制。双重打压下，农村金融机构发展受阻，导致农村金融功能缺陷。其次，政府以工业发展为导向的金融政策和“一刀切”的制度供给忽视了城市和农村的差别，扭曲了农村金融供需。以利率管制为例，在相当长一段时间内，国家对金融机构的利率实行统一管理。超出规定利率范围的借贷形式往往陷入合理不合规的困境，政府压低利率实际上是降低资金使用成本，刺激工业投资。实际上在政府控制金融资源的模式下，金融体系履行了部分财政职能。尤其是在我国金融发展过程中，金融机构往往按照财政投入进行项目资金配套，这种融资安排实际上是基于政府担保体制。因此，在一定程度上，财政资金的分配对金融资源分配产生了利益诱导。在城市优先发展战略下，财政资金的配比也是倾向于城市部门的。

本书认为政府具有城市倾向性的金融政策是城乡二元金融结构形成的主要诱因，政府主导的金融制度供给体现了政府对金融资源配置的干预程度。通过财政资金配给引导金融资源的配置是政府干预金融资源分配的重要方式（傅勇，2012；周丞，2012），尤其是在我国国有银行为主导的金融发展模式下，金融功能具有典型的财政分配特征（周立，2005）。基于这一特征，已有研究测算金融制度供给方法是直接采用非农业财政支出与农林牧渔水财政支出的比例作为金融制度的替代变量。这一做法的准确性较差，一方面，财政支出项目大都是按统一口径计算的，例如公共服务支出、医疗卫生支出、公共安全支出、教育支出等既包括了城市部门也包括了农村部门，仅将农林牧渔水支出算作农村财政支出低估了农村财政支出所占的比例。另一方面，财政支出中的部分项目与融资活动高度相关，如住房保障支出、交通运输支出等，同时也有一部分支出与金融活动的关联度较低，例如国防支出等，因此，上述方法可能降低了数据的信息含量。鉴于此，本书对以上做法进行了改进，用贷款与财政支出的比例来表示政府干预强度，也可以理解为单位财政支出对贷款的拉动作用，因此定义金融干预强度为：

$$农村金融干预强度=\frac{农村贷款}{农村财政支出} \quad (5-15)$$

$$城市金融干预强度=\frac{城市贷款}{城市财政支出} \quad (5-16)$$

进一步定义城乡金融干预强度比率为：

$$城乡金融干预强度比率=\frac{城市金融干预强度}{农村金融干预强度} \quad (5-17)$$

图5－7显示了2003～2012年城乡金融干预强度比率。显然，城市金融干预强度要高于农村金融干预强度，这一结果说明无论是在工业化程度较高的东部地区还是在工业化程度较低的中西部地区，政府都更倾向于将金融资源优先配置给城市部门，并且这种倾向性在工业化水平较高的东部地区更为明显。但从演变趋势来看，城乡金融干预强度的差距在逐渐减弱，并且东部地区下降的趋势尤为明显，说明东部地区城市倾向性的金融干预政策显示出逐渐弱化的倾向，而中西部地区金融政策仍然以城市发展为中心。

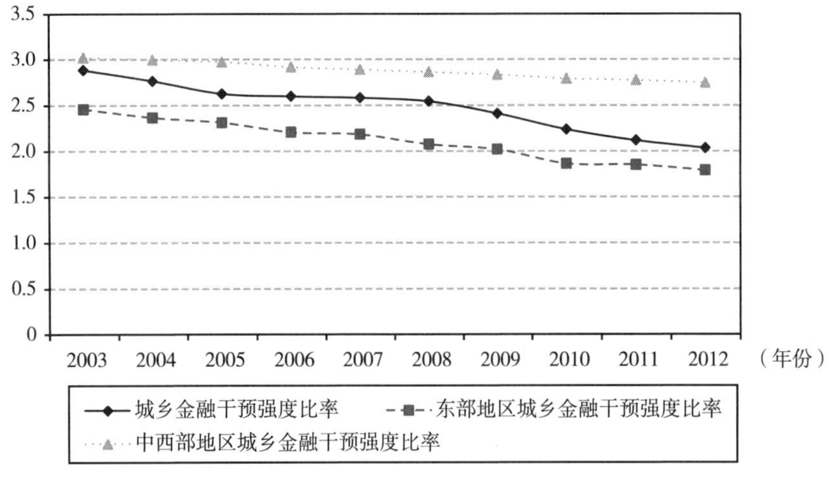

图5－7　2003～2012年城乡金融干预强度比率

2. 金融法制水平

法律制度对金融发展的作用在已有研究中得到了充分的证明。法律制度建设水平的评价指标根据研究内容的不同可以划分为多种类型。由于本书分析的是法律制度对金融发展的作用，主要考虑的是法律制度对经济权益的保护，因此综合考虑指标的针对性和数据的可得性，本书通过经济合同案件结案数量来测算金融法制水平，定义金融法制水平计算公式为：

$$ulaw = \frac{\sum_{1}^{n} ucase}{\sum_{1}^{n}(y_2 + y_3)} \tag{5-18}$$

$$rlaw = \frac{\sum_{1}^{n} rcase}{\sum_{1}^{n}(y_1 + y_0)} \tag{5-19}$$

其中，*ulaw* 和 *rlaw* 分别表示城市法律制度保障水平和农村法律制度保障水平。*ucase* 和 *rcase* 分别表示城市地区合同纠纷结案数和农村地区合同纠纷结案数，最后定义城乡法律制度保障水平比率为：

$$law = \frac{ulaw}{rlaw} \tag{5-20}$$

图5-8报告了2003~2012年城乡金融法制水平的变动趋势。整体上看，城市金融法制水平要高于农村金融法制水平，中西部地区城乡金融法制水平的差距要大于东部地区。城乡金融法制水平差距一方面与现行条件下农村法律援助供给不足有关，另一方面也与农村居民的法制意识不强有关。从变动趋势来看，城乡金融法制水平比率趋于下降，说明城乡金融法制建设的差距在不断缩小。

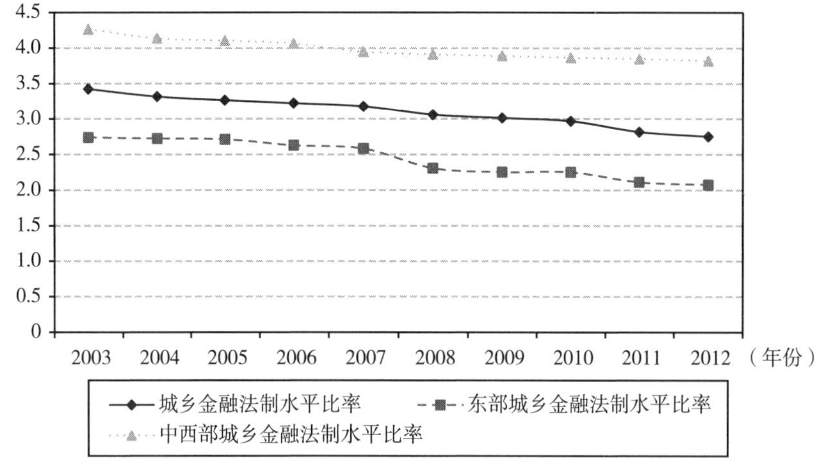

图5-8　2003~2012年城乡金融法制水平比率

5.3.3 经济转型因素

1. 城镇化水平

发展中国家工业化和城镇化是一种相互联系、相互促进的关系，城镇化滞后于工业化（黄祖辉等，2013），工业化进程推动城镇化进程（姜爱林，2004）。因此，一般来讲，工业进程较快的地区城镇化水平也越高。在我国梯度开发战略的影响下，东部地区率先实现了工业化，而中西部地区的工业化进程远远落后于东部地区。分区域推进工业化的过程也使得地区城镇化水平出现差异。图5－9显示了2003～2012年东部地区和中西部地区城镇化水平的变动情况。城镇化率的计算采用城市常住人口的比率来表示，即：

$$城镇化水平=\frac{城市常住人口}{城市常住人口+农村常住人口} \tag{5-21}$$

考虑到各省人口规模的差距，在计算东部和中西部地区城镇化水平时，以人口规模为权重进行了加权处理。

从图5－9中可以看到，2003～2012年东部和中西部城镇化水平均呈逐年上升的变化轨迹，说明我国城镇化进程具有持续性和普遍性。从绝对水平上来看，东部地区城镇化水平高于中西部地区，二者的比率保持在1.4～1.5之间，显示了区域经济发展水平和阶段的非均衡特征。

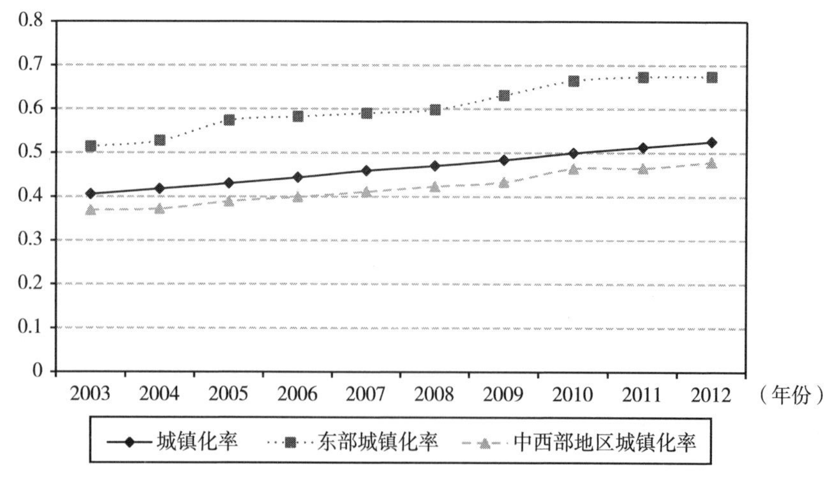

图5－9　2003～2012年城镇化率

2. 市场化水平

虽然市场化改革取得了举世瞩目的成就，但中国的市场化改革进程还远远没有完成（樊纲等，2011）。市场化改革进程在地区之间存在着巨大的不平衡，在一些东部沿海省区市，市场化已经取得了决定性的进展，而在中西部地区，经济中非市场的因素还占有重要的地位。就改革的不同方面而言，产品市场的发育程度相对较高，而要素市场的发育程度相对较低，主要是土地市场、资本市场等市场发育不足和缺乏有效监管、存在制度缺失，在劳动力市场方面又缺乏对弱势参与者的必要保护。城乡之间的户籍管制仍然在一定程度上限制了劳动力的自由流动。在自然资源的定价方面，政府仍然存在很多管制，要实现市场化定价仍然有很长的一段路要走。就产业部门而言，制造业、建筑业、商业等竞争性部门的市场化程度较高，而资源性产业和涉及资源的产业（如石油、天然气、矿业和房地产开发）、具有天然垄断属性的产业（例如电力、电信、铁路等部门）、有公共品属性的产业（例如医疗、教育、文化和传媒等）的市场化程度较低。很多产业的进入成本过高，或对国有企业提供不适当的特殊优惠，或对非国有企业存在歧视性限制措施，这都妨碍了市场竞争，助长了国有部门的垄断。图 5－10 显示了 2003～2012 年东部和中西部市场化水平的变化趋势。本书对市场化水平的计算借鉴了樊纲等（2010）发布的市场化指数，

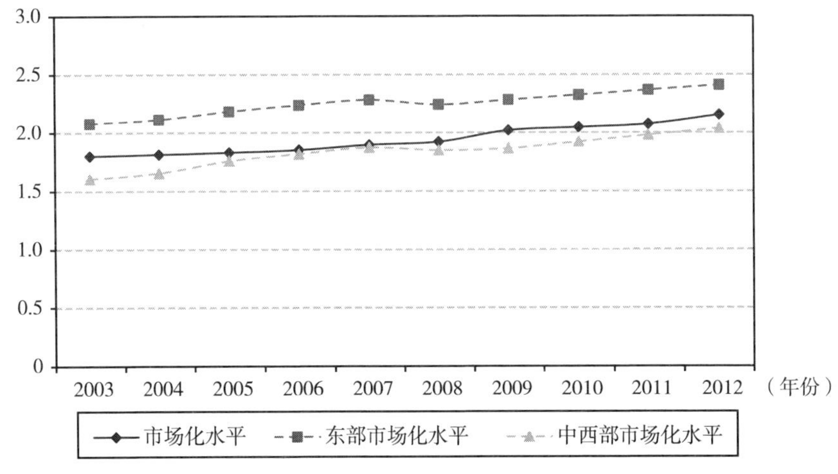

图 5－10　2003～2012 年市场化水平

由于该指数截至2009年，2009年之后的部分借鉴杨记军（2010）的方法进行了补齐，同时在实际处理中对市场化指数进行了对数处理。从图5-10中可以看到，东部地区和中西部地区市场化水平整体上都呈上升趋势，但东部地区市场化水平明显高于中西部地区，并且东部地区和中西部地区市场化水平的差距在缓慢缩小。

5.4 本章小结

本章采用了7个不同指标从宏观、中观、微观三个层面对我国二元金融结构的演变历程进行了描述性统计分析，并划分东部地区和中西部地区考察了城乡二元金融结构的区域差异。从全国层面来看，1989~2000年，不同指标测算的二元金融结构水平的变化趋势并不一致，但在2000~2012年各指标均呈现收敛的变化轨迹。进一步划分东部和中西部地区分析，在2000~2012年，中西部地区二元金融结构水平普遍高于东部地区同期水平，说明经济金融发展相对落后的中西部地区城乡金融发展水平的差异也更大。并且中西部地区二元金融结构水平并未出现明显的收敛迹象，也未表现出发散的迹象，而是整体上保持横向波动，而东部地区二元金融结构水平则呈现出显著的收敛趋势，其中*fef*、*fin*指标趋近于1，说明东部地区城乡金融发展水平的差距逐渐缩小甚至显现出城乡金融一体化发展的特征。用σ绝对收敛、β绝对收敛和β条件收敛分析区域收敛性发现，从全国层面和东部地区来看，二元金融结构具有σ绝对收敛的性质，而中西部地区不具有σ绝对收敛的特征，说明中西部地区各省区市之间二元金融结构水平的差距在不断加大，而东部地区各省区市之间二元金融结构的水平逐渐趋于一致，从全国来看，各省区市之间的整体差异也是在不断缩小的。β绝对收敛的检验结果显示，仅东部地区具有β绝对收敛的性质，说明东部地区二元金融结构水平具有逐渐缩小的共性，而从全国层面或者中西部地区来看则不具有这一趋势。β条件收敛的结果显示，无论是从全国层面还是从东部或中西部的区域层面来看，二元金融结构都具有条件收敛的性质，这一结果说明二元金融结构的形成和收敛过程与外部条件水平相关。本章在最后部分对可能影响二元金融结构形成和收敛的二元经济条件变量进行了描述性统计分析，发现中西部地区二元经济特征要强于东部地区，并且中西部地区二元经济特征还有进一步加强的趋势，而东部地区二元经济特征变量则表现出持续下降的趋势，本书将在下一章中重点讨论这些因素及其变动对二元金融结构的影响。

第6章

城乡二元金融结构形成及收敛机理的实证研究

经济金融发展所处的阶段与城乡金融二元结构的形成在时间和空间上具有紧密的联系。本章首先分析二元金融结构影响因素，在不同地区、经济发展的不同阶段，金融发展的模式也不尽相同，影响城乡金融发展的因素也可能具有差异性。因此，在区域经济失衡的背景下，分析我国城乡二元金融结构的形成与收敛规律必须将区域因素纳入分析框架。其次，基于金融发展的"聚集—扩散"过程，分析城乡金融发展过程中的互动影响关系，揭示二元金融结构从分化到收敛的内在机制。最后，分析二元经济转型对二元金融结构变化的动态影响过程，分析城镇化和市场化两个转型特征变量影响二元金融结构收敛性的门槛效应。

6.1 二元金融结构影响因素的实证分析

6.1.1 二元金融结构影响因素模型构建

沿用二元结构的分析方法，假定经济部门划分为传统农业部门和城市工业部门，城市部门和农村部门金融发展函数分别为：

$$F_{it}^{U}=A_{i}^{U}f(X_{1t},X_{2t},\cdots,X_{jt}) \tag{6-1}$$

$$F_{it}^{R}=A_{i}^{R}g(X_{1t},X_{2t},\cdots,X_{jt}) \tag{6-2}$$

其中，F^{U} 和 F^{R} 分别代表城市金融发展水平和农村金融发展水平，A 代表技术水平等外生条件的影响，X_j 表示金融发展水平的影响因素。由于分析我国农村经济金融问题时，有效样本十分有限，简单模型的应用十分必要，为此我们假定函数为指数形式，两部门金融发展函数的形式无差别，则两部门金融发展水平函数分别表示为：

$$F_{it}^{U} = \omega_{i}^{U} X_{1t}^{U\,\alpha} X_{2t}^{U\beta} \cdots X_{jt}^{U\theta} \tag{6-3}$$

$$F_{it}^{R} = \omega_{i}^{R} X_{1t}^{R\,\alpha} X_{2t}^{R\beta} \cdots X_{jt}^{R\theta} \tag{6-4}$$

两式分别取对数，从而有：

$$lnF_{it}^{U} = \rho_{it} + \sum_{n=1}^{j} \alpha_{it} lnX_{nt}^{U} \tag{6-5}$$

$$lnF_{it}^{R} = \delta_{it} + \sum_{n=1}^{j} \beta_{it} lnX_{nt}^{R} \tag{6-6}$$

基于对数函数的可加性，合并整理式（6-5）和式（6-6）得到：

$$lnf_{it}^{U} = \gamma_{it} + \sum\nolimits_{n=1}^{j} \varphi_{it} lnx_{nt} \tag{6-7}$$

其中，$fin = fin^{U} / Fin^{R}$，$x = X^{U}/X^{R}$。经过以上变化和处理，将城乡金融绝对水平模型转换为城乡金融相对水平模型，同时经过对数处理后，数据更加平稳，由此得到以下基本回归模型：

$$lnf_{it}^{U} = \gamma_{it} + \sum\nolimits_{n=1}^{j} \varphi_{it} lnx_{nt} + \sum\nolimits_{m=1}^{k} \varphi_{it} lnZ_{mt} + \varepsilon_{it} \tag{6-8}$$

式（6-8）中，Z_{mt}为控制变量，ε_{it}为随机误差项。

6.1.2 变量设定、样本分组与面板 GLS 方法

1. 变量及数据说明

（1）因变量。按照前文的分析，因变量选用金融规模比率（*fsc*）、金融相关率比率（*fir*）、金融效率比率（*fef*）、金融服务覆盖率比率（*fco*）、金融从业人员占比比率（*fem*）、人均金融资产比率（*fas*）和金融投资收入比率（*fin*）7 个指标来衡量二元金融结构水平。

（2）自变量。按照前文的分析，自变量包括三个方面的因素，一是经济结构因素，二是经济制度因素，三是经济转型因素。其中经济结构因素选用了三个指标来衡量，即产出结构、收入结构和效率结构，分别记为

outcome、*income* 和 *productivity*；经济制度因素从金融制度和法律制度两个层面来衡量，分别记为 *institution* 和 *law*；经济转型因素用城镇化和市场化两个指标反映，分别记为 *urb* 和 *mar*。考虑到金融制度供给的滞后性，模型中 *institution* 变量采用金融干预强度的滞后项，滞后阶数通过 AIC 准则确定。

（3）虚拟变量。本书将固定效应模型截距项的形式设定为总体均值截距项，即个体截距项表示对总体截距项的偏离程度，以上模型设定的原因并不是为了考察截距项的取值变动，而是引入个体效应虚拟变量弱化截面相关。同时，本书也在模型中对时间虚拟变量进行了控制。

2. 数据来源与描述性统计

限于相关数据的可得性，本书选取了我国 30 个省、自治区、直辖市 2003 ~ 2012 年相关指标的年度数据作为基础数据。为了充分考察不同经济发展水平下二元金融影响因素的异质性，将 30 个省区市分为东部和中西部地区分别进行实证分析。计算上述指标所用数据来源于《中国统计年鉴》（2004 ~ 2013 年）、《中国金融统计年鉴》（2004 ~ 2013 年）、《中国固定资产投资统计年鉴》（2004 ~ 2013 年）、《中国乡镇企业年鉴》（2004 ~ 2006 年）、《中国乡镇企业及农产品加工年鉴》（2007 ~ 2012 年）、EPS 数据库、中宏网数据库及各省区市统计年鉴和人民银行发布的行业报告。

从表 6 - 1 可以看出，东部地区和中西部地区二元金融结构强度存在明显差异。首先，从均值水平来看，中西部地区 *fsc*、*fir*、*fef*、*fco*、*fem*、*fas*、*fin* 各指标的均值都高于东部地区，说明中西部地区城乡金融发展水平的差距要明显大于东部地区。其次，从标准差来看，除 *fir* 指标外，中西部地区其余指标的标准差均高于东部地区，说明中西部地区各省区市之间二元金融结构强度的发散性要强于东部地区，这与前文 σ 绝对收敛的结果相近。此外，从自变量的统计结果来看，中西部地区产出比率、收入比率、生产率比率、金融干预比率和金融法制水平比率均高于东部地区，说明中西部地区的二元经济特征比东部地区更为突出和显著。但从自变量的标准差来看，中西部地区各变量的波动幅度相对于二元金融结构指标明显降低，并

且中西部地区 *productivity* 和 *institution* 变量的标准差小于东部地区，说明中西部地区二元经济特征之间的区域共性较强。最后，从经济转型特征变量的统计结果来看，无论是城镇化还是市场化进程，中西部地区经济转型都滞后于东部地区。

表 6－1　　二元金融结构影响因素模型主要变量的描述性统计

变量	东部地区				中西部地区			
	均值	标准差	最小值	最大值	均值	标准差	最小值	最大值
fsc	1. 781	0. 978	0. 346	2. 711	2. 103	1. 426	0. 417	2. 954
fir	0. 750	0. 735	－0. 783	2. 364	1. 126	0. 480	－0. 574	2. 504
fef	0. 197	0. 501	－0. 641	1. 611	0. 847	0. 628	－0. 343	4. 784
fco	1. 587	1. 261	0. 582	3. 920	2. 797	2. 123	0. 883	6. 201
fem	0. 526	0. 769	0. 206	2. 411	0. 714	0. 862	0. 457	4. 678
fas	0. 853	1. 432	0. 385	3. 187	1. 238	1. 662	0. 319	5. 284
fin	0. 343	0. 585	－0. 511	2. 883	1. 246	1. 158	－0. 147	4. 263
outcome	0. 984	0. 402	0. 401	1. 224	1. 386	0. 895	0. 783	2. 317
income	0. 949	0. 102	0. 748	1. 148	1. 176	0. 171	0. 725	1. 560
productivity	0. 923	0. 449	－0. 455	1. 689	1. 437	0. 347	0. 561	2. 315
institution	0. 598	0. 426	1. 579	3. 750	2. 134	0. 232	1. 593	2. 789
law	0. 724	0. 571	0. 488	0. 913	0. 974	0. 726	0. 513	1. 021
urb	0. 597	0. 162	0. 317	0. 893	0. 425	0. 077	0. 263	0. 577
mar	2. 216	0. 732	1. 688	2. 432	1. 870	0. 521	1. 131	2. 301

注：缺失的数据用插值法补齐，结果均为取对数后的结果。

3. 面板 GLS 方法介绍

本书的分析基于省际面板数据，考虑到不同地区的个体差异，选用固定效应模型。同时，本书对样本按照东部地区和中西部地区进行分组，各组样本之间可能存在区域效应，因此样本之间可能同时存在组内自相关和组间截面相关问题，如果直接用 OLS 方法来估计模型得到的估计量是有偏的。为此，本书采用 GLS（广义最小二乘估计）方法对固定效应模型进行估计。GLS 方法包括两个阶段：

第一个阶段对方程进行普通最小二乘估计，将模型设定为最小二乘虚拟变量形式的固定影响变截距模型，该模型允许个体成员存在个体影响，并用截距项的差别来说明。模型的回归方程形式为：

$$y_i = \alpha_i + x_i\beta + u_i,\ i = 1, 2, \cdots, N \tag{6-9}$$

式（6-9）中 y_i 是 $T\times1$ 维被解释变量向量，x_i 是 $T\times k$ 维解释变量矩阵，β 是 $k\times1$ 维系数向量，α_i 表示第 i 个方程的截距项，用来表示个体影响；随机误差项 u_{it} 反映模型中可能被忽略的随个体成员和时间变化的其他因素的影响。固定影响变截距模型假定个体成员上的个体影响可以由常数项的不同来说明，即在式（6-9）所表示的模型中，各个体成员方程中的截距项 α_i 为跨截面变化的常数。模型对应的向量展开形式如下：

$$y = \begin{pmatrix} y_1 \\ y_2 \\ \vdots \\ y_N \end{pmatrix} = \begin{pmatrix} e \\ 0 \\ \vdots \\ 0 \end{pmatrix}\alpha_1 + \begin{pmatrix} 0 \\ e \\ \vdots \\ 0 \end{pmatrix}\alpha_2 + \cdots + \begin{pmatrix} 0 \\ 0 \\ \vdots \\ e \end{pmatrix}\alpha_N + \begin{pmatrix} x_1 \\ x_2 \\ \vdots \\ x_N \end{pmatrix}\beta + \begin{pmatrix} u_1 \\ u_2 \\ \vdots \\ u_N \end{pmatrix} \tag{6-10}$$

式（6-10）中：y_i，e，u_i 是 $T\times1$ 维向量，x_i 是 $T\times k$ 维矩阵，即：

$$y_i = \begin{pmatrix} y_{i1} \\ y_{i2} \\ \vdots \\ y_{iT} \end{pmatrix}_{T\times1},\ e = \begin{pmatrix} 1 \\ 1 \\ \vdots \\ 1 \end{pmatrix}_{T\times1},\ x_i = \begin{pmatrix} x_{i,11} & x_{i,12} & \cdots & x_{i,1k} \\ x_{i,21} & x_{i,22} & \cdots & x_{i,2k} \\ \vdots & \vdots & \cdots & \vdots \\ x_{i,T1} & x_{i,T2} & \cdots & x_{i,Tk} \end{pmatrix}_{T\times k},\ u_i = \begin{pmatrix} u_{i1} \\ u_{i2} \\ \vdots \\ u_{iT} \end{pmatrix}_{T\times1}$$

并且有：

$$E(ui) = 0T\times1 \quad EE(u_iu_i') = \sigma_u^2 I_T \quad E(u_iu_j') = 0_{T\times T}(i\neq j) \tag{6-11}$$

其中 $i=1$，2，…，N，I_T 为 $T\times T$ 维单位矩阵。利用普通最小二乘法可以得到参数 α_i 和 β 的最优线性无偏估计为：

$$\hat{\beta}_{FE} = [\sum_{i=1}^{N}\sum_{t=1}^{T}(x_{it}-\bar{x}_i)(x_{it}-\bar{x}_i)']^{-1}[\sum_{i=1}^{N}\sum_{t=1}^{T}(x_{it}-\bar{x}_i)(y_{it}-\bar{y}_i)] \tag{6-12}$$

$$\hat{\alpha}_i = \bar{y}_i - \bar{x}_i'\hat{\beta}_{FE} \tag{6-13}$$

式（6-12）和式（6-13）中：

$$\bar{x}_i = \frac{1}{T}\sum_{t=1}^{T}x_{it},\ \bar{y}_i = \frac{1}{T}\sum_{t=1}^{T}y_{it},\ x_{it} = (x_{1,it}, x_{2,it}, \cdots, x_{k,it})' \tag{6-14}$$

在模型（6－10）中，参数 α_i 被写为可观测的虚拟变量的系数的形式。因此，式（6－12）和式（6－13）所表示的OLS估计也称为最小二乘虚拟变量（LSDV）估计。式（6－12）和式（6－13）给出的参数估计表达式中，解释变量矩阵并没有包含引进的虚拟变量。因此，将各截面方程中的变量观测值减去其在该个体成员上的平均值，并用转换后的数据，通过普通最小二乘法便可计算出相应的估计量。若将转换矩阵记为：

$$Q = I_T - \frac{1}{T}ee' \tag{6-15}$$

则式（6－12）所表示的估计结果可以记为：

$$\hat{\beta}_{FE} = \left[\sum_{i=1}^{N} x_i' Q x_i\right]^{-1}\left[\sum_{i=1}^{N} x_i' Q y_i\right] \tag{6-16}$$

模型（6－10）也被称为协方差分析模型，因此参数 β 的LSDV估计有时也被称为协方差估计。参数 β 的协方差估计是无偏的，且当 N 或 T 趋于无穷大时，为一致估计。对应的协方差矩阵为：

$$var(\hat{\beta}_{FE}) = \sigma_u^2\left[\sum_{i=1}^{N} x'_i Q x_i\right]^{-1} \tag{6-17}$$

相应地，由式（6－13）给出的截距 α_i 的估计也是无偏估计，但仅当 T 趋于无穷大时为一致估计。对应的协方差矩阵为：

$$var(\hat{\alpha}_i) = \sigma_u^2/T + \bar{x}_i' var(\hat{\beta}_{FE})\,\bar{x}_i \tag{6-18}$$

方差 σ_u^2 对应的估计量为：

$$s^2 = \frac{1}{NT - N - k}\left[\sum_{i=1}^{N}\sum_{t=1}^{T}(y_{it} - \hat{\alpha}_i - x_{it}'\hat{\beta}_{FE})^2\right] \tag{6-19}$$

然后计算各个体的残差向量，并用其来估计个体成员的样本方差，得到：

$$s_i^2 = \frac{\sum_{t=1}^{T}(y_{it} - \hat{y}_{it})^2}{T} = 0,\ i = 1,2,\cdots,N \tag{6-20}$$

式（6－20）中 $\hat{y}_{it}$ 是固定效应模型OLS回归的拟合值。个体成员方程截面异方差的协方差矩阵的估计为：

$$W = \sum\nolimits_N = \begin{pmatrix} s_1^2 & \cdots & 0 \\ \vdots & \ddots & \vdots \\ 0 & \cdots & s_N^2 \end{pmatrix} \tag{6-21}$$

第二阶段用得到的样本方差估计 s_i^2 作为各个体成员的权重，再利用加权最小二乘方法得到相应的 GLS 估计量。即用协方差矩阵左乘基本模型得到一个新的模型：

$$Wy_{it} = W\mu_{it} + WX_{it} \tag{6-22}$$

由此得到加权最小二乘估计量：

$$\alpha_w = (X'W'WX)^{-1}X'W'WY \tag{6-23}$$

可以证明，广义最小二乘估计得到的估计量是一致的。

6.1.3 实证结果及分析

1. 二元金融结构影响因素实证检验：全国省际面板数据

表6－2报告了二元金融结构影响因素省际面板数据实证检验的结果。模型设定中对时间趋势进行了控制，截距项设定为均值形式，模型1～模型7分别采用了不同指标衡量的二元金融结构水平。从实证结果来看，*outcome* 变量在模型1和模型4中显著为负，在模型6中通过10%置信水平的显著检验，在其他模型中均不显著，说明产出结构与二元金融结构之间并不存在明显的正相关关系，这一结论并不支持已有研究对二元经济金融总量关系的判断，二元金融结构不能仅仅从城乡经济规模差距简单解释。*income* 变量的系数在模型1～模型7中均为正，但仅在模型3、模型6和模型7中显著，说明二元收入结构从微观层面能够部分解释二元金融结构，但在宏观和中观层面的解释能力有限，即二元收入结构对二元金融结构的影响并未完全显现。二元收入结构与二元金融效率比率的正相关关系进一步验证了前文的理论判断，即农村中低收入群体比城市高收入群体具有更高的储蓄率（汪伟、郭新强，2011），同时低收入群体信贷的有效需求却低于高收入群体（曾康霖，2005），因此收入二元结构会加剧城乡金融效率二元结构的分化。*productivity* 在模型4和模型6中不显著，在其他模型中显著为正。从整体上来看，生产率差异是驱动二元金融结构形成的核心因素，说明生产率因素是金融要素流动和配置的基础，但金融资源向高生产率的部门配置并不一定是依靠金融发展来实现的，也有可能仅仅是一种政府行为。*institution* 变量在模型3和

模型6中显著，说明政府金融干预对于金融效率的提高起到了一定的促进作用，同时政府干预也加剧了城乡之间人均金融资产分配的不均。*law* 变量在模型2中显著为正，说明法律制度保障更完善的城市体系其金融发展的水平也更高，同时从模型6的回归结果来看，法律制度保护有助于提升个人金融资产的持有量。显然，在表6－2中各变量与二元金融结构的关系并不稳定，这也说明从整体上来判断二元金融结构的影响因素，可能忽略了各种因素在经济金融发展的不同阶段的作用机理和作用强度的差异。

表6－2　　二元金融结构影响因素实证检验结果（全国）

变量	模型1 *fsc*	模型2 *fir*	模型3 *fef*	模型4 *fco*	模型5 *fem*	模型6 *fas*	模型7 *fin*
outcome	－0.278*** (－6.25)	0.120 (0.41)	1.401 (1.25)	－0.619*** (－3.14)	0.377 (0.97)	0.562* (1.85)	－0.520 (－1.73)
income	0.375 (1.13)	0.677 (1.37)	1.778* (1.69)	0.336 (0.48)	0.550 (0.08)	1.718*** (4.28)	2.011*** (5.74)
productivity	1.415*** (8.34)	1.081** (2.06)	3.441*** (9.19)	1.106 (1.41)	2.567*** (4.42)	0.674 (0.64)	0.993** (2.43)
institution	0.447 (1.47)	0.331 (0.94)	2.311** (2.04)	1.308 (1.62)	0.706 (0.50)	0.829* (1.76)	0.742 (0.66)
law	0.554 (0.80)	0.652*** (2.72)	0.861 (1.17)	0.627 (1.26)	1.008 (0.34)	1.367*** (7.88)	0.458 (0.60)
c	0.702*** (3.49)	2.461*** (7.81)	2.646*** (5.05)	3.638*** (10.22)	1.556*** (7.15)	3.255*** (11.09)	0.423*** (7.42)
t	控制	控制	控制	控制	控制	控制	控制
估计方法	GLS	GLS	GLS	LSDV	GLS	GLS	GLS

注：***、**、*分别表示在10%、5%和1%置信水平下显著。存在截面相关和组内自相关的模型采用GLS，其余模型采用LSDV方法。

2. 二元金融结构影响因素实证检验：中西部地区省际面板数据

表6－3报告了中西部地区二元金融结构影响因素的实证分析结果，

其中 *outcome* 变量的回归结果无论从显著性水平还是从作用方向来看都不具有稳定性，经济金融结构的总量关系在中西部地区仍然不成立。其中 *outcome* 变量仅在模型 10 中显著为正，说明产出规模的扩张可能为投资创造更多机会，从而促进金融体系的效率提升。但同时从其他指标来看，产出规模差异对二元结构的影响并不明显，一个重要的原因在于在中西部地区经济规模越大并不意味着经济发展中金融资源所占的比重越高，尤其是在劳动密集型主导的产业模式下，经济增长可能引起劳动份额的进一步提升。*income* 变量仅在模型 13 和模型 14 中显著，说明中西部地区城乡居民收入差距对城乡二元金融结构形成的影响有限。这一结果可能是由两方面原因引起的，一是中西部地区整体收入水平较低，能够支付金融参与成本的群体还比较有限，即使农村地区收入水平上升，小幅度收入增长不足以满足其支付金融成本的要求；二是中西部地区金融需求的层次和意愿都较低，因此收入差距并不能准确反映金融需求。*productivity* 变量在除模型 11 外的其他模型中均显著为正，这一结论与表 6－2 中的结论基本一致，说明中西部地区二元金融结构的形成与城乡生产率差距存在紧密联系。*institution* 变量在模型 8、模型 9、模型 10、模型 11 和模型 14 中均显著为正，说明在中西部地区政府干预金融政策的城市倾向越明显，城乡金融发展的差距就越大，即金融供给制度对中西部地区城乡金融资源的分配起到了明显的诱导作用。这一结果可以从两个方面来解释：一是在市场化水平较为落后的中西部地区，政府干预金融能够更有效地组织和利用资金；二是政府对农村金融的歧视和抑制可能阻碍了农村金融效率提升。由于中西部地区正处在加速工业化的阶段，而在这一阶段政府干预的目标是加速金融资源向城市工业部门倾斜，短期内中西部地区二元金融结构水平可能进一步受到政府干预的刺激。*law* 变量仅在模型 9 和模型 13 中显著，这与表 6－2 的结果相近，这说明法律制度建设与金融发展的良性循环关系并没有得到充分体现，这一方面与现有法律制度体系对投资者保护的重视程度不足有关；另一方面也与金融发展中法律意识不足有关，例如在农村存在大量以非正式契约形式进行的借贷行为，这些金融交易游离于法律保护之外。

表6－3　　二元金融结构影响因素实证检验结果（中西部地区）

变量	模型8 *fsc*	模型9 *fir*	模型10 *fef*	模型11 *fco*	模型12 *fem*	模型13 *fas*	模型14 *fin*
outcome	0.489 (1.17)	0.228 (1.10)	2.501** (2.21)	－0.820*** (－4.76)	0.521 (0.47)	1.642 (1.21)	－0.820*** (－2.83)
income	－0.171 (－1.21)	0.572 (0.22)	0.882 (0.63)	0.175 (0.71)	－0.552 (－0.24)	2.148*** (3.32)	3.331*** (6.95)
productivity	1.761*** (6.18)	3.318*** (2.95)	2.732*** (6.11)	1.445 (0.81)	1.802*** (5.10)	0.737* (1.70)	1.740*** (3.05)
institution	0.311*** (2.73)	0.826*** (4.32)	0.787** (2.32)	1.782*** (3.84)	0.587 (0.61)	0.725 (1.01)	0.529** (2.31)
law	0.351 (0.77)	0.281* (1.91)	0.433 (0.27)	0.308 (0.65)	0.723 (0.08)	1.467*** (4.89)	0.649 (0.72)
c	3.487*** (3.57)	2.664*** (10.20)	7.115*** (6.88)	2.717*** (4.31)	0.836** (2.01)	－1.308*** (－4.03)	1.334*** (5.63)
t	控制	控制	控制	控制	控制	控制	控制
估计方法	GLS	GLS	GLS	GLS	GLS	GLS	GLS

注：***、**、*分别表示在10%、5%和1%置信水平下显著。

3. 二元金融结构影响因素实证检验：东部地区省际面板数据

表6－4报告了东部地区二元金融结构影响因素模型的检验结果。*outcome*变量在所有模型中均不显著，由此证明无论从全国层面还是区域层面来看，从经济金融总量关系延伸出二元经济与二元金融关系的经验判断并不符合实际情况，也再一次证明了经济增长对金融发展影响的不确定关系。与表6－2和表6－3相比，*income*变量的显著性明显提升，在模型15、模型16、模型17、模型20和模型21中均显著为正。以上结果说明东部地区金融发展具有典型的需求导向的特征，二元收入结构对金融需求的影响不仅表现在微观层面，也与二元金融结构的宏观指标之间存在正相关关系。进一步观察东部地区与中西部地区收入差异发现，中西部地区收入差距大于东部地区，但中西部地区收入差距对二元金融结构不存在显著影响，即收入差距对二元金融结构的影响是建立在平均收入水平提高的前提下的。*productivity*变量在除模型15以外的其他模型中均显著为正，这与

表6－2和表6－3的结论是一致的。*institution* 变量仅在模型19中通过了10%置信水平的显著性检验，说明城市倾向性的金融制度对资源配置的决定作用在东部地区明显减弱。*law* 变量在模型16、模型18、模型19、模型20和模型21中均显著为正，说明法律制度对经济活动保护程度越高的地区金融发展水平也越高。

表6－4　　二元金融结构影响因素模型实证检验结果（东部地区）

变量	模型15 *fsc*	模型16 *fir*	模型17 *fef*	模型18 *fco*	模型19 *fem*	模型20 *fas*	模型21 *fin*
outcome	－0.352 (－1.04)	0.546 (0.20)	0.995 (0.76)	－0.054 (－0.67)	0.780 (0.61)	0.823 (0.32)	－0.603 (－0.07)
income	0.686*** (3.49)	0.887* (0.22)	1.121*** (4.21)	0.891 (0.90)	0.418 (1.11)	4.560*** (3.13)	1.343*** (5.48)
productivity	0.846 (0.91)	2.632*** (3.91)	4.007*** (8.05)	0.985* (1.92)	2.331*** (11.68)	0.626*** (4.10)	1.219*** (2.78)
institution	0.849 (1.54)	0.031 (0.29)	0.855 (0.60)	1.211 (0.77)	0.419* (1.83)	0.432 (0.07)	0.008 (0.17)
law	0.753 (0.41)	0.818*** (3.21)	0.727 (1.28)	0.403*** (5.26)	1.232*** (4.08)	1.014*** (3.78)	0.966*** (8.25)
c	1.672*** (7.25)	2.941*** (3.15)	4.564*** (6.15)	1.414*** (2.98)	2.613*** (5.85)	0.770*** (12.77)	0.587*** (3.33)
t	控制	控制	控制	控制	控制	控制	控制
估计方法	GLS	GLS	GLS	GLS	GLS	GLS	GLS

注：***、**、*分别表示在10%、5%和1%置信水平下显著。

以上分析说明，划分区域维度的考察得出了更加丰富的结果，也证明现阶段我国东部和中西部地区金融发展所处的阶段不同。总的来看，中西部地区二元金融结构的形成和分化更多地受到金融制度供给的影响，城乡收入差异对二元金融结构的影响尚未显现。中西部地区二元金融结构的另一个核心影响因素是城乡生产率差异，在中西部地区工业化和城镇化过程中，生产率差异的客观存在持续助推金融资源向城市聚集，加剧了二元金融结构分化。法律制度对城乡经济活动保障程度的差异不能很好地解释二元金融结构，这可能与农村法制建设相对滞后有关。与之形成鲜明对比，东部地区城乡二元金融结构与城乡收入差距紧密相关，说明东部地区金融发展具有需求导向的特征。与中西部地区一样，东部地区二元金融结构的变动也受到城乡生产率差异的影响。与中西部地区不同的是，政府的金融制度配给并没有加剧二元金融结构，反而出现了负相关关系，即政府的过度干预可能损失了金融资源配置的效率。这一结果与陈成忠、赵晓春（2006）的研究结论类似，即金融资源配置并不总是倾向高增长部门，他们利用江苏省的案例证明，在政府主导下，资金的配置从高增长的县域地区持续流向城市。因此，金融制度供给对金融效率的改进作用会随着工业化、市场进程不断弱化，一味地强调城市金融供给反而可能牺牲了金融运行的整体效率，也不利于城市金融效率的提高。法律制度对经济活动的保障程度也与二元金融结构之间存在正相关关系，说明在东部地区法律制度保障为金融发展提供了有力的支撑。需要强调的是，中西部地区二元金融结构尚未显现收敛的迹象而东部地区二元金融结构已出现了收敛的特征，并且东部地区城乡生产率差异和收入差距也在缓慢缩小。以上现象说明，二元金融结构的分化—收敛过程与金融发展的供给导向向需求导向转型的过程是一致的。

6.1.4　稳健性检验

上文的分析中，为了反映在我国区域经济发展不平衡的经济特征下二元金融结构影响因素的差异性，在实证中按照东部地区和中西部地区的标准对样本进行了分组。在这种分组标准下，可以间接区分经济发展不同水平下金融发展所处的不同阶段，也能够较好地体现不同区域资源禀赋基础不同所引起的差异。显然经济金融发展水平由低到高的趋势也可以根据时间推演进行划分。基于此，为了检验上文实证结果的稳健性，将面板数据按时间段划分进行稳健性检验。由于本书样本的时间跨度为10年，因此以5年为单位将样本分为两组，考察不同时间段二元金融影响因素的作用机理。

表6-5报告了2003~2007年省际面板数据对二元金融结构影响因素模型的稳健性检验结果，回归模型对时间趋势进行了控制，截距项采用均值形式。*outcome* 变量在以上模型中的显著性和符号方向仍然不稳定，这与

表6－2、表6－3和表6－4的结论基本一致。*income*变量在模型23和模型28中显著，证明收入水平与金融投资收益水平存在正相关关系，但在这一阶段二元收入结构无法从多角度解释二元金融结构的形成，这与表6－3的结果相近。*productivity*变量在部分模型中仍然显著为正，这一结果支持上文的实证结论。*institution*变量在模型22、模型23、模型26和模型27中显著为正，说明金融制度的非均衡程度与二元金融结构的强度存在正向联系，这一结果与表6－3的结论基本一致。*law*变量仅在模型27中显著为正，同样支持表6－3中关于金融法制水平对金融发展的影响尚未显现的推断。

表6－5　二元结构影响因素模型稳健性检验（2003～2007年）

变量	模型22 *fsc*	模型23 *fir*	模型24 *fef*	模型25 *fco*	模型26 *fem*	模型27 *fas*	模型28 *fin*
outcome	－0.865 （－0.34）	0.143 （0.11）	1.117 （1.22）	－0.868 （－1.52）	－0.028 （－0.26）	0.823* （1.89）	－0.201 （－0.15）
income	1.201 （0.65）	1.538** （2.22）	0.762 （0.84）	0.483 （0.19）	1.043 （1.45）	1.462 （1.56）	1.343*** （5.48）
productivity	1.476*** （3.22）	3.001*** （6.73）	2.777*** （4.13）	1.030 （0.90）	1.831*** （2.46）	0.882** （1.71）	0.715 （1.27）
institution	0.926*** （6.80）	0.944* （1.76）	0.052 （0.13）	1.585 （0.67）	2.15** （2.00）	0.926*** （3.07）	0.486 （1.33）
law	0.246 （0.09）	0.041 （0.38）	0.738 （0.95）	0.661 （0.58）	1.002 （0.75）	1.771** （2.28）	0.623 （0.45）
c	1.522*** （5.88）	2.953*** （4.87）	4.564*** （11.31）	3.855*** （12.66）	1.013 （1.25）	1.664*** （6.75）	0.587*** （2.82）
t	控制	控制	控制	控制	控制	控制	控制
估计方法	GLS	GLS	GLS	GLS	GLS	GLS	GLS

注：***、**、*分别表示在10%、5%和1%置信水平下显著。

表6－6报告了2008～2012年省际面板数据对二元金融结构影响因素模型进行稳健性检验的结果。*outcome*变量的回归结果说明，无论是从整体的、分区域的还是分时间段的层面来看，二元经济决定二元金融的总量关系这一结论都不成立，本书的研究结论证明经济总量决定金融总量的经验

判断并不符合我国金融发展的实际情况。与表6－5相比，*income* 变量在模型29～模型35中的显著性水平并未明显增强，而与表6－3和表6－4相比，*income* 变量的显著性水平则有所下降，二元收入结构对二元金融结构的影响并未随着时间的推移而增强，这显然与预期不符。造成这种差异的原因可能是按照时间分段计算的城乡收入差距水平抹平了东部和中西部之间的区域差异，因此通过区域划分的实证结果所揭示的规律性可能优于按照时间段划分所得出的结果。*productivity* 变量的回归结果与上文的研究结论仍然吻合。与表6－5中的结果相比，*institution* 变量在模型29～模型35中的显著性水平有所下降，说明随着时间推移，政府干预对二元金融结构的影响强度在下降，这与通过划分区域得出的结论类似。同时结合表6－3、表6－4和表6－5的结果可以看出，政府干预对金融资源总量的宏观调控效果较明显，而对于金融服务、金融投资收益等中观和微观层面调控的效果较差。从整体上来看，以上稳健性检验的结果与表6－2、表6－3和表6－4的研究结果基本一致，进一步支撑了前文的实证结果。

表6－6　　二元金融结构影响因素模型的稳健性检验（2008～2012年）

变量	模型29 *fsc*	模型30 *fir*	模型31 *fef*	模型32 *fco*	模型33 *fem*	模型34 *fas*	模型35 *fin*
outcome	－0.742 （－1.04）	－0.321 （－0.08）	1.673 ** （1.98）	－0.114 （－0.26）	0.876 （0.42）	0.071 （0.63）	－0.308 （－0.62）
income	0.691 （1.29）	1.235 （1.54）	3.620 * （1.80）	1.889 * （1.67）	0.749 （0.50）	1.570 （1.31）	2.125 *** （5.47）
productivity	1.121 *** （2.68）	2.106 *** （2.55）	2.686 *** （7.27）	1.381 （0.72）	3.340 *** （4.33）	0.929 *** （2.88）	1.113 *** （3.82）
institution	0.821 * （1.78）	0.203 （1.26）	1.803 （1.49）	0.355 （0.34）	0.254 （0.65）	0.421 ** （2.16）	0.592 （0.16）
law	1.762 * （1.81）	0.411 （0.74）	0.665 （0.52）	0.773 *** （6.51）	0.863 ** （2.36）	1.458 *** （3.10）	0.589 *** （5.91）
c	2.445 *** （4.13）	5.941 *** （11.77）	4.564 *** （6.15）	1.286 *** （5.21）	－1.067 *** （－3.42）	1.730 *** （3.23）	1.358 *** （4.03）
t	控制	控制	控制	控制	控制	控制	控制
估计方法	GLS	GLS	GLS	GLS	GLS	GLS	GLS

注：***、**、*分别表示在10%、5%和1%置信水平下显著。

6.2 城乡金融发展的互动影响关系实证检验

6.2.1 变量设定、样本分组与方法

1. 变量说明

(1) 金融发展水平变量。本节内容研究的对象是城乡金融之间的影响关系及其门槛效应，因此分别衡量城市金融发展水平和农村金融发展水平，为区别二元金融结构指标，将城市金融发展水平指标记为 fsc^U、fir^U、fef^U、fco^U、fem^U、fas^U 和 fin^U，分别表示金融规模、金融相关率、金融效率、金融服务覆盖率、金融从业人员占比、人均金融资产持有量和人均金融投资收益。同理，农村金融发展水平记为 fsc^R、fir^R、fef^R、fco^R、fem^R、fas^R 和 fin^R。在计算二元金融结构时采用的是结构化指标，即城市金融发展水平与农村金融发展水平的比率，因此从不同视角构建的比率指标之间具有可比性。由于分析二元金融的互动影响过程要求对城市金融发展水平和农村金融发展水平进行分别计算，因此有必要对绝对水平指标进行调整，其中 fsc^U 和 fsc^R 分别用城市贷款增长率和农村贷款增长率表示，fas^U 和 fas^R 分别用城市居民人均金融资产增长率和农村居民人均金融资产增长率表示，fin^U 和 fin^R 分别用城市居民金融投资收益增长率和农村居民金融投资收益增长率表示。

(2) 自变量和控制变量。首先，在考察城乡金融互动影响的过程中，农村金融发展水平和城市金融发展水平互为因变量。其次，考虑到金融发展的渐进性，金融发展模型具有自回归的特征，鉴于此，将城乡金融发展的滞后项引入模型。此外，沿用前文分析的框架，将经济因素包括产出水平（*outcome*）、生产率水平（*productivity*）、收入水平（*income*）和制度因素包括政府干预强度（*institution*）、法律制度水平（*law*）作为因变量纳入模型，分别用以上变量的增长率表示。最后，考虑到金融发展的过程中伴随着经济转型过程，而经济转型的过程又可能对金融发展产生影响，因而对时间趋势和经济转型因素进行了控制。

2. 模型设定

为了反映城乡金融发展相互作用及影响的内在变化过程，设定基本模型如下：

$$F_{it}^{U} = \mu_i + \sum \alpha_j F_{it-j}^{U} + \sum \beta_n F_{it}^{R}(\omega_{n-1} \leqslant F_{it}^{R} \leqslant \omega_n) + \theta_i \sum X_{it}^{U} + \gamma_i \sum Z_{it}^{U} + \varepsilon_{it} \tag{6-24}$$

$$F_{it}^{R} = \mu_i^{*} + \sum \alpha_j^{*} F_{it-j}^{R} + \sum \beta_n^{*} F_{it}^{U}(\omega_{n-1} \leqslant F_{it}^{U} \leqslant \omega_n) + \theta_i^{*} \sum X_{it}^{R} + \gamma_i^{*} \sum Z_{it}^{R} + \varepsilon_{it}^{*} \tag{6-25}$$

模型（6－24）侧重分析农村金融发展对城市金融发展的影响，模型（6－25）则重点分析城市金融发展对农村金融发展的影响。模型中 F^U 和 F^R 分别表示城市金融发展水平和农村金融发展水平，X 为影响金融发展的因变量，Z 为控制变量，ε 为误差项。第一个模型检验了农村金融发展对城市金融发展的影响，即聚集效应模型，模型中设定 F_{it}^{R} 为门限变量。第二个模型检验城市金融发展对农村金融发展的影响，即扩散效应模型，设定 F_{it}^{U} 为门限变量，ω_n 为待估计的门限值。检验的过程如下：首先需要对模型的门槛效应进行检验，即判断 $\beta_n = \beta_{n-m}$ 的原假设是否成立，若门槛效应显著，则估计出相应的门槛值 ω_n，通过对比 F_{it}^{R} 的系数 β_n 在小于 ω_n 区间和大于 ω_n 区间的取值来判断农村金融对城市金融的作用方向和强度的变化，同理通过观察式的检验结果可以判断城市金融发展影响农村金融发展的门槛效应。通过分别检验全国、东部地区和中西部地区分组样本来考察城乡金融非均衡发展的区域差异。

3. 面板门限回归方法简介

基于前文的分析，随着经济结构的转型，二元金融结构可能是非线性的，其函数形式可能依赖于某个变量而改变。为了捕捉这种非线性的变动趋势，早期研究中由研究者主观地确定若干个门限值，然后根据门限值对样本进行分组验检，但并不对门限值本身进行显著性检验。显然，这样得到的结果并不可靠。为此，汉森（Hansen，2000）提出了“门限回归”（threshold regression），以严格的统计推断方法对门限值进行参数估计与假设检验。

假定样本数据为 $\{y_i, x_i: 1 \leqslant i \leqslant n, 1 \leqslant t \leqslant T\}$，固定效应门限回归模型设定为：

$$\begin{cases} y_{it} = \mu_i + \alpha_1 x_{it} + \varepsilon_{it}, \ z_{it} \leqslant \gamma \\ y_{it} = \mu_i + \alpha_2 x_{it} + \varepsilon_{it}, \ z_{it} \geqslant \gamma \end{cases} \tag{6-26}$$

其中，z_{it}是门限变量，门限变量可以是解释变量的一部分，也可以是被解释变量，γ 是等待估计的门限值。对是否存在门限效应可以检验以下原假设：

$$H_0: \alpha_1 = \alpha_2 \tag{6-27}$$

若原假设成立，则不存在门限效应，此时方程简化为标准固定效应模型：

$$y_{it} = \mu_i + \alpha_1 x_{it} + \varepsilon_{it} \tag{6-28}$$

对于这个标准的固定效应模型，用 OLS 估计在 H_0 约束条件下得到的残差平方和，记为 SSR（H_0），无约束条件的残差平方和记为 SSR（γ^*）。如果加上约束条件后使得$[SSR(H_0) - SSR(\gamma)]$越大，则越应该倾向于拒绝 H_0。汉森（1999）提出使用以下似然比检验（LR）统计量：

$$LR = [SSR(H_0) - SSR(\gamma^*)]/\hat{\sigma}^2 \tag{6-29}$$

其中：

$$\hat{\sigma}^2 = SSR(\gamma^*)/[n(T-1)] \tag{6-30}$$

为对扰动项方差的一致估计。如果原假设 H_0 成立，则不存在门限效应，参数 γ 不可识别。如果拒绝 H_0，则认为存在门限效应，可进一步对门限值进行检验，即检验：

$$H_0: \gamma = \gamma_0 \tag{6-31}$$

定义似然比检验统计量：

$$LR(\gamma) = [SSR(\gamma) - SSR(\gamma^*)]/\hat{\sigma}^2 \tag{6-32}$$

可以证明，在 H_0 成立的情况下，$LR(\gamma)$的渐进分布虽然是非标准的，但其累计分布函数为：

$$f(x) = (1 - e^{-x/2})^2 \tag{6-33}$$

在此基础上可以直接算出其临界值，并可以利用统计量 $LR(\gamma)$来计算

γ的置信区间。类似地，考虑多门限值的面板回归模型。以两个门限值为例：

$$y_{it}=\mu_i+\beta_1 x_{it}(z_{it}\leqslant\gamma_1)+\beta_2 x_{it}(\gamma_1<z_{it}\leqslant\gamma_2)+\beta_3 x_{it}(z_{it}>\gamma_2)+\varepsilon_{it} \tag{6-34}$$

将以上模型转换成离差形式，并用两步法进行估计。首先，给定一组（γ，γ），用OLS估计离差模型，得到残差平方和SSR（γ，γ），其次，选择（γ，γ）使得SSR（γ，γ）最小。

4. 变量的描述性统计

表6-7报告了样本描述性统计的结果。从变量的均值水平来看，农村金融发展水平整体上低于城市金融发展水平，而无论从城市金融发展水平指标来看还是从农村金融发展水平指标来看，中西部地区金融发展水平整体上低于东部地区，说明我国金融非均衡发展的同时存在城乡差异和区域差异。同时从标准差和样本值的上下限值来看，中西部地区各省市金融发展水平的差异要大于东部地区各省市金融发展水平的差异。以上数据充分说明，区域划分很好地体现了我国梯级发展战略引起的时空差异，也反映了从空间维度考察金融结构演进的合理性。

表6-7　　城乡金融发展互动影响关系模型主要变量的描述性统计

变量	东部地区				中西部地区			
	均值	标准差	最小值	最大值	均值	标准差	最小值	最大值
fsc^R	0.052	0.118	-0.186	0.511	0.073	0.226	-0.217	0.754
fsc^U	0.072	0.201	-0.235	0.617	0.053	0.327	-0.329	0.482
fir^R	0.553	0.365	0.212	1.473	0.462	0.480	0.174	1.804
fir^U	1.097	0.501	0.461	1.611	1.147	0.628	0.314	2.413
fef^R	1.004	0.330	0.528	1.920	0.997	0.523	0.307	1.201
fef^U	1.426	0.478	0.624	2.285	1.312	0.522	0.691	1.630
fco^R	0.041	0.010	0.007	0.214	0.038	0.023	0.003	0.183
fco^U	0.584	0.079	0.035	0.823	0.557	0.213	0.008	0.933
fem^R	0.831	0.329	0.023	2.726	0.819	0.424	0.047	3.156
fem^U	3.734	0.963	0.747	6.338	3.819	1.589	0.342	9.327

续表

变量	东部地区				中西部地区			
	均值	标准差	最小值	最大值	均值	标准差	最小值	最大值
fas^R	0.087	0.051	-0.315	0.738	0.069	0.186	-0.572	0.428
fas^U	0.124	0.076	-0.261	0.687	0.092	0.035	-0.173	0.528
fin^R	0.177	0.108	-0.162	0.923	0.161	0.239	-0.208	0.757
fin^U	0.146	0.115	0.038	0.845	0.142	0.333	-0.408	1.230
$outcome^R$	0.096	0.202	0.033	0.214	0.082	0.155	0.025	0.370
$outcome^U$	0.127	0.081	0.609	0.318	0.104	0.120	0.047	0.289
$income^R$	0.142	0.067	0.053	0.279	0.131	0.086	0.042	0.285
$income^U$	0.158	0.082	0.084	0.332	0.137	0.113	0.051	0.317
$productivity^R$	0.032	0.153	-0.026	0.221	0.019	0.214	-0.168	0.231
$productivity^U$	0.162	0.074	0.013	0.325	0.088	0.102	-0.071	0.282
$institution^R$	0.221	0.318	-0.215	0.432	0.148	0.135	-0.131	0.265
$institution^U$	0.268	0.241	-0.151	0.387	0.319	0.422	-0.264	0.562
law^R	0.051	0.002	-0.028	0.083	0.026	0.053	-0.147	0.128
law^U	0.085	0.014	-0.036	0.178	0.049	0.037	-0.081	0.277

注：缺失的数据用插值法补齐，上表结果均为取对数后的结果。

资料来源：计算上述指标所用数据来源于《中国统计年鉴》（2004～2013年）、《中国金融统计年鉴》（2004～2013年）、《中国固定资产投资统计年鉴》（2004～2013年）、《中国乡镇企业年鉴》（2004～2006年）、《中国乡镇企业及农产品加工年鉴》（2007～2012年）、EPS数据库及中宏网数据库。

6.2.2 农村金融发展对城市金融发展影响的检验

表6-8报告了农村金融发展的聚集效应模型的估计结果，根据AIC准则，F_{t-1}变量的最优滞后期设定为1阶，模型对时间趋势t和经济转型变量Z进行了控制。门限识别检验的结果显示，模型39未通过门槛识别检验，其余模型均通过门槛识别检验，其中模型41存在双重门限。从模型36的回归结果来看，在低于ω_1的区间内，fsc^R的回归系数显著为正，说明当农村金融规模增长达到ω_1临界水平之前，农村金融规模扩张客观上加速了城市金融规模扩张，而当农村金融规模增长超过ω_1水平后，农村金融规模与城市金融规模之间表现出显著的负相关关系。这说明城乡金融规

模扩张可能存在如下关系：即在金融发展水平较低的阶段，农村金融规模扩张的同时农村金融资源也向城市金融体系转移，从而加速城市金融规模的扩张，而当农村金融发展达到一定水平后，金融资源又会从城市向农村回流。fir^R 和 fef^R 的回归结果与 fsc^R 类似，说明从金融规模、金融相关率和金融效率三个层面来看，农村金融发展对城市金融发展都具有正向促进作用，并且在农村金融水平较低的阶段尤为明显。当农村发展水平超过其临界水平后，农村金融发展对城市金融发展的贡献逐渐减弱甚至消失。fco^r 未通过门槛效应检验，GMM 回归结果显示从金融服务的角度来看，农村金融发展与城市金融发展之间并不存在明显的关联，说明我国城乡金融服务体系之间相对独立，是一个典型的城乡分割的金融体系。fem^R 变量虽通过了门限识别检验，但 fem^R 并未通过 10% 置信水平的显著性检验。fem^R 与 fem^u 之间仅存在微弱的正相关关系，当 fem^R 超过门限水平 ω_1 后，二者的正相关关系进一步减弱。这一结果说明农村金融从业人员的比例虽然在不断提升，但仍存在农村金融从业人员向城市流失的情况。fas^R 变量存在双重门槛，在小于 ω_1 的区间内，fas^R 与 fas^U 之间存在显著的正相关关系，即农村人均金融资产数量的提升促进了城市人均金融资产的增长。但 fsc^R 进入［ω_1，ω_2］区间后，变量的显著性下降，而当 fas^R 进入大于 ω_2 区间后，二者的关系进一步由正变负。无论是从人均金融资产还是从总的金融规模来看，在金融发展的初期，农村金融发展对城市金融的发展都存在明显的促进作用。fin^R 在小于 ω_1 和大于 ω_1 的区间内均显著为正，但在大于 ω_1 的区间内其系数缩小，说明农村居民更多的参与金融投资促进了资本市场的发展，从而更有利于城市居民从金融投资中获益。以上结果共同说明，农村金融发展对城市金融发展具有积极的促进作用，农村金融发展有利于金融资源向城市的聚集，尤其是在金融发展水平较低的阶段，这一关系得到了充分的体现。但是，农村金融发展对城市金融发展的贡献并不是一种线性影响的过程，而是随着农村金融发展水平的提高逐渐减弱甚至消失。以上过程说明，静态地考察城乡金融发展可能放大了农村金融对城市发展的贡献。同时，以上实证结果也证明二元金融结构的形成不仅受到经济、制度等因素的冲击，也有金融体系内部非均衡发展的内在机制。同时，这一实证结论也解释了二元金融对于外部干预和刺激不敏感的原因。

表 6-8　　农村金融发展对城市金融发展影响模型检验结果

变量	模型 36 *fsc*	模型 37 *fir*	模型 38 *fef*	模型 39 *fco*	模型 40 *fem*	模型 41 *fas*	模型 42 *fin*
ω_1	0.921	0.578	0.459	—	0.745	0.373	0.587
ω_2	—	—	—	—	—	0.490	—
F^R	0.884***	0.418***	1.063***	-0.328	0.492	0.168*	0.757*
$(F^R<\omega_1)$	(2.76)	(4.23)	(8.14)	(-0.47)	(0.14)	(1.78)	(1.79)
F^R	-0.442*	-0.412	0.135	—	0.387	0.289	0.288*
$(F^R>\omega_1$ 或 $\omega_1<F^R<\omega_2)$	(-1.84)	(-1.24)	(0.32)	—	(0.78)	(1.57)	(2.16)
F^R	—	—	—	—	—	-0.130	—
$(F^R>\omega_2)$	—	—	—	—	—	(-1.35)	—
F_{t-1}^U	0.429*** (12.11)	0.281*** (7.38)	0.272*** (3.80)	0.143*** (4.54)	1.549** (2.23)	0.407*** (5.30)	0.137*** (2.96)
$outcome^U$	0.651* (1.68)	-0.364 (0.09)	0.120 (1.18)	-1.337*** (-5.66)	0.372 (0.83)	0.400* (1.72)	0.011 (0.50)
$income^U$	2.477*** (7.51)	1.342*** (6.18)	0.694 (0.31)	1.825*** (5.46)	0.623 (0.62)	2.382*** (5.44)	0.924*** (8.35)
$productivity^U$	-0.923 (-0.22)	0.483** (1.86)	0.225*** (5.42)	0.662*** (4.33)	2.013*** (8.52)	0.078** (2.12)	0.078*** (3.21)
$institution^U$	0.724* (1.73)	0.311 (0.27)	-0.294 (-0.56)	0.682 (0.43)	0.658 (0.15)	1.568*** (3.06)	0.042 (0.38)
law^U	3.606** (1.98)	0.717*** (8.22)	-0.328 (-1.00)	0.391*** (10.57)	0.818 (0.68)	0.394*** (0.61)	0.501* (1.86)
c	2.339*** (9.42)	1.929*** (6.47)	-1.114** (-2.11)	2.884*** (5.40)	3.447*** (3.57)	6.339*** (10.78)	1.274*** (7.61)
t	控制	控制	控制	控制	控制	控制	控制
Z	控制	控制	控制	控制	控制	控制	控制
门限识别检验	11.734**	20.872***	11.554**	不显著	24.283***	10.126***	7.673**
R^2	0.538	0.473	0.252	0.585	0.301	0.216	0.488

注：*、**、***分别表示在1%、5%和10%水平下显著，ω_1 和 ω_2 为估计的门限值，门限识别检验仅报告了显著性水平最高的门限个数的结果。未通过门槛识别检验的模型用系统 GMM 回归进行检验。

模型的其他变量的回归结果显示 F_{t-1}^{U} 在所有模型中均显著为正，说明城市金融发展具有一定的惯性。*outcome* 变量在模型 36 和模型 41 中显著为正，说明城市经济规模扩张刺激了金融规模的扩大和人均金融资产的增长，资本投入是城市经济增长的重要动力。*income* 变量、*productivity* 变量和 *law* 变量在多数模型中均显著为正，进一步证明了收入水平、生产率水平和法律制度对金融发展的决定作用。*institution* 变量与城市金融发展水平之间并没有显现明显的相关性，说明城市金融发展对于制度供给的依赖程度不高。

6.2.3　城市金融发展对农村金融发展影响的检验

表 6－9 报告了城市金融发展扩散效应模型的回归结果。根据 AIC 准则，F_{t-1} 变量的最优滞后期设定为 1 阶，模型对时间趋势 t 和经济转型因素 Z 进行了控制。从回归结果来看，模型 43 存在单一门限，fsc^{U} 在门限值两边的取值均为正，但均不显著。从长期来看，城市金融规模扩张对农村金融规模增长具有一定的积极作用。模型 44 中当 fin^{U} 在小于 ω_1 区间内部时显著，fin^{U} 超过 ω_1 后变为显著为正，说明当城市金融相关率达到一定水平后，城市金融相关率继续增长会带动农村金融相关率的增长，这一过程可以被理解为城市金融助推农村经济总资本份额的提升，使农村经济由劳动密集型向资本密集型转型的过程。模型 45 未通过门限识别检验，GMM 回归的结果显示 fef^{U} 变量在模型 45 中不显著，说明城市金融效率变动与农村金融效率变动之间不存在明显的联动关系，扩散效应并不是通过效率提升实现的。模型 46 同样未通过门限识别检验，并且 GMM 回归结果显示 fco^{U} 在模型 46 中不显著，说明城市金融服务水平的提升并未直接对农村金融服务改善产生积极影响，这与表 6－8 的结论是一致的。模型 47 存在双重门槛，在小于 ω_1 门槛值的区间内，fem^{U} 的系数为负但未通过 10% 置信水平的显著性检验，在［ω_1，ω_2］区间内 fem^{U} 与 fem^{R} 之间存在显著的正相关关系，而在超过 ω_2 水平的区间内，fem^{U} 对 fem^{R} 的影响进一步增强。以上趋势说明短期内农村金融可能面临从业人员流失的情况，而从长期来看，人员的扩散可能是金融行业扩散效应的主要传导渠道。模型 48 中 fas^{U} 在

达到临界值 ω_1 之前并不显著，而在大于临界值 ω_1 的区间内 fas^U 显著为正，说明从人均金融资产的角度来看，金融资源的分配存在均等化的调节机制。模型49通过了门槛识别检验，但 fin^U 变量在各区间均不显著，城市金融投资收益的增长对农村投资收益的影响不明显。这一结果可能与现阶段城市居民的投资选择较为多样化而农村居民的投资渠道有限存在一定关联。综合以上结果，城市金融发展既不是简单地以抑制农村金融发展为代价的，也不是与农村金融完全分割的独立发展。而是当城市金融水平提高到一定程度后，显现出城市“反哺”农村的迹象，体现了“扩散效应”的特征。

表6－9　　　城市金融发展对农村金融发展影响模型检验结果

变量	模型43 *fsc*	模型44 *fir*	模型45 *fef*	模型46 *fco*	模型47 *fem*	模型48 *fas*	模型49 *fin*
ω_1	1.021	0.896	—	—	0.631	0.975	0.678
ω_2	—	—	—	—	0.718	—	—
F^U	0.624	0.558	0.367	0.128	−0.511	0.258	0.202
$(F^U<\omega_1)$	(0.76)	(0.23)	(0.21)	(0.36)	(−0.78)	(0.76)	(0.69)
F^U	1.760	0.412***	—	—	0.325*	0.189***	0.663
($F^U>\omega_1$ 或 $\omega_1<F^U<\omega_2$)	(0.94)	(4.67)	—	—	(1.78)	(7.36)	(0.82)
F^U	—	—	—	—	0.771*	—	—
$(F^U>\omega_2)$	—	—	—	—	(1.85)	—	—
F^R_{t-1}	2.398*** (7.52)	0.409*** (4.61)	1.374*** (5.82)	0.383 (0.34)	3.147*** (8.33)	0.407*** (10.34)	0.637*** (5.29)
$outcome^R$	0.251 (0.49)	−0.032 (−1.31)	0.259 (0.38)	1.587*** (6.65)	0.218 (0.41)	1.438 (0.45)	2.445 (1.52)
$income^R$	0.037 (0.28)	0.156 (0.63)	0.694 (0.26)	1.762*** (3.80)	0.562 (0.17)	0.732 (0.65)	1.524*** (7.45)
$productivity^R$	0.224 (0.78)	0.673*** (4.65)	3.136*** (7.82)	0.729*** (5.36)	0.306 (0.27)	0.453*** (6.33)	4.163*** (8.12)
$institution^R$	1.125*** (8.95)	0.238 (0.14)	0.623 (0.82)	1.267*** (5.76)	0.527*** (4.25)	2.168*** (11.01)	0.041 (0.83)
law^R	1.772* (0.89)	−0.515 (−0.91)	0.050 (0.31)	0.214 (1.42)	0.034 (1.45)	0.258 (0.26)	0.753 (1.46)

续表

变量	模型 43 *fsc*	模型 44 *fir*	模型 45 *fef*	模型 46 *fco*	模型 47 *fem*	模型 48 *fas*	模型 49 *fin*
c	3. 141 *** (17. 07)	1. 763 *** (4. 21)	1. 114 *** (7. 62)	4. 261 *** (5. 43)	0. 879 *** (8. 74)	3. 223 *** (6. 06)	2. 582 *** (13. 09)
t	控制	控制	控制	控制	控制	控制	控制
Z	控制	控制	控制	控制	控制	控制	控制
门限识别检验	15. 63 ***	18. 41 ***	不显著	不显著	30. 92 ***	22. 25 ***	6. 662 *
R^2	0. 352	0. 252	0. 548	0. 632	0. 171	0. 216	0. 319

注：*、**、*** 分别表示在 1%、5% 和 10% 水平下显著，ω_1 和 ω_2 为估计的门限值，门限识别检验仅报告了显著性水平最高的门限个数的结果。

模型的其他变量回归结果显示 F^R_{t-1} 在所有模型中均显著为正，说明农村金融发展也具有惯性。*outcome* 变量仅在模型 46 中显著，表明农村经济增长扩张与金融发展之间并不存在明显的关系。与表 6－8 相比，*income* 变量的显著性明显下降，证明收入水平与农村金融发展水平之间的关联度不大，农村金融还没有表现出需求导向的特征。*productivity* 在大部分模型中显著为正，说明生产率水平的提升有助于农村金融发展。*institution* 在模型 43、模型 46、模型 47 和模型 48 中显著为正，说明单从制度供给的角度来看，加强农村金融制度供给有利于农村金融发展。与表 6－8 的结果相比，金融制度供给对农村金融发展的作用强于对城市金融发展的作用，因而城市倾向性的金融发展政策可能存在效率损失。*law* 的显著性水平较差，说明法律制度与农村金融发展之间没有直接联系，这可能与农村法制建设滞后有关。

综合表 6－8 和表 6－9 的实证结果，可以得出以下结论：从长期视角来看，城乡金融部门之间的相互影响在经济发展的不同阶段并不是静态和绝对的，而是动态和相对的，我国城乡金融发展过程中体现了农村金融推动城市金融发展到城市金融带动农村金融发展的门槛效应。聚焦城乡金融的短期差距往往导致农村金融所作的“牺牲”被放大，而城市金融对农村金融的贡献则被掩盖。因此，农村金融资源的转移并非简单的“失血”，相反从长期来看，农村资金向城市转移可看作一种资源的跨期最优配置（许月丽、张忠根，2013）。城乡金融互动发展演化过程也体现了经济结构转型的内在要求，经济结构转型的过程与城乡金融发展由分化向收敛转变的过程高度同步。从实证结果来看，有别于传统观点对城市金融发展抑制了农村金融发展的判断，本书利用多个指标验证发现，城市金融发展与农村金融发展并不存在严格的负相关关系，而是普遍存在相互促进的正相关关系。也就是说，二元金融结构形成和分化并不一定是以农村金融萎缩为代价的，二元金融结构强化的背后是城市金融体系集功能演进、效率改进、规模扩张、模式创新优化于一体的高速发展与农村金融在传统发展模式中缓慢增长的巨大反差。

6.3 经济转型影响二元金融结构的门槛效应检验

6.3.1 模型设定及变量说明

1. 模型设定

二元经济转型既是发展中国家经济发展的目标，又是推动经济持续增长的动力；既贯穿于经济发展的整个过程，又存在明显的门槛特征。因此，二元经济转型对二元金融结构的形成和收敛作用也可能存在非线性影响关系。考虑到二元经济转型的门槛特征，本书利用门槛效应模型考察二元经济转型与二元金融结构变迁的动态影响关系。为此设定基本模型为：

$$f_{it} = \mu_i + \beta_n T_{it}(\omega_{n-1} \leqslant T_{it} \leqslant \omega_n) + \theta_i \sum X_{it} + \varepsilon_{it} \qquad (6-35)$$

其中，f 表示二元金融结构水平，T 为经济转型特征变量，X 为影响二元金融结构水平的其他因素，ω 为待估计的门槛值，ε 为随机误差项。

2. 变量说明

（1）因变量。模型的因变量为二元金融结构水平，与前文的分析一样，采用金融规模比率（*fsc*）、金融相关率比率（*fir*）、金融效率比率（*fef*）、金融服务覆盖率比率（*fco*）、金融从业人员占比比率（*fem*）、人均金融资产比率（*fas*）和金融投资收入比率（*fin*）7个不同的指标来衡量二元金融结构水平。

（2）自变量。二元金融结构的影响因素选取 *outcome*、*income*、*productivity*、*institution* 和 *law* 变量。经济转型特征变量主要选用城镇化（*urb*）和市场化（*mar*）两个指标。劳动力结构的变化是二元经济转型的关键要素和主要表征。在经典发展经济学中，二元经济转型表现为剩余劳动力转移引起农村边际产出递增，最终形成一个城乡一体化的劳动力市场，从而实现二元经济结构向一元经济结构的转换。在这个过程中农业人口逐渐脱离农村变为城镇居民，人口结构的变化能够很好地反映经济转型的特征。发展中国家经济转型的另一个主要特征是资源配置方式的改变，尤其是在我国经济转型过程中，强化市场机制的主导地位已成为经济转型的一项重要目标。因此，市场化水平的变动也能够充分反映经济转型的过程和特征。基于此，将分别对以下两个模型进行检验：

$$f_{it} = \mu_i + \beta_n urb_{it}(\omega_{n-1} \leqslant urb_{it} \leqslant \omega_n) + \theta_i \sum X_{it} + \varepsilon_{it} \quad (6-36)$$

$$f_{it} = \mu_i^* + \beta_n^* mar_{it}(\omega_{n-1} \leqslant mar_{it} \leqslant \omega_n) + \theta_i^* \sum X_{it} + \varepsilon_{it}^* \quad (6-37)$$

其中 *urb* 和 *mar* 分别表示城镇化水平和市场化水平，X_{it} 为影响二元金融结构水平的控制变量。

6.3.2　城镇化与二元金融结构关系的实证检验

表6-10报告了城镇化对二元金融结构水平的影响。模型50中 *urb* 对 *fsc* 的影响不存在门槛效应，而是一种显著的正向促进作用，说明人口向城市转移的同时，金融资源与人口同向流动，这一过程贯穿整个城镇化的过程中。*urb* 对 *fir* 的影响在不同阶段存在明显的差异，城镇化初期，劳动力转移不仅没有挤出金融资源在经济中的投入比重，相反，以农民工为主体的高储蓄倾向群体进入城市工业部门可能反而提升了金融资产在经济总量中的占比，但劳动力转移并没有提升农村生产中资本的投入比重，这可能与工业化初期农村剩余劳动力未完全转移的状态有关。当城镇化水平超过 ω_1 后，城镇化对 *fir* 的正向促进作用变为显著的负相关，说明城镇化进程

的进一步提高有利于抑制城乡金融相关率差距的扩大。模型52的结果显示城镇化对城乡金融效率的影响在初期并不明显，但是当城镇化超过门限水平 ω_1 后，二者开始出现明显的负相关关系，说明从长期来看，城镇化进程的持续推进有助于缩小城乡金融效率的差距。模型53的结果显示，城乡金融服务水平的差距随着城镇化进程的推进不断加大，这充分说明在经济转型过程中，金融服务是以城市为中心的，城镇化进程对城市金融服务提出了更多的需求，也为金融发展提供了市场和空间。当城镇化达到 ω_1 后，城镇化与二元金融结构的正相关关系逐渐消失，证明金融服务的均等化滞后于城镇化。*urb* 与 *fem* 的关系也存在明显门槛效应，当城镇化水平低于 ω_1 时，*urb* 对 *fem* 的作用关系不明显，*urb* 超过门槛水平 ω_1 后，*urb* 与 *fem* 呈现负相关。模型55中 *urb* 在 ω_1 两侧区间内均为负且不显著，二者微弱的负相关关系说明农村人口向城市转移可能降低了城市人均资产的持有量，但总体上影响并不显著。从 *urb* 与 *fin* 的关系来看，早期的城镇化进程对城镇居民投资收益的变动并没有显著的影响，当城镇化水平超过 ω_1 后，*urb* 与 *fin* 之间开始显现负相关关系，说明城镇化的推进有助于农村居民更多地从金融发展中受益。其中一个可能的解释是，随着城镇化的推进，农村居民将人力、资金、土地等要素转化成股权、债权等金融资产，极大地丰富了农村居民的金融投资的形式，拓展了金融投资收益的来源。综合以上结果，我国城镇化进程与二元金融结构的演化既存在较强的联动性，又存在明显的门槛效应。在城镇化初期，劳动力转移客观上加速了金融资源向城市聚集，伴随着城市化的推进，二元金融结构不断强化。但从长期来看，城镇化的不断推进有利于加速二元金融结构的收敛过程。也就是说，城镇化过程既是二元金融结构形成和强化的重要推动因素，也是二元金融结构长期收敛的条件和动力。

表6-10　　城镇化对二元金融结构影响模型检验结果

变量	模型50 *fsc*	模型51 *fir*	模型52 *fef*	模型53 *fco*	模型54 *fem*	模型55 *fas*	模型56 *fin*
ω_1	—	0.655	0.554	0.593	0.316	0.456	0.421
urb	0.923***	0.732***	0.210	0.323**	1.213	-0.736	0.202

续表

变量	模型 50 *fsc*	模型 51 *fir*	模型 52 *fef*	模型 53 *fco*	模型 54 *fem*	模型 55 *fas*	模型 56 *fin*
($urb < \omega_1$)	(3.83)	(6.33)	(0.13)	(2.25)	(0.68)	(−0.65)	(0.57)
urb	—	−0.204	−0.482***	0.084	−0.515**	−0.447	−0.653***
($urb > \omega_1$)	—	(−1.17)	(−3.24)	(0.16)	(−1.99)	(−0.23)	(−6.13)
outcome	−0.598 (−0.71)	−0.085 (−0.61)	0.874 (0.29)	−0.282 (−0.17)	0.070 (0.26)	0.320 (1.16)	−0.103 (−0.11)
income	1.302 (1.30)	0.826* (1.77)	0.753 (1.02)	0.485 (0.65)	0.311 (0.23)	1.114*** (5.45)	2.149*** (3.23)
productivity	0.237** (1.85)	0.657*** (4.62)	0.534*** (7.26)	0.312 (0.71)	0.994*** (13.03)	0.803* (1.73)	0.854*** (5.47)
institution	0.211 (0.67)	0.331 (1.26)	2.446*** (5.19)	0.889*** (4.11)	1.505 (1.38)	0.687 (0.45)	0.534 (0.66)
law	−0.325 (−0.71)	0.389*** (10.24)	−0.137 (−0.40)	0.373 (0.56)	0.258 (0.69)	1.156*** (6.01)	0.421 (0.38)
c	5.474*** (8.12)	0.515*** (6.58)	2.425* (1.78)	1.345*** (5.58)	0.789*** (3.00)	1.568*** (4.26)	2.572*** (3.61)
t	控制	控制	控制	控制	控制	控制	控制
门限识别检验	不显著	18.41***	20.03***	17.67***	8.93*	12.25***	13.12***
R^2	0.108	0.315	0.323	0.412	0.149	0.246	0.330

注：*、**、*** 分别表示在 1%、5% 和 10% 水平下显著，ω_1 和 ω_2 为估计的门限值，门限识别检验仅报告了显著性水平最高的门限个数的结果。未通过门限识别检验的模型采用 GLS 回归。

6.3.3　市场化与二元金融结构关系的实证检验

表 6－11 报告了市场化对二元金融结构水平的影响模型的检验结果。模型 61 未通过门限识别检验，其余模型均通过了门槛识别检验。进一步考察 *mar* 与各变量之间的关系，模型 57 中，*mar* 在小于 ω_1 的区间内为正但不显著，在大于 ω_1 的区间内显著为负。这说明市场化水平的提升在短期内对城乡金融规模差异的变动没有显著影响，但从长期来看，市场化进程

对矫正农村金融资源的过度外流具有积极作用，市场化水平的持续提升将有助于缩小城市金融部门和农村金融部门的规模差异。从 *mar* 与 *fir* 的关系来看，市场化程度与二元金融结构水平之间的作用关系也存在由不显著的正相关关系到显著的负相关关系的变化。这一结论有别于市场机制不利于城乡金融均衡发展的经验判断，本书的实证结果说明市场机制的完善对城乡金融均衡发展具有积极意义，并且在市场化程度较高的地区，进一步巩固市场机制的基础地位对实现城乡金融均衡发展的作用效果更加明显。模型 59 中 *mar* 与 *fef* 的负相关关系随着 *mar* 超过其临界值而增强，说明市场化进程的推进有利于农村金融的效率追赶，也说明农村金融资源配置中市场机制的效率可能更高，政府主导机制在配置农村金融资源配置中可能存在效率损失。模型 60 中 *mar* 对 *fco* 的影响在门限值两边异号，在小于 ω_1 水平的区间内 *mar* 显著为正，说明在市场化推进的过程中城市金融发展更早从市场化中受益，这与市场化改革由城市向农村、由发达地区向欠发达地区推进的改革路线相符合。当市场化水平超过门槛水平 ω_1 后，*mar* 的系数由显著为正变为显著为负，说明从长期来看市场机制加强有利于金融服务的均等化，尤其是当完成了对城乡二元市场的一体化改造后，市场化的推进将降低农村居民参与金融投资的门槛，为城乡居民提供均等的投资环境和机会。*mar* 在模型 61 中未通过门槛识别检验，GLS 回归的结果显示 *mar* 与 *fem* 之间不存在稳定的数量关系。模型 62 的结果显示，市场化水平在达到 ω_1 临界水平之前，市场化水平的提升在短期内扩大了城市居民和农村居民人均金融资产的差距。这一结论符合前文的预期，即在工业化的初期，市场机制的强化有利于金融资产向城市金融部门聚集。但是当市场化水平继续提升至 ω_1 后，市场化与城乡居民金融资产差距的正向促进关系逐渐消失。*mar* 与 *fin* 之间存在负相关关系，但 *mar* 在低于门槛水平 ω_1 时其负相关关系不显著，而当 *mar* 提高至 ω_1 以上后，二者的负相关关系显著加强，说明市场机制的建设对于调节城乡居民收入结构有重要的意义，加速市场化改革有利于农村居民财产性收入的增长，使农村居民公平地分享经济金融发展的成果。

表6-11　　市场化对二元金融结构水平的影响

变量	模型57 *fsc*	模型58 *fir*	模型59 *fef*	模型60 *fco*	模型61 *fem*	模型62 *fas*	模型63 *fin*
ω_1	0.837	0.655	0.387	0.432	—	0.456	0.577
mar	0.054	0.128	-0.210	0.156**	0.682	0.367**	-0.176
($mar < \omega_1$)	(0.81)	(0.43)	(-1.42)	(2.37)	(0.52)	(2.25)	(0.21)
mar	-0.120**	-0.204***	-0.625***	-0.123***	—	0.278	-0.614***
($mar > \omega_1$)	(-2.11)	(-7.26)	(-5.81)	(-3.20)	—	(0.38)	(-3.44)
outcome	0.021 (0.13)	-0.305 (-0.52)	0.350 (0.43)	-1.034 (-0.28)	0.142 (0.21)	0.401* (1.66)	0.008 (0.02)
income	0.986* (1.67)	0.629 (1.02)	0.583 (0.91)	0.483 (0.69)	0.204 (0.77)	1.153*** (6.08)	1.762*** (8.39)
productivity	0.153 (1.42)	0.521*** (3.78)	1.552*** (12.07)	0.296 (0.62)	0.855*** (4.31)	0.722*** (5.47)	0.649*** (6.11)
institution	0.399 (0.42)	0.261 (0.70)	0.452*** (3.22)	1.404*** (4.76)	1.505** (2.26)	0.710* (1.90)	0.505 (0.80)
law	-0.368 (-0.75)	0.468** (1.98)	-0.158 (-0.24)	0.387 (1.33)	0.254 (0.54)	1.002*** (4.72)	0.651 (0.98)
c	6.847*** (11.32)	4.514*** (4.85)	1.575*** (5.29)	1.842*** (4.53)	1.229*** (6.83)	1.783*** (5.62)	3.732*** (4.73)
t	控制	控制	控制	控制	控制	控制	控制
门限识别检验	17.03***	20.32***	11.43***	32.77***	不显著	27.62***	24.34***
R^2	0.205	0.308	0.472	0.512	0.267	0.361	0.478

注：*、**、***分别表示在1%、5%和10%水平下显著，ω_1 和 ω_2 为估计的门限值，门限识别检验仅报告了显著性水平最高的门限个数的结果。未通过门限识别检验的模型采用GLS回归。

以上结果说明，市场化的推进对二元金融结构的形成及收敛同样存在门槛效应，表现为在市场化建设的初期，市场化水平的提高客观上加速了二元金融结构的分化。无论是从绝对规模比率、相对规模比率还是人均金融资产比率来看，市场化水平都与二元金融结构水平呈正相关关系，说明市场化推动金融资源向城市转移和聚集。但是从长期来看，当市场化程度超过临界水平后，市场化机制的进一步完善对二元金融结构的收敛具有积极作用，尤其是在促进金融服务均等化、改善农村居民金融投资环境等方面的作用显著，说明市场化进程是金融一体化进程的重要推动量。

6.4 本章小结

本章对理论分析和假设进行了检验，即城乡二元金融结构的外部影响因素和城乡金融之间的内在影响过程进行了实证检验。实证结果发现，无论城乡经济增长比率还是城乡经济规模比率，与二元金融结构之间都没有明显的关系，说明总量关系并不能完全解释金融结构问题；无论是东部地区还是中西部地区还是从全国层面来看，城乡生产率差异都是二元金融结构驱动的主要原因；金融干预对二元金融结构的影响在中西部地区十分明显，但在东部地区显著下降；城乡收入差距与二元金融结构的关系在东部地区较为明显，说明东部地区金融发展具有需求导向的特征；城镇化在东部和中西部地区对二元金融结构的作用方向相反，在中西部地区，城镇化加速了金融资源向城市聚集，从而助推了二元金融结构的扩大。在东部地区，城镇化的推进有利于消除城市的比较效率优势，从而推动农村金融发展；市场化水平的提高对于中西部地区二元金融结构的演化也无明显影响，但是在东部地区市场化水平的提高对于加速农村金融的赶超过程具有积极作用，说明市场机制发挥作用的一个重要前提是具备一个相对完善的市场体系；此外，本章的实证检验中，城乡金融部门之间的相互影响关系也得到了充分验证，在金融发展水平较低的阶段，农村金融发展促进了城市金融发展，这意味着金融体系内部也存在优势聚集的内在机制，但是这一作用机制随着城市金融发展水平和农村金融发展水平的共同提高而逐渐消失，当城市金融发展水平达到某一门槛值后，城市金融进一步发展开始带动农村金融发展。以上结论充分证明了二元金融结构的形成既有外部条件冲击的影响，也是金融发展内在机制作用的结果。

第7章

促进二元金融结构收敛的路径选择

我国城乡二元金融结构的形成和收敛过程是在一个基于不完全市场和区域差异并存的二元经济模式下进行的。在这样的背景下，二元金融结构的形成和收敛都具有其特殊性。本章围绕实证分析的结果对我国二元金融演变的规律和特点进行分析，在此基础上提出二元金融结构收敛的路径选择。

7.1 二元金融结构收敛的路径特征

7.1.1 由相对收敛到绝对收敛

二元金融结构的收敛是城市金融发展水平和农村金融发展水平的差距由高到低的变化过程，但二元金融结构的收敛并不简单地等同于横向金融发展水平的绝对均衡。与区域经济金融发展的差距一样，城乡金融发展不仅面临着资源、技术、自然环境等天然条件的差异，更有文化、意识、观念等主观条件的差异。在城乡之间相互融合、相互渗透的过程中，城乡之间的差距逐渐缩小，但没有一种机制或手段能够迅速地、完全地抹平城乡发展的客观差距。从我国城乡二元金融结构收敛的轨迹来看，收敛进程表现出明显的由高度收敛逐渐过渡到低速收敛的变化过程，并且不同指标的收敛过程和差距水平存在明显的差异。因此，二元金融结构收敛过程体现的是差距的相对缩小而不是绝对意义上的赶超或均等。无论是从经济结构还是从金融结构的角度来看，城乡之间的融合需要经历长期的磨合，面临着制度、文化、观念的摩擦和冲击，也会遇到因利益分配变化而带来的阻力。二元金融结构的收敛不能简单地理解为短期内实现结构突变和优化，必须正视“收敛”和“均等”的区别，允许一定时期、一定程度、一定范围的城乡差距的存在。因此，金融政策的目标应该具有层次性和阶段性，即短期目标应该以缓解二元金融结构的矛盾为重点，长期目标则着眼于实现城乡金融差距的阶梯式递减，循序渐进地实现城乡金融的均等化。

7.1.2 由条件收敛到内生收敛

二元金融结构收敛的过程既有条件性又有阶段性，在不同的发展阶段二元金融结构的收敛对外部条件的依赖程度不尽相同。一般来讲，随着金融功能的拓展和金融结构的优化，金融发展的独立性、内生性不断增强，金融发展逐渐由“依附”状态过渡到超前发展。在金融发展水平较低的阶段，二元金融结构的收敛往往滞后于二元经济结构转型。其原因在于二元金融结构的演进具有惯性，二元金融结构在发展过程中沿着既有的路径不断自我强化，形成一种锁定状态。打破这种锁定状态需要依靠外部干预，通过经济、制度等因素的结构变化引导二元金融结构收敛。一旦二元金融结构进入收敛路径，二元金融结构的演变又会形成自我优化的路径依赖，即“以城带乡”的内生收敛机制。这一变化过程在我国二元金融结构收敛轨迹中得到了充分的体现，从中西部地区城乡金融互动关系来看，城乡金融发展不仅没有体现“以城带乡”的互动循环，反而存在“以乡促城”的分化作用，说明中西部地区二元金融结构的收敛仍然高度依赖于外部条件的推动。在金融发展水平较高的东部地区，二元金融结构的变迁既体现了条件收敛的特征，又体现了“以城促乡”的内生收敛过程。事实上，以上结论强调了二元金融结构收敛过程中初始条件创造的重要性，也说明了合理界定政府和市场有限边界的必要性。因此，在二元金融结构的调控过程中，既要充分发挥政府机制在条件供给方面的主导性，又要通过市场的开放和交叉构建金融发展“以城带乡”的互动平台。

7.1.3 由区域收敛到整体收敛

二元金融结构的收敛既有经济结构、制度供给等外部因素的驱动，又有金融发展方式、水平、模式的影响。在经济金融发展的不同阶段，二元金融结构演变的特征是不同的。一般来讲，金融发展模式具有由政府主导的供给导向模式向市场主导的需求导向模式演变的共性（Patrick，1969），二元金融结构同样表现出二元供给结构驱动到二元需求结构驱动的特征。在梯度开发的战略背景下，我国经济金融发展水平呈现由西向东梯度递增的趋势，金融发展的模式、状态、结构存在严重的区域分割。区域经济发展失衡的长期积淀不仅体现在经济金融发展的总量水平上，更深刻地影响到区域之间文化、意识、理念等因素，这些因素被证明与金融发展存在高度相关性。此外，区域经济金融发展的条块分割还导致了区域内部经济金融发展的关联性和联动性。与中西部地区相比，东部地区率先实现了工业化，市场体系相对完善，资源配置更加有效，人口结构更为合理，城市比较效率优势持续减弱，收入差距明显下降。在处于二元经济结构转型优化并具有相似经济结构特征的东部各省区市之间，二元金融结构的变迁具有一定的共性，表现为区域内部个体之间共同收敛的稳态变迁。中西部地区正经历加速工业化阶段，金融资源配置体现了强烈的政府意志和城市倾向。在经济条件、制度条件和内生条件的共同驱动下，二元金融结构表现出发散特征。在区域经济金融非均衡发展的现实背景下，二元金融结构不具备整体收敛的客观条件，而是东部各省区市金融发展的联动性和互补性不断增强，中西部各省区市金融发展存在较强的独立性。因此，我国二元金融结构的路径选择既要客观承认区域之间的差异性，避免“一刀切”的模式，又要注重区域内部的协调、融合和渗透，按照由区域收敛到整体收敛的路径推进二元金融结构向城乡金融均衡发展的目标转型。

7.2 二元金融结构收敛的路径选择方向与重点

7.2.1 以城乡统筹发展加速二元金融结构收敛

二元金融结构的收敛过程与二元经济结构转型具有高度的同步性，二元经济转型带动金融一体化，金融一体化滞后于经济一体化。二元金融结构的收敛过程有赖于经济转型的持续推进。一方面，城镇化过程中劳动力持续转移带动农村生产率提升，为农村金融发展创造了基础条件；另一方面，工业化过程中资本的快速积累改变了劳动和资本的供求关系，为金融资源替代劳动要素提供了空间。因此，工业化和城镇化的持续推进是二元金融结构向金融一体化过渡的重要支撑，而工业化和城镇化又需要城乡均衡发展来保障。然而，二元经济条件下，城市和农村发展相对独立和分割，城市和农村的发展往往是脱节的。现行的行政管理和规划体制下，政策的制定是以区域为对象，采取工业、农业分而治之的整体思路，这就导致了城市发展和农村发展的相互“独立”，加剧了城乡经济失衡的矛盾。城乡统筹发展就是要打破城乡发展的分割状态，使城市和农村形成一个有机的整体，充分考虑城乡之间产品、劳动力、资本的供求关系，形成均衡增长的路径。

城乡经济统筹的重点包括四个方面，一是统筹城乡规划建设。即改变目前城乡规划分割、建设分治的状况，把城乡经济社会发展统一纳入政府宏观规划，协调城乡发展，促进城乡联动，合力布局金融体系网络。根据经济社会发展趋势，统一编制城乡规划，促进城镇有序发展、农民梯度转移。主要包括：统筹城乡产业发展规划，科学确定产业发展布局；统筹城乡用地规划，合理布局建设、住宅、农业与生态用地；统筹城乡基础设施建设规划，构建完善的基础设施网络体系。二是统筹城乡产业结构。以工业化支撑城市化，以城市化提升工业化，加快工业化和城市化进程，促进农村劳动力向第二、第三产业转移，农村人口向城镇集聚。建立以城带乡、以工促农的发展机制，加快现代农业和现代农村建设，促进农村工业向城镇工业园区集中，促进农村人口向城镇集中，促进土地向规模农户集中，促进城市基础设施向农村延伸，促进城市社会服务事业向农村覆盖，促进城市文明向农村辐射，提升农村经济社会发展的水平，引导资金向农村回流。三是统筹城乡管理。突破城乡二元经济社会结构，纠正体制上和政策上的城市偏向，消除计划经济体制的残留影响，保护农民利益，建立城乡一体的劳动力就业制度、户籍管理制度、教育制度、土地征用制度、社会保障制度等，给农村居民平等的发展机会、完整的财产权利和自由的发展空间，遵循市场经济规律和社会发展规律，促进城乡要素自由流动和资源优化配置。四是城乡金融发展也需要统筹规划。一方面，要统筹城乡金融的供给和需求，放开对农村金融市场的控制，允许农村金融市场的自由竞争，降低农村金融的参与门槛；另一方面，要统筹金融市场的建设，扩大金融市场对农村经济的覆盖，为城乡金融发展创造均等化的环境。需要强调的是，现阶段我国二元金融发展存在明显的区域差异，在推进城乡统筹的同时应该具有针对性。具体而言，东部地区已进入了城市金融带动农村金融发展的良性循环，进一步完善金融市场机制建设应该是东部地区金融均衡政策的重点所在，而中西部地区城乡金融差距收敛的特征尚未显现，中西部地区还需要加速推进工业化和城镇化，实现二元金融结构收敛的门槛条件。

7.2.2　以政府诱导型市场化推动二元金融结构收敛

二元金融结构转型和收敛的过程中，一个核心问题是如何合理确定政府和市场的有效边界。农村金融的特殊性决定了金融一体化过程中既要充分利用政府对农村金融的扶持和监管职能，又要充分发挥市场机制在金融资源配置中的效率优势。因此，对于面临“双重任务”的广大发展中国家而言，如何在了解政府和市场相对比较优势的基础上采取“有进有退”的原则，是每个国家都必须认真思考的问题。我国的经济发展水平决定了农村金融不能完全由政府主导，但农村金融的政策性又决定了农村金融不能完全进行商业化的经营，这就决定了我国同大多数发展中国家一样，必须寻求一条新的农村发展道路。总体来看，对于发展中国家或转型经济体而言，由于这些国家或经济体的市场化程度普遍不高，因而在转型过程中完全依靠市场的力量是不现实的；与此同时，转型过程还需要社会主体达成共识，并在市场进程中不断整合彼此的力量。上述两方面都离不开政府的积极介入。当然，既然是向市场经济转型，那么就必须承认市场的决定性地位和作用，而政府则应该在弥补、促进和完善市场机制的基础上，有效增加转型过程中应对各种不确定性的能力，而不是一味地干预市场的发展，即通过政府诱导型市场化机制来促进二元金融结构的转型和优化。

金融发展的政府诱导机制是指政府从金融机构的经营主体中退出，让位于多元化的市场金融主体，同时改变对金融资源的直接控制和对金融准入的限制，通过提供相对完善的金融制度保障和经营环境，建立对商业金融的诱导机制，最终引导金融发展走上市场化的发展道路。政府诱导性市场机制的总体思路是：在市场经济体制下，通过政府的介入帮助商业性金融机构克服市场化经营的障碍，但基本立足点不能脱离市场配置资源的范畴。以市场为基础有助于充分发挥市场机制的竞争和激励功能，充分调动市场主体的自我发展能动性，提高效率，减少社会交易成本，通过这种方式有助于运用公共资源调动社会资源，提高资源配置效率，从而通过有限的政府补贴推动公共财政资源发挥最大限度的政策效应。在引导二元金融结构收敛的过程中，政府诱导机制需要强化两个方面的作用：一方面需要强化市场机制在金融资源配置中的主导地位，逐渐从现有的各种扭曲性干预中退出，如减少利率干预、推进利率市场化等，让价格反映资金的真实供求关系。同时要放宽对金融机构尤其是农村金融机构设立的准入条件，扩大农村金融市场的资金来源，鼓励农村金融机构相互竞争，降低资金在城乡之间流动的门槛。另一方面要强化市场运行的规范性，监督并规范农村金融的运行。由于农村金融与城市金融发展相比处于弱势地位，农村金融发展的条件和环境较差，容易受到市场波动冲击和道德风险的影响。同时由于农村金融供给面临高风险、高损失、高成本、高赔付等的特殊性和复杂性，农村金融的有效供给离不开政府的大力支持。

总体来看，政府诱导型市场化机制建设需要政府由参与者向监管者的角色转变，但这并不意味着政府采用简单的、激进的“退出”策略。在政府退出策略的选择上，中国的经验表明，政府在经济上所采取的“有所为，有所不为”的渐进式稳步退出策略，是确保金融体系成功实现市场化转型的重要基础。

7.2.3 以消除农村制度歧视保障二元金融结构收敛

工业化进程中，农村的制度歧视是发展中国家普遍存在的现象，制度歧视是二元金融结构产生的制度基础，主要体现在以下三个方面。首先是收入分配的制度歧视。发展中国家为了加速工业资本的积累，普遍采取压低农产品价格的政策来实现收入非均衡分配，由于农产品价格低于市场价格，在工农产品的交换过程中，工业部门通过低价购买农业产品而将农业剩余转移到工业部门中。因此农村居民不仅未分享工业经济增长的成果，反而承担了工业增长的成本代价。由于收入水平低下，农村金融资本的积累缓慢，金融发展在资本积累的起步阶段就无法支撑其扩张，因而陷入了低增长的循环中。其次是公共服务供给的制度歧视。表现为农村基础设施投入严重不足，医疗、养老等社会保障覆盖率低，教育、卫生、法律等机构发展水平低。城乡公共服务供给的不均衡体现了再分配过程中的制度歧视，同时也深刻地影响了二元金融结构的形成和发展。例如，交通、通信等基础设施不足使农村经济在分散状态下无法实现互联互通的集约发展，加大了金融机构经营的运营成本，抑制了金融体系向农村扩张的积极性。又如，社会保障体系不健全增加了农村居民未来生活的不确定性，削弱了农村居民参与金融活动的积极性，而教育、卫生、法律等公共服务不足也制约了农村居民金融意识的形成。最后是所有制的制度歧视。与城市多种所有制并存的经济形态相比，农村经济是以集体所有制为主的经济形态。土地的集体所有性质决定了其既不能自由买卖，也不能作为资产进行抵押和流转。一方面，农村土地规模小而分散，无法实现规模化经营，土地的使用效率低下，难以满足商业金融利益诉求；另一方面，农村土地无法作为抵押担保物进行融资，限制了农民获取外部融资的能力，从技术上阻碍了农村金融的发展。由于制度歧视的存在，农村金融发展比城市金融发展面临更为不利的条件，这些不利因素又在农村经济高风险的特征下被放大，从而使城市金融与农村金融处在一种不公平竞争的环境中，显然这与金融一体化进程是背道而驰的。因此，要实现城乡金融一体化，首要任务是为城乡金融发展创造公平的环境和条件，这就要求从制度层面消除对农村经济的歧视和抑制，尤其是在收入分配歧视、公共服务供给歧视和所有制歧视方面。

收入与金融发展有着重要的关系，收入水平提高能够刺激私人投融资的需求，推动金融的稳定发展。在现有的收入分配制度下，低收入水平严重制约了金融需求的产生，因此要实现农村金融的长期稳定发展，必须改革现有的收入分配制度。首先，要增加劳动者报酬在初次分配中的比重，实现藏富于国向藏富于民的转变；其次，要改变收入向少数群体集中的趋势，一方面，需要提高劳动者报酬，坚持按劳分配的基本原则，创造条件使更多劳动者获得财产性收入，使广大劳动者分享经济发展的收益；另一方面，加强初次分配和再分配的公平性，增加对高收入群体的税收额度，改革垄断行业和国有企业不合理的薪酬分配体系，逐步扭转收入分配差距扩大的趋势；最后，消除城乡剪刀差，矫正工农产品价格扭曲，增加对农村居民的转移支付，提升农村最低生活保障标准，缩小城乡收入差距。

我国城乡经济与社会发展各方面的具体差距在城乡基础设施建设与公共服务供给方面表现得尤其明显。如在当前农村的基础设施方面，水、电、道路交通、通信设施等方面还十分落后；在公共服务方面，教育、医疗和社会保障等公共服务领域的问题十分突出。目前，城乡在基础设施建设方面存在的突出问题是，基础设施差异性大、功能性不合理、共享性弱。完善城乡基础设施建设，就要把城乡看作一个有机的整体，着力强化城乡之间在基础设施的布局与功能方面的连接，要加强对农村公共基础设施建设上的投入力度，特别是关系农村居民生活的水、电、路等方面的投入，实现城乡共建、共用、共网。要不断加强城乡环境综合治理方面的投入，通过建设，提高农业生产方面的减灾、防灾、抗灾的能力。在公共服务制度创新方面，要继续落实普及城乡的基本义务教育制度，继续完善覆盖城乡的公共医疗和卫生体系建设制度，完善城乡的社会保障制度，扩大保障范围，基本做到城市和农村居民的社会保障全覆盖，全面提高财政对农村公共事业的支持水平。通过城乡公共服务制度创新，着力解决一系列关系城乡居民生活的切身利益问题，使广大农民能够切实享受到学有所教、病有所医、老有所养等较为理想的生活水平，使城乡居民共享改革与发展所带来的成果。

农村信贷因缺乏抵押担保而无法实现，农村金融发展面临的一个重要问题是，工业化和城镇化过程中农村劳动力不断转移，出现了大量土地闲置、撂荒的现象，土地的利用并没有随着工业化、城镇化而提高，从而制约了农村生产效率的改进。要想改变农村土地使用效率低下的状况，使土地的运用从分散到集中，盘活土地的流转，提高收入，带动农村金融的发展，就需要进一步完善农村土地管理制度。要搞好农村土地确权、登记、颁证工作。完善土地承包经营权权能，依法保障农民对承包土地的占有、使用、收益等权利。加强土地承包经营权流转管理和服务，建立健全土地承包经营权流转市场，按照依法自愿有偿原则，允许农民以转包、出租、互换、转让、股份合作等多种形式流转土地承包经营权，发展多种形式的适度规模经营。有条件的地方可以发展专业大户、家庭农场、农民专业合作社等规模经营主体。逐步建立城乡统一的建设用地市场，加强依法征收农村集体土地，对依法取得的农村集体经营性建设用地，必须通过统一有形的土地市场、以公开规范的方式转让土地使用权，在符合规划的前提下与国有土地享有平等权益。抓紧完善相关法律法规和配套政策，规范推进农村土地管理制度改革。

7.3 二元金融结构调控模式创新

7.3.1 城乡金融调控的基本模式

二元金融调控的核心问题是促进相对落后的农村金融加速发展，打破城乡金融市场的分割，最终实现城乡金融均衡发展。二元金融结构表现为农村金融发展的滞后与城市金融发展，农村金融发展处于弱势地位，因而在调控中强调对农村金融的扶持和补偿。总结起来，城乡金融发展调控的模式可以分为“农业信贷补贴论”“农村金融市场论”和“不完全竞争市场论”三个基本模式。

1. 农业信贷补贴论

在计划经济时期，农村信贷补贴论在农村金融调控的理论和实践中一直处于主导地位。该理论认为农村金融发展之所以落后，源于农村金融经营对象的特殊性。由于农业是典型的高风险行业，加上农业生产效率低下，农户道德风险和逆向选择问题严重，农村提供信贷的风险高、收益低，因此农业信贷不符合商业性金融以盈利为目标的经营原则。但是，农业又是国民经济中的基础性产业，农村金融具有公共产品的属性，尤其是对于扶贫开发具有重要的意义。因此，政府有必要承担农村金融供给的角色，或者通过补贴的方式扶持农村金融结构的发展。显然，农业信贷补贴论是一种通过外部刺激来促进农村金融发展的调控模式。我国构建了政策性金融和农业信贷补贴相结合的农村金融供给政策。一方面，农业发展银行作为政策性银行，主要对农村基础设施建设和农产品收购提供低息甚至无息贷款，其信贷资金来源于财政拨款；另一方面，农业银行和农村合作社是农村金融的构成主体，政府通过对农业银行及合作社进行补贴激励金融机构向农村提供贷款。但在实践中，这一政策的效果十分有限，存在资金使用效率低、资金使用非农倾向严重，资金违约比例高的问题，农村金融发展滞后的根本问题未能得到解决，并且政府因此背负了沉重的财政负担。

2. 农村金融市场论

农村金融市场论是在金融抑制理论的机制上产生的。与农业信贷补贴论不同，农村金融市场论认为政府参与的农村金融供给是无效的，农村金融发展应该重视市场机制的作用。农村金融市场论建立在以下几个重要假设之上：第一，农村居民并不是没有储蓄的能力，农村并不缺乏资金而是缺少将资金转化为资本的动力和渠道；第二，农村的信贷需求具有一定的刚性，低息政策并不能够刺激有效的信贷需求，反而会抑制农村居民的储蓄欲望，导致了农村资金积累下降；第三，政府的大量补贴挤出了市场资金的参与，加剧了农村正规金融市场和非正规金融市场的分割。农村金融市场论认为，政府主导的金融供给扭曲了真实的资金供求，主张以利率自由浮动的价格形成机制来解决农村金融发展问题，认为依靠补贴和财政投入的正规金融机构不一定比非正规金融机构更有效率，在较高的利率条件下，非正规金融机构能够更好地动员储蓄和甄别信贷风险。同时该理论还认为政府的干预不利于城乡金融之间的融合，主张放开对农村金融准入条件的管制。事实上从国内外农村金融自由化政策的实践来看，农村金融的市场化改革并没有促进二元金融结构的收敛，在一些发展中国家实行激进的市场化导致了农村资金大量流失和农村高利贷的盛行，我国也曾因放松农村金融的管制，出现了农村合作基金恶性竞争的乱象。

3. 不完全竞争市场论

随着亚洲金融危机、美国次贷危机和欧洲债务危机的接连爆发，市场机制在金融发展中的作用受到广泛的质疑，对于市场有效性的探讨成为学术界关注的焦点问题。由于发展中国家的金融体系处于一种不完全竞争市场体系中，普遍存在着信息不对称问题，尤其是与城市信贷市场相比，农村信贷市场的信息不对称问题表现得极为严重，这直接导致了农村信贷的整个申请、获得、使用过程中的道德风险和逆向选择问题极为突出。此外，在市场机制下，农村金融市场监管成本较高，因而容易出现恶性竞争，形成相对垄断的局面，扰乱农村金融市场秩序。市场机制的培育需要大量的前期投入和长期的适应调整过程，农村市场机制实现的基础薄弱，在短时间内无法弥补市场缺陷，因而政府有必要适当介入，采取非市场化因素来矫正市场失灵。但是需要强调的是，不完全竞争市场论所主张的政府干预并不等同于农业信贷补贴论所主张的由政府承担农村金融供给主体的做法，而是强调以市场机制为核心，在合理界定政府与市场有效边界的前提下，通过政府的扶持和引导培育农村金融市场。这一政策调控模式的核心是政府退出金融的直接运营，从参与者转变为监管者，排除阻碍农村金融市场有效运行的机制障碍，塑造有利于农村金融发展的金融生态环境，例如建立完善的农村信用管理系统、培训农村金融管理人员、引导农村金融机构和金融工具创新等。

7.3.2　我国城乡金融调控现有模式及缺陷

二元金融结构的调控与城乡关系的界定存在紧密联系。改革开放以来，我国经济发展中对城乡关系的界定先后经历了“城乡分割，以农支工”和“城乡统筹，以工促农”两个阶段（也有学者认为城乡关系经历了城乡分化、城乡对立、城乡差别、城乡融合四个阶段）。在工业化的初期，金融体系成为农业剩余和农村资本积累向城市转移的主要渠道之一，为此政府对金融体系实施了严格的控制，其中政府对城乡金融的调控主要是通过对金融机构的控制来实现的。改革开放之前，城乡金融发展范式表现出明显的“大一统”特征，即高度统一的服务于城市工业经济的发展。城市金融体系由唯一的国有银行——中国人民银行统一经营金融业务，而农村金融体系虽以大量的信用社为主体，但其业务开展、人事任命都归人民银行直接管理。改革开放以后，金融体系“大一统”的格局被打破，中国人民银行专门行使中央银行职能，成立了中国银行、中国农业银行、中国工商银行和中国建设银行四大国有专业性银行，其中农业银行作为农村金融的主管机构，负责指导和管理农村信用社开展信贷业务。在这一阶段，虽然高度集中的金融体系被分散，但仍然没有改变国有金融的主体地位和国有金融机构对金融体系的垄断，城乡金融调控仍然是采用机构主导的模式。事实上，这一调控模式是一种典型的供给导向的调控模式，这就导致政府干预形成的二元金融结构并不是直接内生于经济发展过程，而是从政策制定者和权力拥有者的利益诉求角度出发的自上而下的调控，忽略了金融需求主体的利益损失。

伴随着城乡关系进入城乡统筹发展的阶段，城乡金融调控模式也出现了变化。在这一阶段国家放松了对金融机构的管控，以股份制银行、证券公司、租赁公司、保险公司等为代表的多种所有制和多种类型的金融机构相继成立，农村金融实现了“行社脱钩”改革。国家对城乡金融调控的模式从以金融机构控制为主的模式过渡到以金融政策调控为主的模式。与金融机构调控模式不同的是，金融政策调控并不直接参与金融资源的供给，而是通过价格机制间接调控城乡金融的供求均衡，例如我国长期实行的以基准利率为核心的利率控制就是金融政策调控模式的直接表现。城乡金融调控从金融机构模式到金融政策模式的转变有利于加强市场竞争，丰富市场参与主体的类型，促进业务上的分工协作和决策的多元化。但是以城乡金融发展的金融政策调控模式也存在明显的缺陷，一是政策的制定缺乏针对性和差异性。在区域经济金融发展不平衡的背景下，不同区域城乡经济结构、产业结构的构成存在明显差异，不同区域城乡关系的发展处在不同的阶段，金融政策调控的目标和方向是有差异的，而金融政策调节城乡金融往往采用“一刀切”的模式，忽略了区域之间的差异性。二是金融政策对供求关系的反应滞后。金融政策的制定需要一个较长的决策过程，政策的执行和传导又需要较长的周期，并且一项政策的实施存在明显的惯性。

当供求关系出现变化时，金融政策调控难以及时捕捉供求关系的变化或者很难对供求关系的变化作出迅速反应。同时决策形成的过程中又受到利益集团的反对，容易产生“避重就轻”的决策倾向，难以触动城乡金融关系的核心利益。

因此无论是在金融机构模式还是金融政策模式下，城乡金融的调控和干预政策都不能适应二元金融结构收敛过程的需要。按照帕特里克（1969）的观点，政府干预金融的优势在于提高中长期资源配置和矫正市场缺陷引起的对新兴行业的排斥。因此，在市场运行效率较低的情况下，通过政府干预刺激金融需求是金融发展的占优模式。尤其是在工业化初期，政府采用城市倾向性的金融供给政策具有一定的合理性。但是政府主导金融供给的一个重要缺陷是对供求关系变化反应滞后，当金融供求关系出现结构性的变化时，干预的惯性会阻碍金融资源的合理流动。本书的研究结果充分地说明了这一影响，在东部地区二元金融结构持续收敛的过程中，城市倾向性的金融供给仍然在延续，但是东部地区二元金融结构对政府供给的反应并不敏感。

7.3.3　我国城乡金融调控模式优化与创新

传统的城乡金融调控模式强调了政府干预的重要性，主张以供给主导的方式调节城乡金融发展。虽然政府是金融调控的主体，但政府调控并不意味着政府直接干预或者参与城乡金融运营，正是由于传统干预模式中过分强调了政府职能，忽略了市场机制的作用，导致在经济转型条件下城乡金融调控的滞后性。因此，新的城乡金融调控模式需要首先回避和克服这一核心问题，将政府调控的目标转变为机制培育，将政府调控的工具转变为制度设计，将政府调控的手段转变为经济手段。作为一种新的调控模式，其调控的方向和原则具有以下三个特点：

第一，创新调控模式注重金融供求均衡。注重供求均衡一方面要避免强调供给优先形成的对有效需求的抑制，另一方面也要避免供给创造无效需求造成的效率损失，例如在农业信贷补贴模式的影响下，我国农村金融出现了资金运用效率低下的情况，形成了大量的不良信贷，政府由此背负了沉重的财政负担。城乡金融创新调控模式将金融供求平衡作为调节的核心目标，要实现这一目标，首先，要重视城市金融体系内部的供求均衡，尤其要关注城市工业产能过剩、重复投资等现象，避免金融资源的浪费；其次，也要关注农村金融体系内部的供求均衡。在工业化和城镇化进程中，农村经济的资源结构、人口结构正在得到改善，农业现代的技术条件、资本条件不断成熟，农业生产对金融资源的需求日趋增长；最后，更要关注城乡之间金融供求的均衡。随着城乡之间资源结构、劳动力结构、技术结构的变迁，城市对农村金融资源的需求显著降低，城市金融体系成为资金相对过剩的部门，要坚持以城带乡，通过金融资源的合理配置加速“以工促农、以城带乡”的均衡发展。

第二，创新调控模式注重金融功能的塑造。在功能金融观视角下，金融发展不仅表现为金融总量的增长，更是金融功能的优化。二元金融结构不仅体现了城乡金融发展总量水平的差异，也包含了城乡金融体系功能的差异。金融功能的演进一般需要经历从简单的中介服务功能到资源配置的核心功能再到风险管理、经济调控等扩展和衍生功能的变迁。二元金融格局下，农村金融机构单一（以农信社为主）、金融工具缺乏（以农业信贷为主）、金融需求有限（以消费信贷为主），农信社在运行过程中存在种种弊端，并未严格按照效率优先的原则开展经营活动。因此，农村金融停留在简单的中介服务功能上，农村金融与农村经济的发展之间不断脱节，没有形成经济金融发展的良性循环。与此形成鲜明对比，城市金融机构种类丰富，金融市场交易活跃，金融的基础功能、核心功能和衍生功能得到充分的体现。在已有的调控模式中，过于关注对城乡金融总量的调节，而金融功能差异的存在长期被忽视，导致经济结构转型发展的过程中，农村金融发展与农村经济发展高度不适应。在这种背景下，城乡金融调控应当注重城乡金融功能演进的同步性，通过金融调控实现“质”与“量”的协调发展。

第三，创新调控模式注重城乡金融发展的可持续性。二元金融结构是经济金融发展过程中的一种过渡状态，从一元金融结构过渡到二元金融结构的过程中，原有的低水平均衡格局被打破，短期内新的更高的局部均衡与局部的低水平均衡共存，其最终目标是形成更高水平的整体均衡。然而在城乡金融调控中，存在着对短期目标与长期目标的区别对待，造成了顾此失彼的局面。对城市金融发展采用主动调控，对农村金融发展采用被动调控，或者是因为城市金融体系发展遭遇瓶颈，或者是因为城乡金融失衡抑制了城市工业扩张时，才倒逼出农村金融发展的问题。显然，已有的调控不是一种可持续的调控模式，缺乏对长期目标的关注，在调节城乡金融均衡的过程中采用的是一种“补救”式的调节方式，严重损害了农村金融生态环境。城乡协同发展的目标下，城乡金融调控应该注重城乡金融发展的可持续性，在允许城市金融适度优先发展的基础上，保障农村金融发展的基本条件，改善农村金融发展的生态环境，挖掘农村金融发展的后发优势和市场潜力。

7.4 本章小结

本章首先分析了二元金融结构变迁的估计和特征，揭示了二元金融结构随着经济转型由分化向收敛演变的一般规律，提出了二元金融结构由区域收敛向整体收敛、从缓慢收敛向加速收敛、从相对收敛向绝对收敛的演变路径。其次分析了二元金融结构变迁的路径依赖，并从政府、市场与金融机构三个层面分析了二元金融结构变迁动力。在此基础上提出了以政府诱导型市场化为基础、以城乡统筹为重点、以公共服务均等化和制度平等为保障的路径设计。最后对二元金融结构的调控模型进行了探讨，提出了以政府机制与市场机制相结合、短期目标与长期目标相适应、区域调控与整体调控相匹配的调控模式创新。

第8章

研究结论与展望

本书以二元金融结构的变迁为逻辑起点，分析了二元金融结构形成和收敛的机理，在此基础上构建二元金融结构的评价指标体系，对二元金融结构的收敛性及其区域差异进行了统计分析，从理论分析和实证检验两个层面揭示了二元金融结构的演变特征及规律。沿用二元结构的基本分析框架，利用面板数据分析深入研究了二元金融结构决定因素以及经济转型与二元金融的形成和收敛之间的关系，并揭示了城乡金融互动影响的内在机理。本章将基于前文的理论和实证分析，总结出本书研究的主要结论，并据此提出切实可行的政策建议，此外还在本书研究的基础上进行研究展望，指出需要和可进一步研究的主要问题。

8.1 主要结论

1. 在整体趋于收敛的背景下，我国二元金融结构水平总体上仍然较高且区域差异明显

本书利用7个不同指标从宏观、中观、微观层面对二元金融结构水平的测算结果显示，2003～2012年我国二元金融结构存在收敛特征，城乡金融发展水平的差距整体上在不断缩小，但从二元金融结构的绝对水平来看，城乡金融发展水平的差距仍然较大。同时，比较东部地区与中西部地区二元金融结构水平发现，中西部地区二元金融结构水平高于同期东部地区二元金融结构水平，在经济金融发展水平较低的中西部地区二元金融结构更突出，而在经济金融发展水平相对较高的东部地区城乡金融发展水平的差距较小。此外，东部和中西部地区二元金融结构的收敛性也不尽相同。其中，东部地区二元金融结构收敛是一种相对稳态的收敛，东部各省区市之间既存在 σ 绝对收敛又存在 β 绝对收敛和 β 条件收敛的特征，东部地区二元金融结构的收敛过程体现了各省区市个体差异趋同的过程和趋势。相反，中西部地区各省区市之间未呈现明显的 σ 绝对收敛也未显现 β 绝对收敛特征，而是仅存在 β 条件收敛，说明中西部地区各省区市之间的个体差距还在进一步加大。

2. 二元金融结构是二元经济结构、制度供给歧视和机制体制缺陷等因素综合作用的结果

从宏观层面来看，效率是驱动资本流动的核心因素，在二元经济条件下，稀缺的金融资源流向生产率较高的城市工业部门是金融资源有效配置的结果。从微观层面来讲，收入水平既决定了金融资源的可得性，又决定了金融需求的层次和意愿，城乡收入差距体现了城乡金融供求水平的差距。本书的实证研究发现，中西部地区城乡收入差距虽然大于东部地区，但城乡居民收入绝对水平低于东部地区，而二元收入结构对二元金融结构的影响却仅在东部地区显著，说明收入增长对金融需求的刺激更多地集中在高收入群体。法律保护、户籍歧视、收入分配、金融干预等制度供给的不均衡对二元金融结构的形成同样产生了重要影响，城乡制度供给的二元性不仅导致了金融发展要素的非均衡分布，更是直接影响城乡居民投资决策、风险偏好、金融意识等金融发展的环境条件。此外，金融抑制政策强化了城乡金融市场的分割，扭曲了资金的真实供求关系，是二元金融结构形成的制度基础，并且其作用在处于加速城镇化和工业化的中西部地区尤为明显。

3. 农村金融发展助推城市金融发展的“极化效应”与城市金融带动农村金融发展的“扩散效应”是二元金融结构形成和收敛的内在机制

以区域为中心的资源聚集能够充分实现资源的共享，包括共享基础设施、配套服务、人力资源和技术溢出等，因而产生强烈的正外部性。行业聚集同样能够产生聚集的外部性，表现在扩大市场容量、培育辅助产业、增强行业内部的互补性、促进行业分工和技术创新等方面。金融产业作为资源配置的载体，其自身发展也受到规模效应和聚集效应的影响，也存在资源的优先配置问题。在工业化过程中，城市金融依附于工业发展，城市经济发展与城市金融增长的良性互动推动了金融要素的聚集，同时也加剧了城市金融发展水平和农村金融发展水平的差距。事实上，这种差距既有外在因素驱动的作用，又体现了金融发展的内在要求，表现为在金融发展水平较低的阶段，农村金融发展对城市金融发展具有明显的促进作用，处于劣势地位的农村金融发展反而推动了金融资源向具有比较优势的城市部门集中，放大金融发展的极化效应。但是，金融产业的聚集发展也有最优规模的限制。城市工业扩张中难以突破资本边际收益递减的规律，当城市金融部门的竞争加剧、投资收益下降等矛盾显现后，聚集的外部经济自然演进到聚集的不经济阶段，城市金融部门的技术、人力资源、资本等又通过各种渠道向外扩散，从而带动落后部门或地区的发展，并最终形成城乡金融均衡发展的格局。从这个层面来看，城乡金融发展之间并不是一种互斥关系，而是一种相互促进的关系。

4. 经济转型过程中的城镇化、市场化进程与二元金融结构的关系在门槛效应约束下呈倒“U”型特征

城镇化和市场化是我国经济转型中两个显著的特征，城镇化和市场化与二元金融结构的变迁存在较强的联动性。城镇化对二元金融结构的影响并不是线性的，原因在于剩余劳动力转移是一个持续的进程，生产率的改进和储蓄投资结构的变化并不会在城市化的开始阶段出现。从本书的研究结论来看，中西部地区城镇化进程并没有导致二元金融结构收敛，而是仅对城市金融发展有明显的单向促进作用，与此形成鲜明对比，东部地区城镇化进程则仅与农村金融发展存在正相关关系。市场化对二元金融结构收敛性的影响同样存在门槛效应。发展中国家普遍存在的金融抑制现象扭曲了金融资源的真实供求水平，并形成了明显的路径依赖。在二元经济向一元经济转型过程中，政府主导的金融资源配置对供求关系变化的反应是滞后的，而市场主导的金融资源配置能够迅速捕捉供求关系的变化，并通过价格机制和市场竞争作出反应。当然市场机制对金融资源配置也并不是在任何阶段都是有效的，市场有效配置资源的前提是有一个完善的市场体系。本书的结论证明，中西部地区市场化因素与二元金融结构水平变化之间没有显著的影响关系。但在市场化水平较高的东部地区，市场化进程加速了二元金融结构的收敛过程。

5. 优化二元金融结构的路径选择和政策目标应注重长期效应并综合权衡二元金融结构收敛的阶段特征、条件特征和区域特征

二元金融结构的存在有其客观性和必然性。从资源配置来看，二元金融结构满足工业化阶段资源配置的效率约束；从制度设计来看，二元金融结构符合发展中国家以增长为核心的目标设定；从内在机制来看，二元金融结构体现了金融发展过程中的极化效应。二元金融结构体现了城市金融发展和农村金融发展既相互联系又相互分割的关系，相互分割表现为金融发展模式、水平、状态的分割，相互联系表现为金融资源的流动和互动影响的过程和关系，这种关系是一系列外在因素共同作用的结果并长期存在于经济发展的过程中。二元金融结构的收敛性是二元经济转型、制度均衡供给、机制体制优化、产业扩散效应共同驱动的结果，因此优化二元金融结构不应该仅仅关注农村金融发展规模和速度滞后的表象，而应该聚焦城乡金融差距形成的经济条件、制度条件、体制条件、阶段条件的创造和实现。过分强调均衡和过度的干预虽然契合短期收敛目标，但却忽略了长期均衡形成的内在规律，往往会导致金融资源配置的效率损失，并且这种收敛过程是不稳定、不可持续的。此外，金融政策选择还需要关注区域之间的差异性。由于战略选择和历史原因，中国经济金融发展存在区域分割的格局，经济金融发展水平呈现由西向东梯度增长的趋势。中西部和东部金融发展的阶段、模式、条件存在明显的差异，这些差异直接导致了东部和中西部二元金融结构收敛状态的不一致，因此金融政策调控的重点和方向应该具有针对性和差异性。

8.2 政策建议

1. 强化金融调控中的政策协调性

金融发展受到经济、制度、地理条件等复杂因素的影响，在金融一体化进程中，金融政策调控必须综合运用经济、法律和行政手段调节和稳定金融市场，推动城市金融体系和农村金融体系相互融合、相互渗透、相互支撑。在实际运行中，金融调控更加强调货币政策和工具的运用，缺乏与其他宏观政策的协调配合，体现了强烈的“以金融调控金融”的思想。长期以来，农村金融调控一直强调对于金融供给的调控，但无论是政府经营还是政府补贴的金融供给政策都未能有效地改善二元金融结构的格局。金融一体化的实现并不仅仅是城乡金融资源在数量上的均等，而是金融发展的经济基础、制度基础、环境基础等条件的优化，同时还存在短期目标与长期目标的区别。二元金融结构优化调整是一个长期过程，与工业化、城镇化、市场化等经济转型过程紧密相关，因此调控政策应该更加注重长远目标。这就要求在政策制定上不能着眼于短期利益，有必要纠正“机构不足补机构，补贴不够加补贴”的改革思路。城乡金融发展调控必须突破金融手段的局限性，有必要加强金融调控与区域政策、产业政策等战略规划以及财政政策、税收政策、收入分配政策、社会保障政策等财税政策的协调配合。

2. 稳步推进金融市场化改革

市场机制能够有效提升金融资源的配置效率，充分反映全资金供求关系，通过价格变化调节城乡金融资源自由流动，是实现金融一体化的重要机制保障。但是与其他发展中国家相比，我国在市场化过程中面临由政府机制向市场机制转轨的渐进过程，市场化的经济基础、制度基础、法律基础、环境基础都不牢固，并且市场化过程受到政府机制的惯性冲击。在这种条件下，市场运行的效率十分有限，仅仅依靠市场机制不仅难以实现金融一体化发展，而且简单地通过政府退出完成市场化可能冲击金融市场的稳定性。事实上，市场有赖于政府的培育和诱导，市场化改革必须以循序渐进的原则稳步推进市场化。首先，在利率市场化改革中应该秉承“先外币、后本币，先贷款、后存款，先长期、后短期，先大额、后小额”的整体思路，以建立健全由市场供求决定的利率汇率形成机制为导向，继续培育金融市场利率体系，确保政策利率向市场利率的有效传导，逐步赋予金融机构更多市场定价权和产品创新权，引导和督促金融机构完善自主定价机制、提高自主定价能力；其次，在机构市场化中逐渐降低金融行业进入壁垒和退出壁垒，要降低金融行业准入门槛，鼓励能满足金融服务需求的新兴民营金融机构的发展，特别是鼓励有实力的互联网机构发挥自身独特优势进入小微金融领域，鼓励社会资金设立农村金融服务机构，让更多的民营资本有效进入金融服务行业，真正形成多元化竞争性的金融体系，满足实体经济的金融服务需要。在这一过程中，要打破金融资源配置过程中的垄断和不公平，减少行政干预，理顺政府与金融机构和金融市场的关系，防止行政权力对市场机制、市场发育、市场公平竞争的侵害；再次，在城市商业银行等区域性金融机构经营状况总体稳定的情况下，鼓励其并购重组和股权多元化，建立有效的金融机构破产退出机制，通过市场机制约束金融机构可能出现的非理性竞争行为，以并购重组方式处置利率市场化过程中的问题金融机构。与此同时，要进一步健全中央银行利率体系，逐步推进货币政策框架从以数量型为主向以价格型为主转变，逐步探索建立适合我国国情的货币政策调控框架和利率调控体系。进一步推进贷款利率市场化，逐步放开城乡信用社贷款利率浮动上限，简化贷款基准利率期限档次。引导金融机构提高贷款定价和风险管理能力。鼓励金融机构用好存款利率下浮政策，加强负债管理，逐步放开大额、长期存款利率。简化并逐步放开小额外币存款利率的上限管理，实现境内小额外币存款利率的市场化。最后，降低金融资源在城乡之间流动的门槛，加强城乡金融的互动联系，同时放宽农村金融市场的准入条件，鼓励城市金融机构向农村延伸和扩展。

3. 完善金融法制建设

法制建设对鼓励金融创新、规范金融交易、控制金融风险都有着极其重要而深远的意义。一个公平、有效的法律制度环境是金融一体化建设的重要保障，我国在金融立法方面的不足凸显了加强金融法制建设的必要性。一是加强金融立法，通过立法来规范和引导城乡金融一体化建设。在目前的金融法律体制中，对政府的金融干预权力、民营金融的身份地位、农村土地资产的担保抵押等问题还没有明确的法律依据，从而导致了无效干预、所有制歧视、市场垄断等行为，特别是农村财产确权问题严重制约了农村金融发展的潜力。尤其是在金融一体化过程中，两个相互分割的市场整合更需要法律对一些模糊边界的界定和衔接，如果缺乏相关法律规范，金融体系在运行过程中的秩序和稳定性就会受到冲击，加大金融体系的不确定性，从而影响城市金融市场和农村金融市场的融合。为此，有必要强化金融的立法，明确政府的权力边界，规范金融主体尤其是农村金融主体的法律地位，明晰产权界定和财产的法律保护。二是通过立法促进城乡经济金融环境的均等化，为城乡金融发展创造公平竞争的条件。首先要通过法律手段明确经济金融一体化的目标，通过立法的形式将公共服务、社会保障、户籍制度等均等化纳入法律保障体系。明确农村金融主体的法律地位，对农村金融准入、退出等司法程序进行规定，加强对农村金融创新的法律保护，应当建立一种有利于金融创新的法律环境，以增进金融机构在开放市场中的竞争力。三是要加强法律的执行效率和监管效率。金融活动是建立在信用的基础之上的，信用交易需要法律的保护。尤其是在农村金融体系中，非法集资、高利贷、信用欺诈等行为普遍存在，而农村居民法律意识淡薄，法律援助有限，无法有效地通过法律手段来维护自身的经济权益。这与农村法律服务供给不足存在显著关系，在这样一种信用环境和氛围中，金融发展自然受到严重的抑制。这就要求加大农村普法宣传，普及农村法治教育，增强居民的法律意识，并通过加大社会治安等公共服务的投入增强法律的执行效率。

4. 加强区域金融协调发展

我国经历了区域经济金融发展不平衡的过程，不仅城乡之间存在差异，区域之间也存在差异。受到地理因素和历史因素的影响，我国经济发展水平由东向西梯度递减。资源禀赋分配的不均衡又导致了金融发展具有区域共性的特征。整体上来看，东部地区二元金融结构进入了一个趋同收敛的阶段，而中西部的地区二元金融结构并没有明显的收敛迹象且区域内部的个体差异明显。这一趋势说明了二元金融结构的演变与经济金融发展的阶段性相关，在不同的阶段区域之间又表现出共性。因此，调节二元金融结构不仅要关注城乡之间金融发展的差距，也要重视东部地区和中西部地区以及各省区市之间的差距。一方面，在有条件、有共同基础的区域内建立多层次、区域性的要素市场，强化市场机制的主体地位，降低金融资源在区域内流动的壁垒，增强资金的配置效率，推进金融一体化由点到面的延伸。另一方面，通过跨区域的转移支付带动落后地区金融发展，尤其是加大对中西部地区金融发展的扶持和投入，通过适当的政策倾斜鼓励资金、技术、人才向中西部地区流动。但需要强调的是，区域金融发展的协调并不是说通过政府的转移支付或干预实现总量均衡的目标，在我国经济发展中，过分强调均等化会导致金融发展难以摆脱低增长的禁锢。在促进区域金融调节的过程中必须尊重经济金融非均衡发展的过程，通过创造金融一体化的条件来实现从区域收敛到整体收敛的过渡。

8.3 进一步研究及展望

任何研究都存在不足和改进的空间，本书的研究也不例外。本书从内在机制和外在条件两个视角分析了二元金融结构形成和收敛的机理，揭示了二元经济转型与二元金融结构的动态影响关系，并通过构建二元金融结构评价指标体系实证检验了我国二元金融结构的变化规律及特征，在此基础上提出了二元金融结构收敛的路径选择和政策建议。虽然本书在研究的思路、视角、内容、方法上作了一些改进和探索，但部分内容仍然存在进一步研究的空间。

第一，金融发展的影响因素是复杂的，金融发展理论对金融发展的解释从经济总量的单一变量拓展到收入、效率、法律、制度等多个维度，二元金融结构的形成和收敛与这些变量之间存在更为复杂的关系。本书的研究在借鉴已有观点的基础上，基于数据的可得性选择了相应的实证指标。但显然，已有文献对于金融发展影响因素的研究还相对匮乏，这可能导致模式的设定缺乏关键变量。显然，本书在这方面的探索还不够充分，需要进一步展开研究。

第二，虽然采用了面板数据分析，但本书研究的对象仅仅局限于中国一个发展中国家，而我国二元金融结构的演进是基于特殊的经济条件和制度背景下进行的，这些背景条件在不同发展中国家之间可能存在一定的差异性。那么要找到发展中国家二元金融结构演化的共性和规律，还需要对不同发展中国家进行进一步的比较分析。

第三，在研究农村金融问题时，数据的可得性和准确性是共有的难题，虽然本书对农村金融指标计算的方法进行了一些改进，但运用大量相关数据进行估算得出的结果难免存在误差。因此，对二元金融结构的分析有待进一步的数据挖掘和计算方法的改进。

参考文献

[1] 白钦先，李钧．中国农村金融“三元结构”制度研究［M］．北京：中国金融出版社，2009.

[2] 白钦先，谭庆华．论金融功能演进与金融发展［J］．金融研究，2006（7）：41～52.

[3] 白钦先．金融结构、金融功能演进与金融发展理论的研究历程［J］．经济评论，2005（3）：39～45.

[4] 白钦先．金融可持续发展研究导论［M］．北京：中国金融出版社，2001.

[5] 蔡彬彬．发展中国家金融二元结构的机理研究［J］．南方金融，2005（3）：30～33.

[6] 蔡彬彬．金融分工与金融发展［D］．武汉：武汉大学，2004.

[7] 蔡立雄，何炼成．中国农村经济市场化指数：各地区的相对进程研究［J］．经济学家，2008（2）：18～25.

[8] 陈成忠，赵晓春．二元金融格局下的县域信贷弱化问题研究［J］．金融研究，2006（1）：160～166.

[9] 陈飞翔，王溪若，郭英．经济增长、外商直接投资与政府选择［J］．财贸经济，2004（9）：29～34.

[10] 陈纪瑜，刘桔林．城乡统筹发展的财政对策［J］．财会月刊（综合版），2006（27）：33～34.

[11] 陈利，谢家智，吴玉梅．统筹城乡金融资源促进农村生态金融链的良性循环［J］．生态经济，2009（5）：72～76.

[12] 陈强．高级计量经济学及Stata应用［M］．北京：高等教育出版社，2010.

[13] 陈雨露．金融发展中的政府与市场关系［J］．经济研究，2014

(1)：16~19.

[14] 陈钊，万广华，陆铭．行业间不平等日益重要的城镇收入差距成因：基于回归方程的分解［J］．中国社会科学，2010（3）：65~76.

[15] 戴思锐．我国农村改革的制度变迁主体及其特征［J］．改革，2008（10）：89~94.

[16] 戴永安，张曙霄．城市经济效率演进的人口城市化中介机制研究［J］．中国人口科学，2010（6）：79~88.

[17] 德怀特·H. 波金斯，斯蒂芬·拉德勒，戴维·L. 林道尔．发展经济学［M］．彭刚等译，北京：中国人民大学出版社，2013.

[18] 董金玲．江苏区域金融作用机制及发展差异研究［D］．徐州：中国矿业大学，2009.

[19] 樊纲，吕焱．经济发展阶段与国民储蓄率提高：刘易斯模型的扩展与应用［J］．经济研究，2013（3）：19~29.

[20] 樊纲，王小鲁，马光荣．中国市场化进程对经济增长的贡献［J］．经济研究，2011（9）：4~16.

[21] 冯兴元，何梦笔，何广文．试论中国农村金融的多元化——一种局部知识范式视角［J］．中国农村观察，2004（5）：17~19.

[22] 弗雷德里克·S. 米什金．货币金融学［M］．郑艳文等译，北京：中国人民大学出版社，2011.

[23] 傅江媛，汪发元．农村金融生态环境的困境与出路分析——以法律视角看农村金融生态环境的改善［J］．农村金融研究，2010（10）：73~75.

[24] 高帆．二元经济理论的演化与最新发展［J］．学术探索，2004（1）：19~22.

[25] 高圣平，刘萍．农村金融制度中的信贷担保物——困境与出路［J］．金融研究，2009（2）：64~72.

[26] 高铁梅．计量经济分析方法与建模：Eviews 应用及实例［M］．北京：清华大学出版社，2006.

[27] 葛红玲，杨德勇．城乡金融协调发展的目标体系及路径选择［J］．中国流通经济，2008（12）：66~69.

［28］郭福春，周建松，郭延安．金融资源集聚与扩散视角下浙江城乡金融和谐发展研究［J］．浙江金融，2008（4）：20～22.

［29］韩正清，王燕，王千六．城乡经济金融二元结构：理论关系与实证分析［J］．财经问题研究，2010（2）：118～123.

［30］韩正清．我国农村金融发展水平的实证分析——基于农村与全国的对比［J］．农村经济，2007（1）：70～73.

［31］韩正清．中国城乡金融二元结构强度分析［J］．农村经济，2009（5）：62～65.

［32］何斌，姚如青．分工，金融二元结构与中国 M2/GDP 的上升［J］．上海经济研究，2003（9）：21～27.

［33］何广文，冯兴元．农村金融体制缺陷及其路径选择［J］．中国农村信用合作，2004（8）：23～25.

［34］何广文．中国农村金融供求特征及均衡供求的路径选择［J］．中国农村经济，2001（10）：40～45.

［35］何广文．中国农村金融组织体系创新路径探讨［J］．金融与经济，2007（8）：11～16.

［36］胡鞍钢，王小鲁，朱恒鹏．中国市场化指数：各地区市场化相对进程 2009 年报告［M］．北京：经济科学出版社，2010.

［37］胡浩民，张乐柱．30 年我国农村金融体系变迁与体制改革的问题——兼论广东农村金融体制改革的深化路径探讨［J］．学术研究，2009（7）：71～77.

［38］胡元聪，杨秀清．农村金融正外部性的经济法激励——基于完善农村金融法律体系的视角［J］．农业经济问题，2010（10）：27～33.

［39］胡宗义，李鹏．农村正规与非正规金融对城乡收入差距影响的空间计量分析——基于我国 31 省市面板数据的实证分析［J］．当代经济科学，2013（2）：71～78.

［40］胡宗义，刘亦文．金融非均衡发展与城乡收入差距的库兹涅茨效应研究——基于中国县域截面数据的实证分析［J］．统计研究，2010，27（5）：25～31.

［41］黄燕君．现有农村金融组织缺陷及创新农村［J］．金融研究，

2001（4）：20～22.

［42］黄祖辉，刘西川，程恩江．贫困地区农户正规信贷市场低参与程度的经验解释［J］．经济研究，2009（4）：116～128.

［43］黄祖辉，刘西川，程恩江．中国农户的信贷需求：生产性抑或消费性——方法比较与实证分析［J］．管理世界，2007（3）：73～80.

［44］黄祖辉，王敏，万广华．我国居民收入不平等问题——基于转移性收入角度的分析［J］．管理世界，2003（3）：70～75.

［45］江曙霞，罗杰，张小博，黄君慈．中国金融制度供给［M］．北京：中国金融出版社，2007.

［46］江源，谢家智．城乡金融非均衡发展的门槛效应分析——基于二元经济转型的城乡金融互动视角［J］．中央财经大学学报，2015，334（6）：37～45.

［47］江源，谢家智．我国城乡二元金融结构形成机制的区域差异——基于变截距模型的影响因素研究［J］．财经研究，2013（7）：72～81.

［48］金鹏辉．中国农村金融三十年改革发展的内在逻辑——以农村信用社改革为例［J］．金融研究，2008（10）：71～77.

［49］金晓彤，闫超．我国不同区域农村居民消费——收敛还是发散？［J］．管理世界，2010（3）：76～83.

［50］李安勇，王小兴，刘丹．金融功能、金融发展与中国金融体制改革［J］．广东金融学院学报，2006，21（3）：25～30.

［51］李博．农村金融的结构性问题及政策建议［J］．理论探索，2007（4）：70～72.

［52］李恩平．利率参照与储蓄的动员、分配——一个两经济部门、二元金融市场的分析框架［J］．金融研究，2002（3）：46～55.

［53］李敬，冉光和．中国区域金融发展差异调控——模型、范式与政策［J］．开发研究，2008（2）：25～30.

［54］李敬．中国区域金融发展差异研究——基于劳动分工理论的视角［M］．北京：中国经济出版社，2008.

［55］李树，鲁钊阳．中国城乡金融非均衡发展的收敛性分析［J］．中国农村经济，2014（3）：25～27.

[56] 李晓澜，宋继清．二元经济理论模型评述［J］．山西财经大学学报，2004（1）：14～19.

[57] 梁琪，滕建州．中国宏观经济和金融总量结构变化及因果关系［J］．经济研究，2006（1）：11～22.

[58] 林毅夫，张鹏飞．后发优势，技术引进和落后国家的经济增长［J］．经济学（季刊），2005，5（1）：53～74.

[59] 林毅夫，章奇，刘明兴．金融结构与经济增长：以制造业为例［J］．世界经济，2003（1）：3～21.

[60] 林毅夫．潮涌现象与发展中国家宏观经济理论的重新构建［J］．经济研究，2007（1）：126～131.

[61] 林毅夫．我国金融体制改革的方向是什么?［J］．经济前沿，2004（8）：4～6.

[62] 刘志仁，黎翠梅．金融非均衡性发展与城乡居民消费差距研究［J］．消费经济，2007，23（6）：45～49.

[63] 鲁钊阳，冉光和，王建洪，孟坤．城乡金融发展非均等化的形成机理及对策——基于自组织理论的分析［J］．管理世界，2012（3）：172～173.

[64] 鲁钊阳．城乡金融发展非均衡化的形成机理及对策研究［D］．重庆：重庆大学，2012.

[65] 鲁钊阳．中国区域城乡金融非均衡发展水平的测度及变动趋势——基于区域层面城乡金融发展的视角［J］．经济问题探讨，2013（4）：86～94.

[66] 陆铭，陈钊．城市化、城市倾向的经济政策与城乡收入差距［J］．经济研究，2004（6）：50～58.

[67] 陆智强，熊德平，李红玉．新型农村金融机构：治理困境与解决对策［J］．农业经济问题，2011（8）：57～61.

[68] 吕伟．关于民间非正规金融的若干分析［J］．西华大学学报（哲学社会科学版），2006（1）：86～89.

[69] 米运生，戴文浪，罗必良．金融联结的理论机理与实践绩效——文献梳理的视角［J］．金融理论与实践，2011（7）：99～103.

[70] 潘彬，徐选华．资金流动性与居民消费的实证研究——经济繁

荣的不对称性分析 [J]. 中国社会科学, 2009 (4): 43~53.

[71] 潘晓江. 创新财政金融政策组合融聚城乡金融二元市场 [J]. 农村金融研究, 2007 (6): 50~52.

[72] 皮天雷. 中国金融制度变迁分析: 基于制度变迁的路径依赖视角 [J]. 经济与管理研究, 2009 (9): 112~117.

[73] 钱水土, 翁磊. 社会资本, 非正规金融与产业集群发展——浙江经验研究 [J]. 金融研究, 2009 (11): 194~206.

[74] 钱水土, 姚耀军. 金融功能观视角下中国农村金融体系的设计与创新 [J]. 浙江工商大学学报, 2011 (3): 5~10.

[75] 钱水土, 俞建荣. 我国农村非正规金融制度: 演进路径与政策规范 [J]. 商业经济与管理, 2007 (2): 69~73.

[76] 钱水土, 周永涛. 金融发展, 技术进步与产业升级 [J]. 统计研究, 2011, 28 (1): 68~74.

[77] 仇娟东, 何风隽, 艾永梅. 金融抑制, 金融约束, 金融自由化与金融深化的互动关系探讨 [J]. 现代财经: 天津财经学院学报, 2011 (6): 55~63.

[78] 仇娟东, 何风隽. 中国城乡二元经济与二元金融相互关系的实证研究 [J]. 财贸经济, 2012 (4): 25~33.

[79] 冉光和, 李敬, 熊德平. 中国金融发展与经济增长关系的区域差异 [J]. 中国软科学, 2006 (2): 102~110.

[80] 冉光和, 温涛, 李敬. 中国农村经济发展的金融约束效应研究 [J]. 中国软科学, 2008 (7): 27~37.

[81] 史晋川. 论经济发展方式及其转变——理论、历史、现实 [J]. 浙江社会科学, 2010 (4): 12~18.

[82] 孙亮, 尹杰. 金融发展与居民收入差距的互动传导机制研究: 以上海为例 [J]. 经济管理, 2009, 31 (11): 38~49.

[83] 田霖. 城乡统筹视角下的金融排斥 [J]. 工业技术经济, 2007, 26 (7): 136~137.

[84] 田霖. 基于统筹联通的农村金融体系重构 [J]. 财经研究, 2008, 34 (5): 29~39.

[85] 田霖．金融地理学视角：城乡金融地域系统的演变与耦合 [J]．金融理论与实践，2009 (4)：68～71.

[86] 田霖．我国金融排斥的城乡二元性研究 [J]．中国工业经济，2011 (2)：36～45.

[87] 王定祥，李伶俐，王小华．中国农村金融制度演化逻辑与改革启示 [J]．上海经济研究，2010 (11)：20～27.

[88] 王定祥，李伶俐．发达国家农村金融市场发展的经验与启示 [J]．上海金融，2009 (7)：61～65.

[89] 王东霞．浅析我国城乡二元金融机构的现状及对策 [J]．市场研究，2012 (2)：23～25.

[90] 王芳．我国农村金融需求与农村金融制度：一个理论框架 [J]．金融研究，2005 (4)：89～98.

[91] 王千六．基于城乡经济二元结构背景下的城乡金融二元结构研究 [D]．重庆：西南大学，2009.

[92] 王曙光，邓一婷．民间金融扩张的内在机理，演进路径与未来趋势研究 [J]．金融研究，2007 (6)：69～79.

[93] 王曙光，邓一婷．农村金融领域"统性负投资"与民间金融规范化模式 [J]．改革，2006 (6)：43～48.

[94] 王曙光，王东宾．双重二元金融结构，农户信贷需求与农村金融改革——基于11省14县市的田野调查 [J]．财贸经济，2011 (5)：38～44.

[95] 王曙光，郑园．金融自由化中的政府金融监管和法律框架 [J]．北京大学学报（哲学社会科学版），2004，41 (1)：20～25.

[96] 王曙光．大型商业银行在构建多层次农村金融体系中的作用和创新机制 [J]．中国农村金融，2011 (7)：18～19.

[97] 王曙光．新型农村金融机构运行绩效与机制创新 [J]．中共中央党校学报，2008 (2)：60～65.

[98] 王维强，于振玫．城乡三元金融结构与民间金融制度研究 [J]．财经研究，2003，29 (4)：35～41.

[99] 王霄岩，钱海刚，于遨洋．促进我国民间金融规范化发展的对

策研究［J］. 经济研究参考，2009（22）：38~39.

［100］王永龙. 城乡金融的非均衡性及其后续效应［J］. 改革，2009（10）：94~98.

［101］王永龙. 城乡金融统筹的制度抑制与对策分析［J］. 经济学家，2009（10）：87~91.

［102］王志强，孟丽莎. 我国城乡二元金融与二元经济关系的实证研究［J］. 中南财经政法大学学报，2014（4）：58~64.

［103］王志强，孙刚. 中国金融发展规模、结构、效率与经济增长关系的经验分析［J］. 管理世界，2003（7）：13~20.

［104］武翔宇. 我国农村金融联结制度的设计［J］. 金融研究，2008（8）：156~165.

［105］谢家智，冉光和. 中国农村金融制度变迁的路径依赖［J］. 农业经济问题，2000（5）：25~28.

［106］徐小怡，卢鸿鹏. 我国城乡二元金融结构及其原因探析［J］. 农村经济，2007（8）：65~69.

［107］徐晓萍，李猛. 我国三十年来农村地区金融改革的逻辑轨迹——基于新比较经济学分析框架的研究［J］. 财经研究，2008，34（5）：15~28.

［108］徐璋勇，郭梅亮. 转型时期农村非正规金融生成逻辑的理论分析——兼对农村二元金融结构现象的解释［J］. 经济学家，2008（5）：68~76.

［109］许月丽，伍凤华，张晓倩. 二元转型，信息流动变异与农村借贷合约的激励设计［J］. 财经研究，2014，4（3）.

［110］许月丽，张忠根，战明华. 社会资本视角下的利率市场化与农村正规金融的经济绩效［J］. 世界经济，2013（5）：112~134.

［111］许月丽，张忠根. 农村正规金融发展与经济二元转型：促进或抑制?［J］. 财经研究，2013（4）：4~15.

［112］许月丽. 二元转型框架下农村正规金融的渗透机制与渗透绩效研究［D］. 杭州：浙江大学，2014.

［113］杨德平，张俊岩. 农村金融新范式研究［J］. 经济学动态，2010（12）：70~74.

[114] 杨德勇，初晓宁．我国城乡金融发展不平衡与城乡收入差距拉大的实证研究 [J]．经济与管理研究，2009 (11)：17~23.

[115] 杨福明．金融生态环境视角的非正规金融生态状况研究 [J]．经济学家，2008 (5)：81~88.

[116] 杨国中，李木祥．我国信贷资金的非均衡流动与差异性金融政策实施的研究 [J]．金融研究，2004 (9)：119~133.

[117] 杨军．农村金融市场规范化发展研究 [J]．农业经济问题，2001 (7)：40~43.

[118] 杨小玲．对新时期中国农村金融改革的思考——基于农村金融问题的共性与个性的探讨 [J]．新疆财经大学学报，2010，41 (2)：30~35.

[119] 姚耀军，陈德付．中国农村非正规金融的兴起：理论及其实证研究 [J]．中国农村经济，2006 (8)：45~51.

[120] 姚耀军，和丕禅．农村资金外流的实证分析：基于结构突变理论 [J]．数量经济技术经济研究，2004 (8)：28~33.

[121] 姚耀军，刘华华．金融非均衡发展及其经济后果的经验分析 [J]．华中科技大学学报（社会科学版），2005，19 (4)：75~78.

[122] 姚耀军，鲁涛．中国农村金融发展的规模，结构与效率 [J]．改革，2004 (5)：56~63.

[123] 姚耀军．金融发展与城乡收入差距关系的经验分析 [J]．财经研究，2005，31 (2)：49~59.

[124] 姚耀军．农村金融理论的演变及其在我国的实践 [J]．金融教学与研究，2005 (5)：2~4.

[125] 姚耀军．中国农村金融发展水平及其金融结构分析 [J]．中国软科学，2004 (11)：36~41.

[126] 姚耀军．中国农村金融发展状况分析 [J]．财经研究，2006，32 (4)：103~114.

[127] 姚耀军．中国农村金融改革绩效评价 [J]．江苏社会科学，2006 (1)：96~101.

[128] 姚枝仲，周素芳．劳动力流动与地区差距 [J]．世界经济，2003 (4)：35~44.

[129] 伊利尔·沙里宁. 城市：它的发展衰败与未来 [M]. 顾启源译，北京：中国建筑工业出版社，1986.

[130] 曾康霖. 二元金融与区域金融 [M]. 北京：中国金融出版社，2008.

[131] 曾康霖. 金融改革的回顾与评析 [J]. 金融研究，2008 (4)：1~8.

[132] 曾康霖. 农村金融制度安排必须审时度势 [J]. 管理世界，2008 (1)：173~174.

[133] 曾康霖. 推进农村金融改革中值得思考的几个问题 [J]. 财经科学，2006 (12)：84~88.

[134] 曾学文，彭凛凛. 中国农村金融改革30年进程及其评述 [J]. 南方金融，2008 (11)：29~33.

[135] 张杰. 中国金融制度的结构与变迁 [M]. 北京：中国人民大学出版社，2011.

[136] 张靓，王定祥. 二元经济结构，政府行为与城乡金融结构演化 [J]. 金融发展研究，2012 (5)：8~13.

[137] 张鹏，梁辉. 城乡金融资源非均衡对我国城乡收入差距影响的实证分析 [J]. 大连理工大学学报（社会科学版），2011 (2)：17~21.

[138] 张勋，刘晓，樊纲. 劳动力转移与家户储蓄率上升 [J]. 经济研究，2014 (4)：130~142.

[139] 赵丙奇，冯兴元. 基于局部知识范式的中国农村金融市场机制创新 [J]. 社会科学战线，2011 (1)：34~45.

[140] 赵丙奇，冯兴元. 农村金融发展战略选择：一个非正式金融视角 [J]. 农业经济问题，2008 (3)：22~27.

[141] 赵宇杰. 中国金融体系型态演进——以金融市场为驱动力 [J]. 金融研究，2006 (7)：65~70.

[142] 周立，周向阳. 中国农村金融体系的形成与发展逻辑 [J]. 经济学家，2009 (8)：22~30.

[143] 周立. 改革期间中国金融业的"第二财政"与金融分割 [J]. 世界经济，2003，26 (6)：72~79.

[144] 周立. 渐进转轨、国家能力与金融功能财政化 [J]. 财经研究, 2005 (2): 26~37.

[145] 周立. 农村金融供求失衡与政策调整——广东东莞, 惠州, 梅州调查 [J]. 农业经济问题, 2005 (7): 15~20.

[146] 周立. 农村金融市场四大问题及其演化逻辑 [J]. 财贸经济, 2007 (2): 56~63.

[147] 周立. 三次农村金融改革评述 [J]. 银行家, 2006 (3): 114~117.

[148] 周天芸, 李杰. 农户借贷行为与中国农村二元金融结构的经验研究 [J]. 世界经济, 2006, 28 (11): 19~25.

[149] 周天芸. 中国农村二元金融结构研究 [M]. 广州: 中山大学出版社, 2004.

[150] 周业安, 赵坚毅. 我国金融市场化的测度、市场化过程和经济增长 [J]. 金融研究, 2005 (4): 68~78.

[151] 周振, 谢家智, 高庆鹏. 内生金融发展的二元经济增长模型 [J]. 金融理论与实践, 2008 (1): 20~23.

[152] 朱超. 农村金融体系发展中的政府干预——以印度为例 [J]. 经济与管理研究, 2007 (1): 11~15.

[153] 朱信凯, 刘刚. 二元金融体制与农户消费信贷选择——对合会的解释与分析 [J]. 经济研究, 2009 (2): 43~55.

[154] 兹维·博迪, 罗伯特·C. 莫顿. 金融学 [M]. 尹志宏译, 北京: 中国人民大学出版社, 2000.

[155] Acemoglu D. Introduction to Modern Economic Growth [M]. Princeton University Press, 2008.

[156] Adams D. W. Mobilizing Household Savings Through Rural Financial Markets [J]. *Economic Development and Cultural Change*, 1978: 547-560.

[157] Adams D. W, Vogel R. C. Rural Financial Markets in Low-income Countries: Recent Controversies and Lessons [J]. *World Development*, 1986, 14 (4): 477-487.

[158] Allen F., Santomero A. M. The Theory of Financial Intermediation [J]. *Journal of Banking & Finance*, 1997, 21 (11): 1461 -1485.

[159] Allen F. Do Financial Institutions Matter?[J]. *Journal of Finance-New York*, 2001, 56 (4): 1165 -1176.

[160] Antzoulatos A. A., Thanopoulos J. and Tsoumas C. Financial System Structure and Change - 1986 - 2005 Evidence from the OECD Countries [J]. *Journal of Economic Integration*, 2008, 23 (4): 977 -1001.

[161] Aghion P., Bolton P. An Incomplete Contracts Approach to Financial Contracting [J]. *The Review of Economic Studies*, 1992, 59 (3): 473 - 494.

[162] Aghion P., Bolton P. A Trickle-Down Theory of Growth and Development with Debt Overhang [J]. *Review of Economic Studies*, 1997 (64): 151 - 172.

[163] Albert Ando and Franco Modigliani. The "Life Cycle" Hypothesis of Saving: Aggregate Implications and Tests [J]. *The American Economic Review*, 1963 (53): 55 -84.

[164] Arestis P., Demetriades P. Financial Development and Economic Growth: Assessing the Evidence [J]. *The Economic Journal*, 1997, 107 (442): 783 -799.

[165] Abduh M., Brahim S. and Omar M. A Study on Finance-growth Nexus in Dual Financial System Countries: Evidence from Bahrain [J]. *World Applied Sciences Journal*, 2012, 20 (8): 1166 -1174.

[166] Banerjee, Newman A. and Andrew F. Information, the Dual Economy, and Development [J]. *Review of Economic Studies*, 1998, 65 (4): 631 - 653.

[167] Barr M. S. Microfinance and Financial Development [J]. *Michigan Journal of International Law*, 2005, 26 (4): 271 -296.

[168] Beck T., Demirgüç-Kunt A. and Levine R. A New Database on the Structure and Development of the Financial Sector [J]. *The World Bank Economic Review*, 2000, 14 (3): 597 -605.

[169] Beck T., Levine R. and Loayza N. Finance and the Sources of Growth [J]. *Journal of Financial Economics*, 2000, 58 (1): 261 -300.

[170] Beck T., Demirgüç-Kunt A. and Levine R. Law and Finance: Why Does Legal Origin Matter? [J]. *Journal of Comparative Economics*, 2003, 31 (4): 653 -675.

[171] Beck T., Demirgüç-Kunt A. and Levine R. Law, Endowments, and Finance [J]. *Journal of Financial Economics*, 2003, 70 (2): 137 -181.

[172] Beck T., Demirguc-Kunt A. and Levine R. Finance, Inequality and the Poor [J]. *Journal of Economic Growth*, 2007, 38 (12): 27 -49.

[173] Beck T., Demirgüç-Kunt A. and Levine R. Financial Institutions and Markets Across Countries and Over Time-data and Analysis [J]. *World Bank Policy Research Working Paper Series*, 2009.

[174] Belan P., Michel P. and Wigniolle B. Does Imperfect Competition Foster Capital Accumulation in A Developing Economy? [J]. *Research in Economics*, 2005, 59 (2): 189 -208.

[175] Bruno G., De Bonis R. Do Financial Systems Converge? New Evidence from Household Financial Assets in Selected OECD Countries, *OECD Working Paper*, 2008, No. 29.

[176] Chaudhuri S. Foreign Capital, Welfare and Urban Unemployment in the Presence of Agricultural Dualism [J]. *Japan and the World Economy*, 2007, 19 (1): 149 -165.

[177] Chinn M. D., Ito H. What Matters for Financial Development? Capital Controls, Institutions, and Interactions [J]. *Journal of Development Economics*, 2006, 81 (1): 163 -192.

[178] Dollar D., Kraay A. Neither A Borrower nor A Lender: Does China's Zero Net Foreign Asset Position Make Economic Sense? [J]. *Journal of Monetary Economics*, 2006, 53 (5): 943 -971.

[179] Galbis V. Financial Intermediation and Economic Growth in Less-developed Countries: A Theoretical Approach [J]. *Journal of Development Studies*, 1977, 13 (2): 58 -72.

[180] Greenwood J., Jovanovic B. Financial Development, Growth, and the Distribution of Income [J]. *Journal of Political Economy*, 1990, 98 (5): 1076 - 1107.

[181] Greenwood J., Smith B. D. Financial Markets in Development, and the Development of Financial Markets [J]. *Journal of Economic Dynamics and Control*, 1997, 21 (1): 145 - 181.

[182] Guiso L., Sapienza P. and Zingales L. The Role of Social Capital in Financial Development [R]. *National Bureau of Economic Research*, 2000.

[183] Guiso L., Sapienza P. and Zingales L. Does Local Financial Development Matter?[M]. Physica-Verlag HD, 2009.

[184] Harris J. R., Todaro M. P. Migration, Unemployment and Development: A Two-sector Analysis [J]. *The American Economic Review*, 1970: 126 - 142.

[185] Honohan P., Yoder S. Financial Transactions Tax: Panacea, Threat, or Damp Squib?[J]. *The World Bank Research Observer*, 2010: lkq006.

[186] Hellmann T. F., Murdock K. C., Stiglitz J. E. Financial Restraint: Toward A New Paradigm [J]. *The Role of Government in East Asian Economic Development: Comparative Institutional Analysis*, 1997: 163 - 207.

[187] Hellmann T. F., Murdock K. C., Stiglitz J. E. Liberalization, Moral Hazard in Banking, and Prudential Regulation: Are Capital Requirements Enough?[J]. *American Economic Review*, 2000: 147 - 165.

[188] Jorgenson D. W. The Development of A Dual Economy [J]. *The Economic Journal*, 1961, 71 (282): 309 - 334.

[189] Jalilian H., Kirkpatrick C. Financial Development and Poverty Reduction in Developing Countries [J]. *International Journal of Finance & Economics*, 2002, 7 (2): 97 - 108.

[190] Jalilian H., Kirkpatrick C. Does Financial Development Contribute to Poverty Reduction?[J]. *Journal of Development Studies*, 2005, 41 (4): 636 - 656.

[191] Jeanneney S. G., Kpodar K. Financial Development, Financial In-

stability and Poverty [Z]. *CSAE Working Paper, Oxford: Centre for the Study of African Economies*, 2005.

[192] Jeanneney S. G., Kpodar K. Financial Development and Poverty Reduction: Can There Be A Benefit without A Cost? [J]. *The Journal of Development Studies*, 2011, 47 (1): 143 – 163.

[193] King R. G., Levine R. Finance and Growth: Schumpeter Might Be Right [J]. *The Quarterly Journal of Economics*, 1993: 717 – 737.

[194] King R. G., Levine R. Finance, Entrepreneurship and Growth [J]. *Journal of Monetary Economics*, 1993, 32 (3): 513 – 542.

[195] La Porta R., Lopez-de-Silane F, Shleifer A and Vishny R W. Law and Finance [R]. *National Bureau of Economic Research*, 1996.

[196] La Porta R., Lopez-de-Silanes F, Shleifer A and Vishny R W. Legal Determinants of External Finance [J]. *Journal of Finance*, 1997: 1131 – 1150.

[197] Lewis W. A. Economic Development with Unlimited Supplies of Labour [J]. *The Manchester School*, 1954, 22 (2): 139 – 191.

[198] Levine R. Financial Development and Economic Growth: Views and Agenda [J]. *Journal of Economic Literature*, 1997: 688 – 726.

[199] Levine R., Loayza N. and Beck T. Financial Intermediation and Growth: Causality and Causes [J]. *Journal of Monetary Economics*, 2000, 46 (1): 31 – 77.

[200] Matsuyama Kiminori. The Rise of Mass Consumption Societies [J]. *Journal of Political Economy*, 2002, 11 (10): 1035 – 1070.

[201] McGee T. G. The Emergence of Desakota Regions in Asia: Expanding A Hypothesis [J]. *The Extended Metropolis: Settlement Transition in Asia*, 1991: 3 – 25.

[202] Mckinnon R. L. Money and Capital in Economic Development [M]. Washington: Bookings Institution, 1973.

[203] McKinnon R. I. The Order of Economic Liberalization: Financial Control in the Transition to A Market Economy [M]. JHU Press, 1993.

[204] Moore K. , Hulme D. The International Finance Facility-Reaching the MDGs without Spending More? [J]. *Journal of International Development*, 2004, 16 (6) : 887 -895.

[205] Murinde V. , Judaagung G. and Mullineux A. Patterns of Corporate Financing and Financial System Convergence in Europe, *Review of International Economics*, 2004, 12 (4): 693 -705.

[206] Patrick H. T. Financial Development and Economic Growth in Underdeveloped Countries [J]. *Economic Development and Cultural Change*, 1966: 174 -189.

[207] Pagano M. Financial Markets and Growth: An Overview [J]. *European Economic Review*, 1993, 37 (2): 613 -622.

[208] Shaw E. S. Financial Deepening in Economic Development [M]. New York: Oxford University Press, 1973.

[209] Stiglitz J. E. Risk and Global Economic Architecture: Why Full Financial Integration May Be Undesirable [J]. *American Economic Review*, 2010, 100 (2): 388 -392.

[210] Todaro M. P. Model of Labor Migration and Urban Unemployment in Less Developed Countries [J]. *American Economic Review*, 1969, 59 (1): 138 -148.

[211] Townsend R. M. , Ueda K. Financial Deepening, Inequality, and Growth: A Model-based Quantitative Evaluation [J]. *The Review of Economic Studies*, 2006, 73 (1): 251 -293.

[212] Tressel T. Dual Financial Systems and Inequalities in Economic Development [J]. *Journal of Economic Growth*, 2003, 8 (2): 223 -257.

[213] Yadav S. , Otsuka K. and David C. C. Segmentation in Rural Financial Markets: The Case of Nepal [J]. *World Development*, 1992, 20 (3): 423 -436.